Metaphor and Conflict / Métaphore et conflit

# Linguistic Insights

Studies in Language and Communication

Edited by Maurizio Gotti,
University of Bergamo

Volume 272

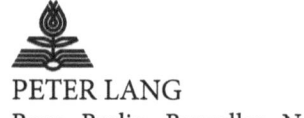

PETER LANG
Bern · Berlin · Bruxelles · New York · Oxford

Paola Paissa, Michelangelo Conoscenti,
Ruggero Druetta, Martin Solly (eds.)

# Metaphor and Conflict /
# Métaphore et conflit

PETER LANG

Bern · Berlin · Bruxelles · New York · Oxford

**Bibliographic information published by die Deutsche Nationalbibliothek**
Die Deutsche Nationalbibliothek lists this publication in the Deutsche National-
bibliografie; detailed bibliographic data is available on the Internet
at ‹http://dnb.d-nb.de›.

This publication was funded by UNIVERSITA' di TORINO
Dip. Scienze Economico-Sociali e Matematico-Statistiche - Sez. Lingue Straniere

UNIVERSITÀ DEGLI STUDI DI TORINO

ISSN 1424-8689
E-ISBN 978-3-0343-4165-3 (E-PDF)
E-ISBN 978-3-0343-4167-7 (MOBI)

ISBN 978-3-0343-4068-7 (Print)
E-ISBN 978-3-0343-4166-0 (EPUB)
DOI 10.3726/b17361

© Peter Lang AG, International Academic Publishers, Bern 2021
Wabernstrasse 40, CH-3007 Bern, Switzerland
bern@peterlang.com, www.peterlang.com

# Table of Contents – Table des matières

Paola Paissa / Michelangelo Conoscenti / Ruggero Druetta / Martin Solly

# Metaphor and Conflict: A Challenging Pair

## 1. Rationale

This volume focuses on the intrinsically conflictual nature of metaphors. Conflict can be viewed epistemologically, since a metaphor can be envisaged as the outcome of a 'conceptual conflict' (Prandi 2017). Different kinds of metaphors and different relationships between metaphors and contexts (whether phrastic or textual) can thus take shape, depending on the forms of the conflictual interaction and the interpretations to which they might then give rise. Likewise, the notion of 'conflict' can also be understood from a "metaphorical" viewpoint, since a metaphor, seen through a functionalist lens, can be a formidable tool for argumentation. Observing the role of metaphors in political and media discourse (mainly but not exclusively), shows that they are often used with great persuasive effect, to overcome the resistance of the opposing side, to validate (or, conversely, to discredit) a point of view: in short, to construct a particular, sometimes potentially controversial, vision of the world. The volume presents original research work by leading scholars in the field of metaphor studies. Its innovative focus on the issues relating to conflictual metaphors fills an important gap in the existing field of metaphor studies. The book also takes an analytical look at the argumentative and persuasive function of metaphors, hitherto comparatively under researched.[1]

Stemming from ideas presented at and discussion that took place at a Workshop on *Métaphore et conflit – Metaphor and Conflict* organized

---

1  See however Charteris-Black 2011; Bonhomme 2017.

in Turin on 12–13 April 2018, this book forms part of the output and dissemination of the research work carried out by the Italian national research project: PRIN 2015 *Nuove prospettive nella ricerca sulle metafore* (New Research Perspectives on Metaphors). The Workshop was held in both English and French and thus the chapters in this volume are in the two languages. This Introduction is the only part of the book which is translated into both languages.[2] After this section, presenting the rationale and the organization of the volume, the second section presents a brief overview and discussion of the relationships between metaphor and conflict from ancient times to the present. Section three outlines the contents of the volume, which is divided into three parts, as well as describing the different chapters. Section four emphasizes the importance of metaphorical representations and figurative language in making sense of and understanding contemporary political and social discourse.

## 2. Metaphor and conflict: what relationships?

When choosing the angle to approach our volume, the relationship between metaphor and conflict seemed to be the one best suited to take into account a number of concerns – old and recent – in the various sciences that deal with the 'queen' of rhetorical figures.

First of all, conflict is found at the heart of the birth of rhetoric as a means of sublimating physical violence. Legend has it that it was born around 466 AD, when a democratic revolution deposed Thrasybulus, tyrant of Syracuse, and when the problem arose of how to distribute his lands. At that time, the eloquence displayed in the trials enabled some to win their case: so a body of oratorical norms began to build up and became increasingly popular. In this way, speech becomes a form of action and the verbal duel that is oratorical jousting replaces

---

2 This Introduction was prepared by all the editors. Section 2 was written by Paola Paissa and Ruggero Druetta, and sections 3 and 4 by Michelangelo Conoscenti and Martin Solly. Section 2 was translated by Martin Solly and Michelangelo Conoscenti. All the other sections were written jointly.

physical combat. From this point of view, rhetoric was a way of deflating conflict. As Perelman and Olbrechts-Tyteca (1958: 73) explain:

> One can indeed try to obtain a particular result either by the use of violence or by speech aimed at securing the adherence of minds. [. . .] The use of argumentation implies that one has renounced resorting to force alone, that value is attached to gaining the adherence of one's interlocutor by means of reasoned persuasion, and that one is not regarding him as an object, but appealing to his free judgment. Recourse to argumentation assumes the establishment of a community of minds, which, while it lasts, excludes the use of violence. [1969: 55]

Sublimating the conflict does not mean annulling it, as it is present in the practice of rhetoric. Indeed, at least two of the kinds of discourse identified by Aristotle's typology are of the agonal type: the judicial, where two parties are opposed, and the deliberative, where these are options, or rather divergent viewpoints on the public good that are opposed. Epidictic speech is less contentious and seems to provide points of contact with another domain where the precepts of rhetoric are applied, which gradually – and for a long time – would come to permeate the whole field of the discipline, namely stylistics, mainly applied to literature.

This brings us to a second dimension of conflict: the opposition between the argumentative status and the ornamental status of rhetoric in general and of metaphor in particular. It is a conflict on which, in this case, the theorists are divided: on the one hand, does the rhetoric affect the deepest part of discourse or is it just the shaping of arguments, otherwise perfectly rational and independent of their discursive form? In other words: does rhetoric belong to *inventio* or to *elocutio* (the predominant option until the mid-1950s, when it was demolished by the *Treatise on Argumentation*)? On the other hand, should the inventory of rhetorical devices, despite their status as *techné*, be considered as conforming to a specific textual genre? This is, in any case, the question which arises from Antiquity on the subject of metaphor. Aristotle addresses this figure both in the *Poetics* and in the *Rhetoric*, assigning it a cognitive and philosophical value, since it seeks an immediate grasp of the truth. However, it is in the *Poetics* (ch. XXI) that he gives a more detailed account of the four categories of his metaphorical taxonomy. In addition to the affirmation of the pleasure principle which favours the adhesion of the audience (see Delarue 2017), it is the analogous metaphor which is considered to be the most effective elocutive metaphorical tool, provided that 'inappropriate' or 'obscure metaphors, which lead to 'coldness' of style, are avoided (book III, ch. III). Subsequently, Aristotle's conception of metaphor, as a unitary whole, was gradually divided up, in Pseudo-Longin's *Traité du sublime* (Longin 1995) and previously by the Latin authors (Cicero and Quintilian, in particular), and then in the whole European tradition. The final split going back to Pierre de la Ramée – as Amossy and Koren (2009) remind us – and led to what Genette (1970) calls 'restricted rhetoric' (in tropes and, especially, in metaphor), that is to say rhetoric envisaged as a catalogue of figures intended for 'flowery speech', thus the main priority of stylistics, but having little to do with argumentation.

The conflict concerning the use (decorative *vs* argumentative) of the metaphor gives rise to others: first, there is the opposition between ordinary discourse and 'high' discourse, hallmarked by its figurality, which foreshadows the notion of the rhetorical 'deviation'. Then, there is the contrast between a direct, rational discourse (the *logos*) and a biased discourse, symbolized by the metaphor, where it is the paralogism which dominates, and with it the manipulative aim of the use of the figure, which goes hand in hand with a certain mistrust of the metaphor and of those who use it. Furthermore, suspicion of figurative language and, in particular, of the metaphor, also stems from an ancient tradition, dating back at least to Plato and his criticism of the Sophists.[3] This is perhaps another factor which justifies the 'specialization' of the metaphor in the literary field, because this terrain is less risky than that of speech in the public space. Insofar as literature is the domain of the fictitious and truth is not the major consideration of the author and their public, the use of metaphor does not expose its deployer to the accusation of intending to deceive. On the contrary, the metaphor becomes a precious hallmark of an author's style, one of the forms that best illustrate the poetic function of language as defined by Jakobson, and the literariness of a text as work on the language.

It was not until the advent of Perelman and Olbrechts-Tyteca's neo-rhetorical perspective in their *Treatise on Argumentation*, which

---

3 An echo of this attitude can be found in Derrida, especially in his controversy with Ricoeur (Vallespir 2017).

appeared in 1958, as well as the approach set out in Toulmin's *The Uses of Argument*, curiously published in the same year (1958), and the plethora of research that followed these reflections, that there was a change of outlook. Returning to Aristotle's intuitions, Perelman and Olbrechts-Tyteca overcame the divide between rhetoric and argumentation and put forward a unified vision, where rhetoric no longer appears as an ancillary discipline, but as coextensive with argumentation. The difference would lie only in the domain of application: the truth would be the concern of demonstration procedures, while the plausible – in the domain of human and social affairs – would pertain to argumentative rhetoric. The latter is therefore reassigned a role of social regulation, aimed at resolving conflicts and problems through discourse. Michel Meyer's *problematology*, the theory on which he bases his treatise on argumentative rhetoric (Meyer 2008), espouses this position and focuses especially on metaphors, affirming their operative character in debate, since metaphorical correspondences are considered socially "As truths adequate for the order of things" (Meyer 2005: 14). The research groups and international associations that deal with argumentation now place rhetoric at the centre of their concerns: mention can be made here, amongst others, for Europe, of the *International Society for the Study of Argumentation* (ISSA), based in Amsterdam and which has, since 1986, organized a major conference every four years, and, for North America, of the *Ontario Society for the Study of Argumentation* (OSSA), which has followed a similar line since 1995. The Israeli journal *Argumentation et Analyse du Discours* (AAD) completes this panorama, which is certainly too rapid, but we cannot go into further depth without departing from our purpose.

In this unified perspective, the metaphor plays a central argumentative role, because it constitutes an abbreviated argument, which restores it to the *inventio*. This is particularly evident in the case of the analogical metaphor, due to the logical reasoning behind it, but can also apply to other metaphorical configurations, in which the *phoros* holds the attention of the interlocutor and thus can distract them from the argumentation presented by the speaker in order to obtain the interlocutor's adhesion, through the metaphor or parallel to it.

This strategic role, which consists of admitting the propositional content whose truth remains to be demonstrated, is strongly sought in a

wide range of discourses, ranging from doxological utterances (proverbial utterances, advertising slogans, etc.) to the various forms of didactic
discourse (especially popularization) and of political discourse, which
shows the elasticity of the metaphor and its pragmatic efficiency. However, if the argumentation is by nature conflictual, because it is always
intended, fundamentally, to prevail over a real or potential opponent,
the notion of conflict becomes central to the political discourse, which
not only confronts different views on a particular problem, but ideologies, visions of humankind and society that are sometimes diametrically
opposed, reflected in discourse that separates everything, from arguments to defended theses. The ideology[4] is expressed here in recurring
arguments and argumentative metaphors, which immediately make it
possible to recognize the ideological camp for which they are mobilized.
It is easy to understand why it is the political domain which has been
chosen as their field of analysis by many of the authors of this volume.
Being interested in the metaphors that structure the debate in public
space, the translation into images of this or that societal issue, allows us
to observe how the sublimation of the conflict and its potential violence
takes place, as discussed above. Alongside this extrinsic declination of
the metaphor/conflict pairing, concerning the metaphor as a strategy for
overcoming conflict and the pragmatic dimension of using the metaphor
in agonal situations, there is another declination, related to the ontological and defining dimension of the metaphorical mechanism considered
by itself: can we characterize the semantic functioning of the metaphor
as conflictual? This is the option advocated especially by Michele Prandi
throughout his work, and is reaffirmed in his chapter in this volume. It
is also, more broadly, one of the ways of considering the relationship
between the two units involved in the metaphor: *theme* and *phoros*
(Perelman/Olbrechts-Tyteca 1958), *tenor* and *vehicle* (Richards 1936),

---

4 On the highly controversial notion of *ideology*, we refer here to the work of Raymond Boudon (1986) who reviewed the various definitions put forward in the
social sciences: "[. . .] ideologies are doctrines with varying degrees of consistency
combining in various ratios prescriptive propositions and descriptive propositions.
[. . .] The word 'ideology' itself caught on because it conveniently described the
new-found desire, which appeared with the Modern Age, to find a basis in Science
for a social order which seemed incapable of being based on Tradition any more"
(Boudon 1986: 86, 101 [1989: 57, 67]).

12

*frame* and *focus* (Black 1962), *target* and *source* (Lakoff/Johnson 1980), *primary subject* and *subsidiary subject* (Prandi 1992, 2017).

For the Ancients, the question of the mutual relations between the two units implied by the metaphor was not specifically problematized, because the common denominator of the different typologies identified was simply represented by the substitution operation (gr. μεταφορά: transport; lat. *translatio*: transference). Aristotle, for example, identifies four forms of 'transport' (from genus to species, from species to genus, from species to another species, from a term to its correlative, by analogy); the first two would moreover be removed by the successive tradition, which created for them the category of synecdoche. In the first three cases, the *phoros* replaces a *theme* that does not appear in the utterance and, in the case of the analogous metaphor, it is a parallelism of relationships, not an interaction between the two domains. The interaction is not discussed in depth because it is difficult to account for: it is limited to warning against the risk of choosing *phoroi* that are too 'far apart', which would render the speech obscure. This difficulty is also revealed by another of Aristotle's observations (*Poetics* ch. XXII, § XII) in which he attributes the ability to draw metaphorical analogies not to a general mechanism (cognitive or linguistic), but to a subjective aptitude ("a naturally gifted mind").

It is only with the turning point of the sciences between the XIX and the XX centuries that a real insight into the metaphoric mechanism was reached: Saussurian derived structuralism, on the one hand, and the set of psychological approaches, which revealed a demolished topic, on the other, converged towards an atomization of analysis into semes. This permitted not only the stratification of meaning to be accounted for, through the various mechanisms of connotation, including metaphor, but also the piercing of the metaphorical haze by going beyond the substitutive approach with the interactive approach (Black 1954, 1962), a conception which allows room for a certain form of conflict, since interaction involves the meeting of foreign semes. This change of perspective shows that, in the metaphor, both the two terms, and not just the *phoros*, actively participate in the development of the figural meaning: it is the "cross-domain mapping" evoked by the advocates of the cognitive approach (starting with Lakoff/Johnson 1980). However, the conflictual nature of the metaphor can only be seen as a filigree in

13

the vision of the cognitivist metaphor, because the authors of *Metaphors We Live By* base the metaphorical mechanism on general analogies, referring to widely shared cognitive mechanisms, which lead to metaphors which are coherent, therefore non-conflictual. Essentially, it is not so distant from the Aristotelian conception, because what was considered an individual – that is to say subjective – aptitude in Aristotle is found objectified by Lakoff and Johnson in an analogy anchored in collective cognitive schemas.[5] The heuristic power of the conceptual metaphors theorized by Lakoff and Johnson and the seminal character of the cognitivist conception are nonetheless manifest.

That said, the domain covered by conceptual metaphors is insufficient, because it does not exhaust the field of possibilities. Indeed, if the cognitive metaphor refers to thought structures preexisting in a particular language production, it can be said that the metaphors which may be associated to it are less original than what have generally been called, since Ricœur's essay (1975), "living metaphors". It is with regard to the latter that the relevance of the concept of conflict becomes central, provided that the metaphor is not used in comparison, where the violence of the identity of the two terms involved is attenuated by the hypothetical character of *as* (do *as if*). Indeed, the metaphorical utterance introduces a tension (a conflict) between the *theme* and the *phoros* which are at the same time presented as identical by the metaphorical statement, while remaining different in their essence. This is what Ricœur calls 'ontological vehemence', with vocabulary that returns once again to conflict:

> The paradox consists in the fact that there is no other way to do justice to the notion of metaphorical truth than to include the critical incision of the (literal) 'is not' within the ontological vehemence of the (metaphorical) 'is.' (Ricœur 1975: 321 [1978: 302]).

Following the thrust of this reflection, Michele Prandi places conflict at the centre of his approach to metaphors and especially to the 'living

---

5  It is also worth remembering the cognitive power of the metaphor, due to its anchoring in the gnoseological schemas of society and preeminence in language, as Giambattista Vico had already pointed out at the start of the XVIII century (on Vico's 'model' see, among others, Danesi 2001).

metaphor', which he relabels, not without controversy for the cogniti-vists, the 'conflictual metaphor'. The metaphorical concepts analyzed by the cognitivists are independent of their actual linguistic expres-sion, because they are positioned outside of the language. On the other hand, according to Prandi's approach, the association, in the meta-phorical utterance, of incoherent notions – in other words conflicting ones – is only made possible through the intermediary of the syntactic structures of language, which, imposing their network of solidarities, manage to make these notions hold together and, somehow or other, to emit a global sense, which is precisely the metaphorical signified. In this approach, the conflict can be situated on several levels (lexical, cognitive, ontological, Prandi 2002: 13) and, in the case of the living metaphor, it has a value of semantic projection which does not close the meaning but leaves it virtually open.

If the conflict is indeed at the center of the metaphorical process, it is however necessary to recognize that the metaphorical and conse-quently conflictual character of the figure may be inactive. One can mention the category of catachresis or congealing, already recognized by the theorists of Antiquity, but also more recent approaches to the figure, which emphasize the pragmatic dimension of communication. For example, the three-dimensional model (*language, thought and communication*) of Steen's deliberate metaphor (see Steen 2008, among others), which discriminates between "deliberate metaphor" and "not deliberate" based on the explicit envisioning of a metaphorical or non-metaphorical treatment (comparison *vs* categorization). Likewise, Bonhomme's (2005) pragmatic approach emphasizes the role of the interlocutor, who must cooperate in the success of the figurative inten-tion; whereas taking it at face value would lead to the metaphor's *de facto* neutralization.

Reaching the end of this brief overview of the realms of metaphor, it seems clear that the concept of conflict is essential to understand this figure, both from the inside and the outside. Whether it is from the point of view of its use for pragmatic ends in confrontational contexts, where it can sublimate violence and actual conflict, or through its func-tioning in structures of thought or of language, the metaphor cannot be understood without evoking the multiple tensions which cause it and which it implements. Its function is therefore far from being merely stylistic and ornamental: rather, we could revisit the title of an often quoted article by Andrew Ortony (1975), recalling that "metaphors are necessary and not just nice".

# 3. Contents

The volume is organized in three parts, all of which focus on conflict and metaphor. The first part concentrates primarily on the relationship between metaphors and theory, while the second presents a number of case studies on political and media discourse. The third part, entitled '. . .and Beyond', brings the book to a close, with analyses of how awareness of the metaphor conflict relationship can prove invaluable in the practice of both economic pedagogy and literary translation.

## 3.1 Of metaphors and theory

For MICHELE PRANDI, the strongest criterion for identifying living metaphors is the correlation with conflictual complex meanings, that is, with complex meanings that connect atomic concepts in such a way as to challenge our most deeply rooted conceptual structures. A good instance is *And Winter pours its grief in snow* (Emily Brontë):[6] winter cannot possibly feel grief, and grief is not the kind of substance one can pour. Both conflict and its relation to metaphor, however, are complex phenomena: there are two distinct wellsprings of conflict, a grammatical one and a textual one. At sentence level, a network of independent grammatical relations imposes a strong mould on the connected concepts. This accounts for the logical possibility of conflict, which is a structural property of the complex meaning. In an expression such as *And Winter pours its grief in snow*, for instance, a strong syntactic scaffolding turns grief into a liquid substance ready to be poured. The

---

6 In the original manuscript the line reads *pours*; in the first edition it changes to *sheds*.

conflict cannot become a figure outside a text: however, its roots lie in the grammatical structure of the sentence.

Noun phrases, by contrast, typically put the connected concepts into a weak mould, ready to negotiate the conceptual relations thanks to inference, which is governed by the criterion of conceptual consistency. The noun phrase *the winter of our discontent* (Shakespeare), for instance, encourages a consistent interpretation: it refers to winter, and locates an instance of discontent in it. If it is true that inference is consistent by definition, however, a question naturally arises: how can inference end in conflict? The logical possibility of conflict at noun phrase level can only be justified by an imperative of textual coherence: a conflict becomes a rational interpretative option if it provides the conceptual purport for a metaphor ready to find its coherent place within a coherent text. If the expression *the winter of our discontent* is replaced within its co-text – Gloucester's monologue at the very beginning of Richard III – it is interpreted as referring to a feeling felt by the same subjects and characterises it as winter in a metaphorical and conflictual way. The relation between conflict and figure is reversed: we do not have an independent conflict that opens towards a figurative interpretation functional to textual coherence; rather, a metaphor functional to textual coherence forces the activation of a conflict that makes it possible.

CHRISTIAN PLANTIN's chapter is an empirical study based upon a collection of interesting cases, showing how metaphor as argument behaves in an argumentative-interactional environment. His general intent is to document the fact that metaphors are not immune to refutation. The first part of the chapter summarizes some positions of Aristotle's *Rhetoric* about metaphor, especially the claim that metaphor is the best instrument of persuasion; this implies that a metaphor can only be neutralized by another metaphor. Open metaphors calling upon surprise can be rejected through manifestations of displeasure, combined with a refutation of analogy reconstructed from the metaphor. When they function as hidden (implicit) ideological models channeling scientific investigation, metaphors can be superseded by other metaphors, or rejected because they are descriptively and theoretically inadequate. Plantin shows that metaphor can compete with criteria based re-categorization, opening an issue about the metaphorical/literal character of a claim. Metaphorical vocabulary can be rejected by scientists as leading the investigation up dead end roads, or as motivated by a malicious intention, and the judge has to decide upon the validity of the metaphor.

For MARC BONHOMME, the argumentative functioning of metaphor is often considered negatively, in relation to the fragility of its analogical principle or with fallacies. Adopting a rhetorical-pragmatic approach, his chapter positively reappraises the argumentativity of metaphor from media, political and didactic texts. First he analyzes the argumentative dimension of this figure as a conflictual process involving a seductive polarity and a rational polarity. On the one hand, metaphor integrates into a seductive argumentation because of its imagery, its frequent implication and its tendency to favour value judgments which raise public empathy. On the other hand, metaphor presents linguistic, cognitive and textual features such as lexicalization, stereotyping and spinning that make it available to develop coherent logical procedures for a rational argumentation. Then Bonhomme shows how the conflicting polarities of seduction and rationality at work in metaphor give rise to diversified discursive strategies when producing argumentative texts, according to their genre, their themes and more generally their goals. In particular, if the metaphorical argumentation by seduction predominates with advertisements for perfumes, allegorical narratives and media debates promote the rational argumentation permitted by metaphor. However, other types of texts, such as proverbs or press articles, find their effectiveness in a balanced treatment of the two conflicting polarities present in the argumentative metaphor.

In his chapter, MARTIN SOLLY brings together two areas of linguistic study, metalanguage and conceptual metaphors, in order to focus on some specific aspects of the language used in the discourse of disclosure and nondisclosure. Ethical and legal issues linked to the disclosure or nondisclosure of information and knowledge have always been important in the law and are increasingly the focus of widespread discussion and debate linked to the current emphasis on ethical conceptualizations such as accountability and transparency (Rawls 1971; Candlin/Crichton 2013). Indeed, in many spheres of contemporary social life there is an obligation to disclose certain information – the duty of disclosure – enshrined in the law and failure to disclose knowledge and information can have significant consequences. Thus, for example, the nondisclosure of information can void an insurance contract. The chapter looks at the relationship between language choice (in particular that of metaphorical conceptualizations) and language change (with specific regard to the language of the law), through the lens of the metalanguage and communicative strategies (Solly 2016) deployed. It then outlines and exemplifies some of the ethical issues and paradoxes that lie at the core of the disclosure/nondisclosure debate, paying attention to the evolution of some of the metaphorical conceptualizations, such as transparency, leaks, whistleblowing and dog whistles.

## 3.2 Political and media discourse: case studies

PAOLA PAISSA's study relates to current research dealing with the concept of "spontaneous rhetorical feeling" and, more extensively, with the concept of "profane linguistic feeling" (Achard-Bayle/Paveau 2008; Paissa 2011; Lecolle 2014). More specifically, the aim is to investigate both forms and functions embedded in the term *metaphor* when this term has a metadiscursive value (the phenomenon of the "announced metaphor", e.g. *"X is a/the metaphor of Y"*, etc.). Drawing on a press corpus Paissa first defines the morphosyntactic configurations relevant to MMM (Metaphor Metadiscursive Marker), namely predicate nouns, appositions and endophoric constructions (anaphora and cataphora). In particular the emphasis is on the function that this marker can have in the enunciative mode and in mitigating "conceptual conflict" (Prandi 2017), an intrinsic feature of metaphors. The second part of the chapter focuses on the argumentative functions related to the use of MMM. As well as exploring the descriptive and axiological aims of metaphors, Paissa investigates how *metaphor* and *allegory* can be similarly constructed in the mind of the "profane locutor", i.e. the non-linguist. She also illustrates the key role MMM plays in adjusting distance between discourse and reality, a characteristic marker of *saying*. The chapter demonstrates that evidence based on MMM observation reinforces the identification of specific semantic and discursive properties typical of metaphors and confirms the results of previous studies on metalinguistic practices in this field.

Starting from Steen's three-dimensional approach to metaphor (2015) and genre analysis (Swales 1990; Lomborg 2013), ELISABETTA

ZURRU's chapter investigates the functional use of visual and multi-modal metaphors (Forceville 2009; Forceville/Urious-Aparisi 2009) in social media, within the context of political discourse. More specifically, it examines a corpus of tweets reacting to Donald Trump's 2017 tweet about his inauguration speech after winning the 2016 USA presidential election. Her analysis enables Zurru to demonstrate that social media can be viewed as a genre where metaphors – and visual and multimodal metaphors in particular – fall under what Steen (2015) termed as 'metaphor in interaction', being deployed as deliberate rather than non-deliberate, and representing both a stylistic trait of the genre and an effective communicative strategy in the conflictual space of the political debate investigated.

Based on the notion of nominal conflict, a process by which a politician contests a designation put forward by an opponent in order to impose a new one in accordance with his argumentative aims, RUG-GERO DRUETTA analyzes the case where the nominal conflict positions two metaphors against one another. The allotopy introduced by the metaphor makes it possible to move argumentative conflict from the basic referential universe to a more abstract level, represented by the symbolism of the metaphor, and thus to limit the risks associated with a direct confrontation.

Druetta's hypothesis is illustrated by the metaphor of the "premiers de cordée", used by President Macron during a television interview, as a result of a nominal conflict with the journalist who addressed a question to him. In turn, Druetta analyzes the different rhetorical, discursive and polyphonic features, as well as the co-verbal components of his performance (prosodic and gestural), which contribute to the salience of the metaphor. The reactions of political opponents, also defined by metaphors, definitely show the effectiveness of this figure in the management of confrontation: sublimation of the conflict through its positioning on the metaphorical ground makes it possible to defuse its violence, which is always damaging for the ethos of the speaker, and to replace it by a stylistic research. It is precisely this stylistic research that allows the politician to appear in the very positive role of champion of moderation (phronimos).

MICHELANGELO CONOSCENTI's chapter investigates the role of metaphors in the making of International Relations Theory and Media

Discourse. It stems from Caffarena/Conoscenti (2017) and addresses the following research questions:

(1)  Do the Editorial Cartoons (ECs) of the *Financial Times* resort to Conceptual Metaphors that are coherent with those previously detected in the corpus-based analysis of the articles?

(2)  Do these ECs show, require or elicit a critical stance towards the specific political situation /person?

(3)  Does the interpretation of ECs rely and trigger schema-based reasoning?

(4)  To what extent do ECs act as an isotopy activator?

The study considers 42 articles from the *Financial Times* containing 18 cartoons, 18 photos and 4 mixed technique cartoons. Starting from an analysis on the way President Trump and Xi Jinping are portrayed, the discussion continues with the identification and discussion of the Conceptual Metaphors of International Relations that are represented in the cartoons. A coherent narrative and interplay between the title of the article, the news item and the editorial cartoon are identified, and Conoscenti then discusses the implications for the imposition of a specific interpretative isotopy on the reader, limiting their freedom.

Drawing on data from social media, the press and politicians, JONATHAN CHARTERIS-BLACK compares how Remain and Leave supporters argued for, or against, the concept of Europe as a 'family', and, if it were not a family, the other types of relationship that they discussed. He shows how our capacity to form all sorts of different social relationships served as the model for framing Britain's relationship with the European Union. He distinguishes between family metaphors such as 'father, 'brother' and the 'European family' and more emotionally detached metaphors such as 'partner' and 'neighbour' and shows how there was a shift in metaphor use. He also distinguishes between two frames: the nation-as-person frame and the nation-as-family frame.

Indeed, drawing on the nation-as-person frame, knowledge of interpersonal relationships provided the grounds for metaphors to discuss moral issues arising from Brexit. When a nation is framed as a person it implies that its relationships with other nations are like interpersonal relationships: just as a person can get married, so an outward looking alliance with another country can be described metaphorically as a 'marriage'. While 'family' metaphors were popular in the media, because of their potential for moral reasoning, politicians who supported leaving the EU were cautious about using them. One reason was because the 'the European family' had long been used as a metaphor by the European Commission. When a group of nations refers to itself metaphorically as a 'family', it implies that our shared sense of identity reaches out across national boundaries. It is outward looking and can overcome tensions and conflicts between sovereign nation states by rejecting blood-based tribalism. For example, some Brexiteers framed the Commonwealth as an alternative 'family' to which Britain could return now that the EU were only 'neighbours' or 'partners'.

Charteris-Black argues that politicians who advocated leaving the European Union drew on the nation-as-family frame when they reframed Britain's relationship with Europe as a 'friendship' and suggests that this implied a different set of moral obligations from those that applied when it was a 'family' member. This metaphor has a different argument because it implies that a shared sense of belonging is best found through the idea of a family within the nation. The nation-as-family is inward looking and tribal in nature and only overcomes divisions within a group of people if everyone subscribes to a common narrative of nation. Between the two contrasting frames of a group of nations as family (based on nation-as-person) and the nation-as-family, are a set of intermediary metaphors that have varying levels of emotional intimacy, ranging from 'friends' at the more intimate end of a scale to 'partners', 'neighbours' at the less intimate end. Both sides also employed the frame of the 'club' as a metaphor scenario for Britain's obligations (or otherwise) when withdrawing from the EU.

Using a research corpus of 181 press texts spanning the period February 2016 to February 2019, ANDREAS MUSOLFF's chapter investigates the semantic and pragmatic development of Brexit-related applications of the proverb 'You cannot have your cake and eat it'. The proverb's reversal into the assertion 'We can have our cake and eat it' by the then Conservative Foreign Secretary Boris Johnson and other prominent Brexiteers became highly prominent in public debate and temporarily set the agenda for the public perception of UK-EU negotiations. Musolff argues that the proverb's figurative structure, combining as it did a metaphorical scenario with hyperbole, pushed the "hard Brexit" proponents to an 'all-or-nothing' outcome of the conflict narrative, both vis-à-vis the EU and also within the British political debate. The combination of metaphor and hyperbole is thus viewed as a powerful rhetorical and conceptual means to escalate a conflict.

### 3.3 ...and beyond

SILVIA MODENA's contribution focuses on the metaphorical scenography set up through the "Faciléco–Mieux comprendre l'économie" website. In particular, it examines the mobilization of metaphors within the pedagogical series "Dr CAC – C'est assez clair !". These figures have proved to be a powerful argumentative tool to convey a watered-down image of the economic and financial world. In her corpus, which consists of a fairly homogeneous number of episodes aired during the first series, the metaphor often contributes to the success of the persuasive effect towards non-expert characters introduced in the series' scenario.

ILARIA RIZZATO's chapter looks at figurative language in Shakespeare's early comedy *The Two Gentlemen of Verona* and at its translation into Italian. Her analysis of the comedy focuses on the notions of conflictual metaphor and of 'metaphorical swarm' as devised by Prandi (2012, 2017). A metaphorical swarm is a network of interconnected metaphors based on the same conflictual concept, to be found in a single text or across texts. Rizzato shows that, far from being merely decorative elements, metaphorical swarms play a pivotal role in carrying out text functions and constructing comic effects in the play. She also reveals how the challenges posed by translation – in particular English to Italian translation – interact with such functions and contextual factors as well as with conceptual conflict, showing that metaphorical swarms' important role and network nature gives rise to a number of interesting translation situations from a textual point of view.

## 4. Conclusions

The previous section has shown how important today the study of metaphors for a proper interpretation of contemporary life is. In the last years the crucial role played by metaphorical representations in the political arena and debates has become evident. The conceptual metaphors deployed in recent European political events (see, for example, Buckledee 2018) are but one example. Populist parties, in particular, as well as the whole political body, resort to cognitive metaphorical expressions to try to make sense of, and to simplify, the complexities of the problems they have to face and to deliberate on. Indeed, at the time of writing, when a great part of the world is locked down because of the COVID-19 emergency, we are subject to a narrative which resorts to the DEFEATING CORONAVIRUS IS A FIGHT metaphor with implications for our fundamental individual freedoms that it is too early to appreciate. This is a perfect example of what all the chapters here discuss from different angles. When you have to conceptualise and evoke a political scenario, you have to carefully choose the appropriate metaphor to achieve a specific figurative framing. A canonical example is the study conducted by Thibodeau and Boroditski (2011). In their work people are asked to imagine a "virus infecting a city" or a "wild beast preying on a city" and then to describe the best way to solve the problem that they have imagined. The authors exploit the power of metaphorical thinking in terms of "connecting different ideas" to structure the knowledge about a complex issue such as crime, and to develop a number of inferences and expectations about it. Their findings show that participants favoured different measures, depending on the metaphor they engaged with. Participants handling the virus metaphor suggested investigating the source of the problem and implementing social reforms and prevention measures, such as educational campaigns to improve social hygiene, in order to decrease "the spread of the virus". By contrast, participants who imagined a "wild beast preying on a city" were more likely to approve capturing the beast and then killing or caging it.

Reality thus confirms what the studies in this book have theorized and case-studied, in a somehow prophetic way. Metaphorical connections, such as reasoning about Brexit in metaphorical terms as in BREXIT IS A DIVORCE BETWEEN BRITAIN AND EUROPE, not only closely resemble how we think about abstract concepts, but are also more likely to be appreciated and adopted by users. These connections will engage with them and lead to more personal and intuitive ways, although sometimes oversimplified, of concept-matching. By extension, this is what happens to people who browse the internet. They have to rely on metaphorical and metonymic reasoning. They have to connect, although unconsciously, specific descriptors to make sense of the information they collect and try to file in their background knowledge. These descriptors will potentially enhance their browsing experience, since they are invited to create inferences on the concepts they are exploring and handling.

Finally, these chapters investigate the role of figurative language as a framing and reasoning device (Burgers/Konjin/Steen 2016). Figurative language and its 'tools', such as metaphor, metonymy, hyperbole, emerge as stylistic devices that also help us to talk, reason, and structure our world which, probably, is going to undergo an epochal change as a result of the COVID-19 pandemic. They operate both at the linguistic and the conceptual level, and not only determine how things are said, but also how they are understood (Underhill 2011; Charteris-Black 2011). The chapters adopt an interdisciplinary approach which points to new possible research on the current debate on emotional political communication (Cepernich 2016; Cepernich/Novelli 2018). Little is known about the ways in which new metaphors shape people's attitudes towards new social phenomena, and even less on how they will affect their political standpoints in the forthcoming debate on the whys and how political solutions must be found in a state of real social and healthcare crisis. The dimension of 'conflict and tension' is confirmed, as discussed in Section 2, to be part of a continuous conceptual and ideological process in the making of discourses in general and, especially, in political discourses. This is why certain conceptual metaphors originate as positive metaphors, or at least to express a positive stance, and, sometimes, later turn into negative ones. This book offers a fresh approach to understand "where metaphors come from" (Kövecses 2015), where they can travel to and how far they can go, disseminating the world with new, different perceptions. Because, to paraphrase a post-structuralist tenet, pride and prejudice are in the eyes of the metaphor maker, but also in those of the receiver.

# Acknowledgements

We would like to thank Maurizio Gotti for accepting this book for publication in the *Linguistic Insights* series, and Ulrike Döring of Peter Lang and Monica Olivero for their help in bringing the publication process to a successful conclusion. Publication of the volume was made possible through the contribution of the University of Turin (ESOMAS Department), as part of its participation in the Italian national research project: PRIN 2015 *Nuove prospettive nella ricerca sulle metafore* (New Research Perspectives on Metaphors), principal investigator Michele Prandi.

Jonathan Charteris-Black's chapter, 'Happy Families and Special Relationships' is Chapter 7 of his book *Metaphors of Brexit: No Cherries on the Cake* (Charteris-Black 2019) and is published here by permission of Palgrave. Paola Paissa's chapter contains a cartoon by Zapiro, originally published in *The Times*. In his chapter, Michelangelo Conoscenti includes a selection of cartoons from a corpus of 21 editorial cartoons originally published on the *Financial Times*. All the cartoons are republished here with the permission of their copyright holders.

Paola Paissa / Michelangelo Conoscenti / Ruggero Druetta / Martin Solly

# Métaphore et conflit : un binôme révélateur

## 1. Prémisse

Ce volume se concentre sur la nature intrinsèquement conflictuelle des métaphores. En premier lieu, le conflit peut être considéré d'un point de vue épistémologique, car une métaphore est envisageable comme le résultat d'un « conflit conceptuel » (Prandi 2017). Différents types de métaphores et différentes relations entre les métaphores et les contextes (phrastiques ou textuels) peuvent ainsi se mettre en place, selon les formes de l'interaction conflictuelle et les interprétations auxquelles celles-ci peuvent donner lieu. En deuxième lieu, la notion de « conflit » peut être appréhendée dans un sens « métaphorique », puisqu'une métaphore, prise en considération dans une optique fonctionnaliste, s'avère être un formidable outil d'argumentation. En effet, en observant le rôle des métaphores dans le discours politique et médiatique (corpus privilégiés mais non exclusifs) on constate qu'elles sont le plus souvent utilisées dans un effet de persuasion, pour surmonter la résistance de la partie adverse, pour valider (ou, à l'inverse, pour discréditer) un point de vue. Bref, on a recours aux métaphores pour construire une vision particulière du monde, parfois potentiellement polémique. Le volume présente des travaux de recherche originaux, réalisés par des chercheurs de premier plan dans le domaine des études métaphorologiques. Son approche novatrice des questions relatives aux métaphores conflictuelles comble une lacune importante dans le domaine actuel des recherches. Le livre jette également un regard analytique sur la fonction argumentative et persuasive des métaphores, un aspect jusqu'ici relativement peu étudié.[1]

---

1 Voir, cependant : Charteris-Black 2011 ; Bonhomme 2017.

Issu des communications et des discussions qui ont eu lieu lors d'un colloque international portant sur le thème *Métaphore et conflit – Metaphor and Conflict,* organisé à Turin les 12 et 13 avril 2018, ce volume fait partie de la production et diffusion des travaux de recherche menés par le projet national de recherche italien : PRIN 2015 *Nuove prospettive nella ricerca sulle metafore* (*Nouvelles perspectives de recherche sur les métaphores*). Le colloque s'est tenu en anglais et en français : les chapitres de ce volume sont donc soit dans l'une soit dans l'autre langue. Cette introduction est la seule partie qui soit traduite dans les deux langues.[2] Après ce paragraphe introductif, le deuxième paragraphe offre un bref aperçu des relations existantes entre la métaphore et le conflit, depuis l'Antiquité jusqu'à nos jours. Le troisième paragraphe décrit les différents chapitres dont se compose le volume, qui est divisé en trois parties. Le quatrième paragraphe, enfin, souligne l'importance des représentations métaphoriques et du langage figuré pour comprendre et donner un sens au discours politique et social contemporain.

## 2. Métaphore et conflit : quels rapports ?

Au moment de choisir un angle d'attaque pour notre volume, le rapport entre métaphore et conflit nous est apparu comme le mieux adapté à rendre compte d'un certain nombre de préoccupations – anciennes ou récentes – dans les différentes sciences qui s'occupent de la reine des figures rhétoriques.

Tout d'abord, la dimension du conflit se retrouve au cœur de la naissance de la rhétorique comme forme de sublimation de la violence physique. La légende rapporte en effet que celle-ci serait née vers 466 a. J.-C., lorsqu'une révolution démocratique déposa Thrasybule, tyran de Syracuse, et que le problème se posa de redistribuer les terres. À

---

2 Cette introduction a été rédigée par les directeurs de l'ouvrage. Le paragraphe 2 a été écrit par Paola Paissa et Ruggero Druetta et les paragraphes 3 et 4 par Michelangelo Conoscenti et Martin Solly. Les paragraphes 3 et 4 ont été traduits en français par Paola Paissa et Ruggero Druetta. Tous les autres paragraphes ont été rédigés ensemble.

ce moment-là, l'éloquence déployée dans les procès permit à certains d'avoir gain de cause : le complexe des normes oratoires commença donc à se constituer et à être de plus en plus prisé. On le voit, la parole est une forme d'action et le duel verbal ainsi que la joute oratoire se substituent au combat physique. De ce point de vue, la rhétorique serait une manière d'apprivoiser le conflit. Comme le disent Perelman et Olbrechts-Tyteca (1958 : 73) :

> on peut, en effet, essayer d'obtenir un même résultat soit par le recours à la violence, soit par le discours visant à l'adhésion des esprits [...] L'usage de l'argumentation implique que l'on a renoncé à recourir uniquement à la force, que l'on attache du prix à l'adhésion de l'interlocuteur, obtenue à l'aide d'une persuasion raisonnée, qu'on ne le traite pas comme un objet, mais que l'on fait appel à sa liberté de jugement. Le recours à l'argumentation suppose l'établissement d'une communauté des esprits qui, pendant qu'elle dure, exclut l'usage de la violence.

Sublimer le conflit ne veut pas dire l'annuler pour autant et c'est donc au niveau de la pratique de la rhétorique que celui-ci se manifeste. En effet, deux au moins des genres de discours identifiés par la typologie d'Aristote sont de type agonal : le judiciaire, où s'affrontent deux parties adverses, et le délibératif, où ce sont des options, ainsi que des points de vue divergents sur le bien public qui s'opposent. L'épidictique est, quant à lui, moins litigieux et semble offrir des points de contact avec un autre domaine d'application des préceptes rhétoriques, qui en viendra progressivement – et pour longtemps – occuper tout le champ de cette discipline, à savoir la stylistique, principalement appliquée à la littérature.

Nous en arrivons ainsi à une deuxième dimension du conflit : l'opposition entre le statut argumentatif et le statut ornemental de la rhétorique en général et de la métaphore en particulier. C'est un conflit qui oppose, dans ce cas, les théoriciens entre eux : est-ce que, d'une part, la rhétorique est quelque chose qui touche au plus profond du discours ou s'agit-il d'une simple mise en forme d'arguments, par ailleurs parfaitement rationnels et indépendants de leur forme discursive ? Autrement dit : la rhétorique appartient-elle à l'*inventio* ou à l'*elocutio* (option prédominante jusqu'au milieu des années 50, battue en brèche par le *Traité de l'Argumentation*) ? D'autre part, faut-il considérer que l'inventaire des procédés rhétoriques, malgré leur statut de *techné*, serait plus en conformité avec un genre textuel particulier ? C'est, en tout cas, la question qui se pose dès l'Antiquité au sujet de la métaphore. Aristote aborde cette figure tant dans la *Poétique* que dans la *Rhétorique*, tout en lui affectant une valeur cognitive et philosophique, puisque cette figure vise une saisie immédiate de la vérité. Cependant, c'est dans la *Poétique* (ch. XXI) qu'il offre un exposé plus détaillé des quatre catégories de sa taxinomie métaphorique. Outre l'affirmation du principe du plaisir qui favorise l'adhésion de l'auditoire (*cf.* Delarue 2017) c'est la métaphore analogique qui est retenue comme instrument de la plus grande efficacité élocutive, à condition d'éviter les métaphores « déplacées » ou « obscures », qui aboutissent à la « froideur » du style (livre III, ch. III). La conception métaphorologique, somme toute unitaire, d'Aristote va se séparer de plus en plus par la suite, dans le *Traité du sublime* du Pseudo-Longin et chez les auteurs latins d'abord (Cicéron et Quintilien, notamment), puis dans toute la tradition européenne, le moment de rupture définitif remontant à Pierre de la Ramée – comme le rappellent Amossy & Koren (2009) – et aboutissant à ce que Genette (1970) appelle la « rhétorique restreinte » (aux tropes et, notamment, à la métaphore), c'est-à-dire la rhétorique envisagée comme un catalogue de figures destiné au « parler fleuri », du ressort prioritaire de la stylistique, n'entretenant guère de rapports avec l'argumentation.

Le conflit concernant l'emploi (décoratif *vs* argumentatif) de la métaphore en suscite d'autres : tout d'abord, il s'agit de l'opposition entre discours ordinaire et discours « haut », marqué par le sceau de la figuralité, ce qui préfigure la conception de l'« écart » rhétorique. Ensuite, c'est le contraste entre un discours direct, rationnel (le *logos*) et un discours biaisé, dont la métaphore est le symbole, où c'est le paralogisme qui domine et, avec celui-ci, la visée manipulatoire du recours à la figure, ce qui va de pair avec une certaine méfiance vis-à-vis de la métaphore et de celui qui y a recours. Par ailleurs, l'attitude de suspicion à l'égard du langage figuré et, en particulier, de la métaphore, est également issue d'une tradition ancienne, remontant au moins à Platon et à ses critiques des sophistes.[3] C'est peut-être là un autre facteur qui justifie la « spécialisation » de la métaphore dans le champ littéraire,

---

3  *Cf.* Bowles 2017. Un écho de cette attitude se retrouve chez Derrida, notamment dans la controverse qui l'a opposé à Ricœur (Vallespir 2017).

car en effet ce terrain est moins risqué que celui des discours dans l'espace public. Dans la mesure où la littérature est le domaine du fictif et que la vérité n'est pas l'enjeu majeur de l'auteur et de son public, le recours à la métaphore n'expose pas celui qui s'en sert à l'accusation de vouloir tromper. Bien au contraire, la métaphore devient un sceau précieux pour marquer le style d'un auteur, l'une des formes illustrant le mieux la fonction poétique du langage telle que définie par Jakobson, donc la littérarité d'un texte en tant que travail sur la langue.

Il faut attendre l'avènement de la perspective néorhétorique de Perelman et Olbrechts-Tyteca, dont le *Traité de l'argumentation* est paru en 1958, ainsi que la méthode illustrée dans *The uses of argument* de Toulmin, curieusement publié la même année (1958) et toute la floraison de recherches qui se sont multipliées à la suite de ces réflexions pour assister à un changement de regard. Renouant avec les intuitions aristotéliciennes, Perelman et Olbrechts-Tyteca dépassent la fracture entre rhétorique et argumentation et en proposent une vision unifiée, où la rhétorique n'apparaît plus comme une discipline ancillaire, mais comme coextensive à l'argumentation. La différence résiderait seulement dans le domaine d'application : la vérité serait l'affaire des procédures de démonstration, tandis que le *vraisemblable* – relevant du domaine des affaires humaines et sociales – serait pris en charge par la rhétorique argumentative. Celle-ci se voit donc réassigner un rôle de régulation sociale, visant la solution des conflits et des problèmes par l'intermédiaire du discours. La problématologie de Michel Meyer, théorie sur laquelle il fonde son traité de rhétorique argumentative (Meyer 2008), épouse cette position et se concentre tout spécialement sur les métaphores, dont il affirme le caractère opératoire dans le débat, car les correspondances métaphoriques sont considérées socialement « comme des vérités adéquates à l'ordre des choses » (Meyer 2005 : 14). Les groupes de recherche et les associations internationales s'occupant d'argumentation posent désormais la rhétorique au centre de leurs préoccupations : on peut mentionner ici, entre autres, pour l'Europe, l'*International Society for the Study of Argumentation* (ISSA), basée à Amsterdam et organisant, à partir de 1986, une grande conférence tous les quatre ans, et, pour l'Amérique, l'*Ontario Society for the Study of Argumentation* (OSSA), qui poursuit une action comparable depuis 1995. La revue israélienne *Argumentation et Analyse du Discours*

(AAD) vient compléter ce panorama, sans doute trop rapide, mais que nous ne pouvons pas approfondir davantage sans nous éloigner de notre propos.

Dans cette perspective unifiée, la métaphore joue un rôle argumentatif central, car elle constitue un argument abrégé, ce qui la restitue à l'*inventio*. Ceci est particulièrement évident dans le cas de la métaphore analogique, en raison du raisonnement logique qui la sous-tend, mais cela peut s'appliquer également à d'autres configurations métaphoriques, dans lesquelles le *phore* retient l'attention de l'énonciataire et parvient ainsi à le distraire de l'argumentation menée par l'énonciateur en vue d'obtenir l'adhésion de l'auditoire, à travers la métaphore ou parallèlement à celle-ci. Ce rôle stratégique, qui consiste à faire admettre des contenus propositionnels dont la vérité reste à démontrer, est fortement sollicité dans un large éventail de discours, allant des énoncés doxologiques (énoncés parémiques, slogans publicitaires, etc.) aux différentes formes du discours didactique (surtout de vulgarisation) et du discours politique, ce qui prouve la malléabilité de la métaphore et son rendement pragmatique. Toutefois, si l'argumentation est par nature conflictuelle, car il s'agit toujours, au fond, de l'emporter sur un contradicteur réel ou potentiel, la notion de conflit devient centrale pour le discours politique, qui voit s'affronter non seulement des vues différentes sur tel problème particulier, mais des idéologies, des visions de l'homme et de la société parfois totalement opposées, se reflétant dans des discours que tout sépare, des arguments aux thèses défendues. L'idéologie[4] se traduit ici dans des arguments et dans des métaphores argumentatives récurrentes, qui permettent immédiatement de reconnaître le camp idéologique par lequel elles sont mobilisées. On comprend aisément pourquoi c'est le domaine politique qui a été choisi comme terrain d'analyse par bon nombre des auteurs de ce

---

4  Pour la notion fort controversée d'*idéologie*, nous renvoyons ici à l'ouvrage de Raymond Boudon (1986) qui passe en revue les différentes définitions proposées dans le cadre des sciences sociales : « [. . .] les idéologies sont des doctrines plus ou moins cohérentes combinant à doses variables des propositions prescriptives et des propositions descriptives [. . .] le mot *idéologie* lui-même s'est imposé parce qu'il désignait commodément l'ambition nouvelle, apparue avec la modernité, de fonder sur la Science un ordre social qui ne paraissait plus pouvoir reposer sur la Tradition » (Boudon 1986 : 86, 101).

volume. S'intéresser aux métaphores qui structurent le débat dans l'espace public, la traduction en images de tel ou tel enjeu sociétal, permet d'observer comment s'opère la sublimation du conflit et de sa violence potentielle, dont il a été question plus haut.

À côté de cette déclinaison extrinsèque du couple métaphore/conflit, concernant la métaphore en tant que stratégie de dépassement du conflit et la dimension pragmatique du recours à la métaphore dans des situations agonales, on trouve une autre déclinaison, portant sur la dimension ontologique et définitoire du mécanisme métaphorique envisagé en lui-même : est-ce qu'on peut caractériser le fonctionnement sémantique de la métaphore comme conflictuel ? C'est l'option prônée notamment par M. Prandi tout au long de son œuvre, qu'il réaffirme dans son essai de ce volume. C'est aussi, plus largement, l'une des manières d'envisager la relation existant entre les deux unités impliquées dans la métaphore : *thème* et *phore* (Perelman/Olbrechts-Tyteca 1958), *tenor* et *vehicle* (Richards 1936), *cadre* et *foyer* / *frame* et *focus* (Black 1962), *cible* et *source* / *target* et *source* (Lakoff/Johnson 1980), *sujet primaire* et *sujet subsidiaire* ; *primary subject* et *subsidiary subjet* (Prandi 1992, 2017).

Pour les Anciens, la question des rapports mutuels entre les deux unités impliquées par la métaphore n'était pas problématisée de manière spécifique, car le dénominateur commun des différentes typologies dégagées était simplement représenté par l'opération de substitution (gr. μεταφορά : transport ; lat. *translatio* : déplacement). Aristote, par exemple, dégage quatre formes de « transport » (du genre à l'espèce, de l'espèce au genre, de l'espèce à une autre espèce, d'un terme à son corrélatif, par analogie), dont les deux premières seront par ailleurs retranchées par la tradition successive, qui crée pour elles la catégorie de la synecdoque. Dans les trois premiers cas, le *phore* remplace un *thème* qui n'apparaît pas dans l'énoncé et, dans le cas de la métaphore analogique, il s'agit d'un parallélisme de rapports, pas d'une interaction entre les deux domaines. L'interaction n'est pas approfondie parce qu'il est difficile d'en rendre compte : Aristote se limite à mettre en garde contre le risque de choisir des *phores* trop « éloignés », qui aboutiraient à rendre le discours obscur. Cette difficulté est encore témoignée par une autre remarque d'Aristote (*Poétique*, ch. XXII, § XII) qui attribue non pas à un mécanisme général (cognitif ou linguistique), mais à une aptitude subjective (« un esprit naturellement bien doué ») la capacité d'établir des analogies métaphoriques.

Ce n'est qu'au tournant des sciences entre le XIX$^e$ et le XX$^e$ siècle qu'on parviendra à une réelle saisie interne du mécanisme métaphorique : le structuralisme de dérivation saussurienne, d'une part, l'ensemble des approches psychologiques, qui révèlent un sujet éclaté, d'autre part, convergent vers une atomisation de l'analyse en sèmes, permettant non seulement de rendre compte de la stratification de la signification, par les différents mécanismes de connotation, dont la métaphore, mais aussi de percer le voile métaphorique en dépassant l'approche substitutive par l'approche interactive (Black 1954 ; 1962), une conception qui permet de faire place à une certaine forme de conflit, car l'interaction comporte la rencontre de sèmes étrangers. Ce changement de perspective montre que, dans la métaphore, les deux termes, et non le *phore* seulement, participent activement à l'élaboration du sens figural : c'est le « cross-domain mapping » évoqué par les tenants de l'approche cognitive (à partir de Lakoff/Johnson, 1980). Cependant, la nature conflictuelle de la métaphore ne se perçoit qu'en filigrane dans la vision de la métaphore cognitiviste, car les auteurs de *Metaphors we live by* font reposer le mécanisme métaphorique sur des analogies à portée générale, renvoyant à des mécanismes cognitifs largement partagés, qui aboutissent à des métaphores cohérentes, donc non conflictuelles. Au fond, on s'éloigne peu de la conception aristotélicienne, car ce qui était considéré chez Aristote comme une aptitude individuelle – c'est-à-dire subjective – se retrouve objectivé par Lakoff et Johnson dans une analogie ancrée dans des schémas cognitifs collectifs.[5] Le pouvoir heuristique des métaphores conceptuelles théorisées par Lakoff et Johnson et le caractère séminal de la conception cognitiviste sont néanmoins manifestes.

Ceci dit, le domaine couvert par les métaphores conceptuelles s'avère insuffisant, car celui-ci n'épuise pas le champ des possibles. En effet, si la métaphore cognitive fait référence à des structures de pensée

---

5 Par ailleurs, on peut rappeler que le pouvoir cognitif de la métaphore, dû à son ancrage dans les schémas gnoséologiques de la collectivité et présidant au langage, avait déjà été mis en lumière, au début du XVIII$^e$ siècle, par Giambattista Vico (Sur le « modèle » de Vico, *cf.*, entre autres : Danesi 2001).

préexistant à toute production langagière particulière, on peut dire que les métaphores qui peuvent s'y rattacher sont moins originales que ce qu'on a l'habitude d'appeler, depuis l'essai de Ricœur (1975), les « métaphores vives ». C'est à propos de ces dernières que la pertinence de la notion de conflit devient centrale, pour peu qu'on renonce à rabattre la métaphore sur la comparaison, où la violence de l'identité des deux termes mis en jeu est atténuée par le caractère hypothétique du *comme* (faire *comme si*). L'énoncé métaphorique introduit en effet une tension (un conflit) entre le *thème* et le *phore* qui sont en même temps présentés comme identiques par l'énoncé métaphorique, tout en restant différents dans leur essence. C'est ce que Ricœur appelle la « véhémence ontologique », avec un vocabulaire renvoyant, une fois de plus, au conflit :

> Le paradoxe consiste en ceci qu'il n'est pas d'autre façon de rendre justice à la notion de vérité métaphorique que d'inclure la pointe critique du n'est pas (littéralement) dans la *véhémence ontologique* du est (métaphoriquement). (Ricœur 1975 : 321)

Poursuivant sur la lancée de cette réflexion, M. Prandi place le conflit au centre de son approche du fait métaphorique et tout particulièrement de la « métaphore vive », qu'il rebaptise, non sans polémique avec les cognitivistes, « métaphore conflictuelle ». Les concepts métaphoriques analysés par les cognitivistes sont indépendants de leur expression linguistique concrète, car ils sont placés en dehors de la langue. En revanche, suivant l'approche de Prandi, l'association, dans l'énoncé métaphorique, de notions incohérentes – autrement dit conflictuelles – n'est rendue possible que par l'intermédiaire des structures syntaxiques de la langue qui, imposant leur réseau de solidarités, parviennent à faire tenir ensemble ces notions et à dégager, vaille que vaille, un sens global, qui est justement le signifié métaphorique. Dans cette approche, le conflit peut se situer à plusieurs niveaux (lexical, cognitif, ontologique : Prandi 2002 : 13) et, dans le cas de la métaphore vive, il a une valeur de projection sémantique qui ne clôture pas le sens mais le laisse virtuellement ouvert.

Si le conflit se trouve bel et bien au centre du processus métaphorique, force est toutefois de reconnaître que le caractère métaphorique et par conséquent conflictuel de la figure peut être inactivé : on peut évoquer la catégorie de la catachrèse ou du figement, déjà reconnue par les théoriciens de l'Antiquité, mais aussi des approches plus récentes du fait figural, mettant l'accent sur la dimension pragmatique de la communication, comme le modèle tridimensionnel (*langage, pensée et communication*) de la métaphore délibérée de Steen (*cf.* Steen 2008, entre autres), qui discrimine entre « métaphore délibérée » et « non délibérée » en fonction de la prévision explicite d'un traitement métaphorique ou non métaphorique (comparaison *vs* catégorisation). De même, l'approche pragmatique de Bonhomme (2005) souligne le rôle de l'allocutaire, qui doit coopérer à la réussite de l'intention figurale alors que la réception au pied de la lettre aboutit *de facto* à neutraliser la métaphore.

Au terme de ce rapide survol des contrées métaphoriques, il apparaît clairement que la notion de conflit est essentielle pour appréhender cette figure, aussi bien de l'intérieur que de l'extérieur. Que ce soit du point de vue de son utilisation à des fins pragmatiques dans des contextes d'affrontement, dont elle parvient à sublimer la violence et la conflictualité concrètes, ou de celui de son fonctionnement dans les structures de la pensée ou du langage, la métaphore ne peut se comprendre sans évoquer les multiples tensions qui la suscitent et qu'elle met en œuvre. On est donc bien loin d'une fonction purement stylistique et ornementale : ainsi, pouvons-nous reprendre à notre compte le titre d'un article souvent cité d'Andrew Ortony (1975), rappelant que « metaphors are necessary and not just nice ».

## 3. Présentation des articles

Le volume est organisé en trois parties, toutes axées sur la métaphore et le conflit. La première partie affronte quelques questions théoriques, alors que la deuxième présente un certain nombre d'études de cas portant sur le discours politique et médiatique. La troisième partie, intitulée « *Et au-delà...* », clôt l'ouvrage, en montrant qu'une approche de la relation conflictuelle mise en place par la métaphore peut constituer un apport essentiel à la saisie de la vulgarisation économique et de la traduction littéraire.

## 3.1 Métaphore et théorie

Pour MICHELE PRANDI, le critère majeur pour identifier les métaphores vives est la corrélation avec des signifiés complexes conflictuels, c'est-à-dire des signifiés reliant des concepts atomiques de manière à remettre en question nos structures conceptuelles le plus profondément ancrées. Un bon exemple est représenté par le syntagme : « Et l'hiver verse son chagrin dans la neige » (Emily Brontë), où l'*hiver* ne peut pas ressentir de *chagrin* et le *chagrin* n'est pas le genre de substance que l'on peut *verser*. Le conflit et son rapport à la métaphore sont des phénomènes complexes : il existe deux sources de conflit distinctes, l'une grammaticale et l'autre textuelle. Au niveau de la phrase, un réseau de relations grammaticales indépendantes impose un moule rigide aux concepts qui sont liés. Cela explique la possibilité logique du conflit, qui constitue une propriété structurelle du signifié complexe. Dans une expression telle que « Et l'hiver verse son chagrin dans la neige », par exemple, une solide charpente syntaxique transforme le *chagrin* en une substance liquide prête à être *versée*. Le conflit ne peut pas devenir une figure en dehors d'un texte : ses racines se trouvent cependant dans la structure grammaticale de la phrase. Les phrases nominatives, en revanche, offrent généralement aux concepts liés un moule large, ouvert à la négociation des relations conceptuelles grâce à l'inférence, qui est régie par le critère de la cohérence conceptuelle. Le syntagme « l'hiver de notre mécontentement » (Shakespeare), par exemple, encourage une interprétation cohérente : il fait référence à l'*hiver* et y situe un cas de *mécontentement*. Mais s'il est vrai que l'inférence est cohérente par définition, une question se pose alors naturellement : comment l'inférence peut-elle aboutir à un conflit ? La possibilité logique d'un conflit au niveau des groupes nominaux ne peut être justifiée que par un impératif de cohérence textuelle : un conflit devient une option interprétative rationnelle s'il fournit le sens conceptuel d'une métaphore prête à trouver sa place cohérente au sein d'un texte cohérent. Si l'expression « l'hiver de notre mécontentement » est replacée dans son co-texte – le monologue de Gloucester au tout début de *Richard III* – elle est interprétée comme faisant référence à un sentiment ressenti par les mêmes sujets et la caractérise comme étant l'*hiver* d'une manière métaphorique et conflictuelle. La relation entre conflit et figure s'y trouve renversée : il n'y a pas un conflit indépendant qui s'ouvre vers une interprétation figurative fonctionnelle à la cohérence textuelle mais, à l'inverse, une métaphore fonctionnelle à la cohérence textuelle qui force l'activation d'un conflit rendant possible la métaphore elle-même.

Le chapitre de CHRISTIAN PLANTIN est une étude empirique basée sur un ensemble de cas intéressants, montrant comment la métaphore en tant qu'argument se comporte dans un environnement argumentatif-interactionnel. Son objectif fondamental est de prouver que les métaphores ne sont pas à l'abri d'une réfutation. La première partie du chapitre résume certaines positions de la rhétorique d'Aristote sur la métaphore, en particulier l'affirmation selon laquelle la métaphore est le meilleur instrument de persuasion, ce qui implique qu'une métaphore ne peut être neutralisée que par une autre métaphore. Les métaphores ouvertes appelant à la surprise peuvent être rejetées par des manifestations de désaccord, combinées à une réfutation de l'analogie reconstruite à partir de la métaphore. Lorsqu'elles fonctionnent comme des modèles idéologiques cachés (implicites), canalisant la recherche scientifique, les métaphores peuvent être remplacées par d'autres métaphores, ou alors être rejetées parce qu'elles sont inadéquates sur le plan descriptif et théorique. Plantin montre que la métaphore peut entrer en concurrence avec la recatégorisation basée sur des critères scientifiques, ce qui ouvre un débat sur le caractère métaphorique/littéral d'une assertion. Le vocabulaire métaphorique peut être rejeté par les scientifiques comme menant la recherche vers des impasses ou comme étant motivé par une intention malveillante et c'est au juge qu'il revient de trancher quant à la validité de la métaphore.

Pour MARC BONHOMME, le fonctionnement argumentatif de la métaphore est souvent envisagé négativement, en relation avec la fragilité de son principe analogique ou avec les « fallacies ». Adoptant une approche rhétorico-pragmatique, son chapitre se propose de réévaluer positivement l'argumentativité de la métaphore à partir de textes médiatiques, politiques et didactiques. Dans une première partie, la dimension argumentative de la métaphore est analysée comme un processus conflictuel mettant en jeu une polarité séductrice et une polarité rationnelle. D'un côté en effet, la métaphore s'intègre dans une argumentation par séduction, en raison de son imagerie, de son implicitation fréquente et de sa tendance à privilégier les jugements de valeur, propres à susciter une adhésion empathique du public. Mais d'un autre côté, la métaphore présente des caractéristiques linguistiques, cognitives ou textuelles comme la lexicalisation, la stéréotypie et le filage qui la rendent disponible pour développer des procédures logiques cohérentes en vue d'une argumentation rationnelle. Dans une seconde partie, le chapitre de Bonhomme montre que les polarités conflictuelles de la séduction et de la rationalité à l'œuvre au sein de la métaphore donnent lieu à des stratégies discursives diversifiées lors de la production de textes argumentatifs, en fonction de leur genre, de leur thématique et plus globalement de leurs objectifs. En particulier, si l'argumentation métaphorique par séduction prédomine avec les publicités pour les parfums, les récits allégoriques et les débats médiatiques, en revanche, privilégient l'argumentation rationnelle permise par la métaphore. Mais d'autres types de textes, comme les proverbes ou les articles de presse, tirent leur efficacité d'une gestion équilibrée des deux polarités conflictuelles présentes dans la métaphore argumentative.

Dans son chapitre, MARTIN SOLLY réunit deux domaines d'étude linguistique, le métalangage et les métaphores conceptuelles, afin d'observer certains aspects spécifiques du langage utilisé dans le discours de divulgation et de non-divulgation. Les questions éthiques et juridiques liées à la divulgation ou à la non-divulgation d'informations et de connaissances ont toujours été importantes dans le droit. En outre, on met l'accent sur des conceptualisations éthiques, telles que la responsabilité et la transparence (Rawls 1971 ; Candlin/Crichton 2013), ce qui fait que ces questions font de plus en plus l'objet de discussions et de débats. En effet, dans de nombreuses sphères de la vie sociale contemporaine, il existe une obligation de divulguer certaines informations – le devoir de divulgation – qui est inscrite dans la loi et le fait de ne pas divulguer des connaissances et des informations peut avoir des conséquences importantes. Ainsi, par exemple, la non-divulgation d'informations peut entraîner la nullité d'un contrat d'assurance. Le chapitre examine la relation entre les choix imposés par la langue (notamment ceux des conceptualisations métaphoriques) et le changement linguistique (en ce qui concerne plus particulièrement le langage juridique), à travers le prisme du métalangage et des stratégies de communication (Solly 2016). L'étude expose et illustre ensuite certaines des questions et des paradoxes éthiques qui sont au cœur du débat sur la divulgation/non divulgation, en s'intéressant à l'évolution de certaines conceptualisations métaphoriques, telles qu'on peut les retrouver dans les discours évoquant la transparence, les fuites, ou encore des instruments produisant des sons, comme dans les expressions « whistle-blower » (tireur de sonnette d'alarme) ou « dog whistles » (messages codés).

## 3.2 Discours politique et médiatique : études de cas

Le chapitre de PAOLA PAISSA se situe dans le sillage des recherches concernant le « sentiment rhétorique spontané » et, plus largement, « le sentiment linguistique profane » (Achard-Bayle/Paveau 2008 ; Paissa 2011 ; Lecolle 2014). On s'interroge ici notamment sur les formes et les fonctions du mot *métaphore,* lorsqu'il est utilisé en emploi métadiscursif (phénomène de la « métaphore déclarée », du type : « X est une métaphore de Y »). Après avoir défini, à partir d'un corpus de presse, les configurations morphosyntaxiques dans lesquelles peut se présenter le MMM (Métaphore Marqueur Métadiscursif), à savoir la prédication nominale, l'apposition et la construction endophorique (anaphore et cataphore), l'étude de Paissa illustre la fonction que ce marqueur joue en tant que modalisateur d'énonciation et atténuateur de ce mécanisme intrinsèque à la métaphore qu'est le « conflit conceptuel » (Prandi 2017). Ensuite, le chapitre se concentre sur les fonctions argumentatives découlant de l'emploi du MMM : outre les enjeux descriptifs et axiologiques, la recherche met en lumière l'affinité de la métaphore et de l'allégorie dans l'imaginaire métadiscursif du locuteur naïf et illustre le rôle du MMM dans les opérations d'ajustement de l'écart entre le discours et la réalité qui caractérisent le dire. En conclusion, l'observation du MMM corrobore la reconnaissance de certaines propriétés sémantiques et discursives de la métaphore et confirme les résultats des études sur les pratiques réflexives du langage, qui forment le cadre bibliographique et méthodologique de cette recherche.

Partant de l'approche tridimensionnelle de Steen en matière de métaphore (2015), ainsi que des principes de l'analyse de genre (Swales 1990 ; Lomborg 2013), le chapitre d'ELISABETTA ZURRU étudie l'utilisation fonctionnelle des métaphores visuelles et multimodales (Forceville

2009 ; Forceville/Urious-Aparisi 2009) dans les médias sociaux et dans le contexte du discours politique. Plus précisément, cette étude examine un corpus de tweets écrits en réaction au tweet de 2017 de Donald Trump concernant le discours d'investiture prononcé après avoir remporté l'élection présidentielle américaine de 2016. L'analyse de Zurru lui permet de démontrer que les médias sociaux peuvent être considérés comme un genre où les métaphores – et notamment les métaphores visuelles et multimodales – relèvent de ce que Steen (2015) a appelé « la métaphore en interaction », puisqu'elles y sont déployées de manière délibérée plutôt que non délibérée et qu'elles représentent à la fois un trait stylistique du genre et une stratégie communicative efficace dans l'espace conflictuel du débat politique analysé.

En se basant sur la notion de conflit nominatif, processus par lequel un homme politique conteste une désignation proposée par un adversaire afin d'en imposer une nouvelle, plus conforme à ses objectifs argumentatifs, Ruggero Druetta analyse le cas où le conflit nominatif oppose deux métaphores l'une à l'autre. L'allotopie introduite par la métaphore permet de faire passer le conflit argumentatif de son univers référentiel de base à un niveau plus abstrait, représenté par le plan symbolique de la métaphore, limitant ainsi les risques d'une confrontation directe. L'hypothèse de Druetta est étayée par l'analyse de la métaphore des « premiers de cordée », à laquelle a eu recours le président Macron lors d'une interview télévisée, à l'issue d'un conflit nominatif avec le journaliste qui lui a adressé une question. Druetta se concentre sur les différentes caractéristiques rhétoriques, discursives et polyphoniques, ainsi que sur les composantes co-verbales de la performance (prosodique et gestuelle) du Président, qui contribuent à assurer la saillance de la métaphore. Les réactions des opposants politiques, faisant elles aussi appel à des métaphores, montrent sans aucun doute l'efficacité de cette figure dans la gestion de la confrontation : la sublimation du conflit, qui s'effectue par son déplacement sur le terrain métaphorique, permet d'en désamorcer la violence, toujours préjudiciable à l'ethos de l'orateur et de la remplacer par une recherche stylistique. C'est précisément cette recherche stylistique qui permet à l'homme politique d'apparaître dans le rôle très positif de champion de la modération (*phronimos*).

Le chapitre de Michelangelo Conoscenti étudie le rôle des métaphores dans l'établissement de la théorie des relations internationales et du discours médiatique. S'inspirant de Caffarena/Conoscenti (2017), celui-ci aborde les questions de recherche suivantes :

(1) Les dessins de presse (DP) du *Financial Times* ont-ils recours à des métaphores conceptuelles cohérentes avec celles détectées préalablement dans l'analyse des articles basée sur le corpus ?

(2) Ces dessins montrent-ils, exigent-ils ou suscitent-ils une position critique à l'égard de la situation ou de la personne politique en question ?

(3) L'interprétation des DP s'appuie-t-elle et débouche-t-elle tout à la fois sur un raisonnement basé sur des schémas ?

(4) Dans quelle mesure les DP agissent-ils comme un activateur d'isotopies ?

L'étude porte sur 42 articles du *Financial Times* contenant 18 dessins, 18 photos et 4 dessins de techniques mixtes. Après une analyse sur la façon dont le président Trump et Xi Jinping sont représentés, la discussion se poursuit avec l'identification et la discussion des métaphores conceptuelles des relations internationales qui sont représentées dans les dessins. Conoscenti montre qu'il est possible de dégager une narration cohérente et une interaction entre le titre de l'article, le sujet d'actualité dont il est question et le DP, ce qui lui permet, pour terminer, de discuter des implications de l'imposition d'une isotopie interprétative spécifique au lecteur, qui finit par limiter sa liberté.

S'appuyant sur des données provenant des médias sociaux, de la presse et des politiciens, JONATHAN CHARTERIS-BLACK compare la manière dont les militants qui, lors du referendum sur le Brexit, faisaient campagne pour *Rester* (dans l'Ue) ou la *Quitter* ont plaidé pour ou contre le concept de « famille » européenne ou, éventuellement, lorsqu'ils n'ont pas eu recours à cette métaphore de la famille, des autres types de relations dont ils ont discuté. L'auteur montre comment notre capacité à mettre en œuvre toutes sortes de relations sociales a servi de modèle pour encadrer la relation de la Grande-Bretagne avec l'Union européenne. Charteris-Black fait la distinction entre des métaphores familiales telles que « père, frère » et « famille européenne » et des métaphores plus détachées du point de vue affectif, telles que « partenaire » et « voisin », et montre qu'il y a eu un glissement progressif dans l'utilisation des métaphores. Il distingue également deux cadres métaphoriques : nation-personne et nation-famille. Allant au bénéfice du cadre métaphorique de la nation-personne, la connaissance des relations interpersonnelles a fourni les bases des métaphores servant à débattre les questions morales soulevées par le Brexit. Lorsqu'une nation est présentée comme une personne, cela implique que ses relations avec les autres nations ressemblent à des relations interpersonnelles : tout comme une personne peut se marier, une alliance tournée vers l'extérieur avec un autre pays peut être décrite métaphoriquement comme un « mariage ». Cependant, tandis que les métaphores « familiales » étaient populaires dans les médias, en raison de leur potentiel de raisonnement moral, les politiciens qui soutenaient l'idée de quitter l'UE étaient, quant à eux, défiants vis-à-vis de leur utilisation. L'une des raisons est que la métaphore de la « famille européenne » a longtemps été utilisée par la Commission européenne. Lorsqu'un groupe de nations se désigne métaphoriquement comme une « famille », cela implique que notre sentiment d'identité commune s'étend au-delà des frontières nationales. C'est un groupe tourné vers l'extérieur, qui peut surmonter les tensions et les conflits entre les États nations souverains en rejetant le tribalisme fondé sur les liens du sang. Par exemple, certains militants pro-Brexit ont présenté le Commonwealth comme une « famille » alternative, à laquelle la Grande-Bretagne pourrait revenir, maintenant que l'UE n'est plus que « voisine » ou « partenaire ». Selon Charteris-Black, les politiciens qui ont préconisé de quitter l'Union européenne se sont inspirés du cadre de la nation-famille lorsqu'ils ont redéfini la relation de la Grande-Bretagne avec l'Europe comme une « amitié » : cela comportait, en effet, un ensemble d'obligations morales différentes de celles qui s'appliquaient lorsqu'elle était un membre de la « famille ». Cette métaphore a un argument différent, car elle implique qu'un sentiment d'appartenance partagé est plus facile à trouver dans l'idée d'une famille au sein de la nation. La métaphore « nation-famille » est par nature nombriliste et tribale et ne surmonte les divisions au sein d'un groupe de personnes que si chacun souscrit à une narration commune de la nation. Entre les deux cadres contrastés d'un groupe de nations en tant que famille (basé sur la nation-personne) et la nation-famille se trouve un ensemble de métaphores intermédiaires qui présentent différents niveaux d'intimité affective, allant des « amis » à l'extrémité la plus intime d'une échelle, jusqu'aux « partenaires », et aux « voisins » à l'extrémité la moins intime. Les deux camps ont également utilisé le cadre du « club » comme scénario métaphorique pour décrire les obligations de la Grande-Bretagne lors de son retrait de l'UE.

À partir d'un corpus de recherche de 181 textes de presse couvrant la période de février 2016 à février 2019, le chapitre d'ANDREAS MUSOLFF étudie le développement sémantique et pragmatique de l'application au cas du Brexit du proverbe « You cannot have your cake and eat it » (« On ne peut pas avoir le beurre et l'argent du beurre »). Le renversement du proverbe qu'on trouve dans l'affirmation « We can have our cake and eat it » (« Nous pouvons avoir le beurre et l'argent du beurre ») par le ministre des affaires étrangères de l'époque, le conservateur Boris Johnson, et d'autres personnalités éminentes pro-Brexit, est devenu central dans le débat public et a conditionné pour un temps la perception publique des négociations entre le Royaume-Uni et l'UE. Musolff affirme que la structure figurale du proverbe, qui combine un scénario métaphorique et une hyperbole, a poussé les partisans du ('hard') Brexit à un résultat « tout ou rien » de la narration du conflit, aussi bien vis-à-vis de l'UE que dans le débat politique britannique. La combinaison de la métaphore et de l'hyperbole doit donc être considérée comme un puissant moyen rhétorique et conceptuel pour intensifier un conflit.

### 3.3 Et au-delà...

La contribution de SILVIA MODENA porte sur la scénographie métaphorique mise en place par le site « Faciléco – Mieux comprendre l'économie ». Elle examine en particulier la mobilisation des métaphores dans le cadre de la série pédagogique « Dr CAC – C'est assez clair ! » Ces figures se sont avérées être un outil argumentatif efficace pour véhiculer une image édulcorée du monde économique et financier. Dans le corpus de Modena, constitué d'un nombre assez homogène d'épisodes diffusés au cours de la première série, la métaphore contribue souvent au succès de l'effet persuasif envers les personnages non experts introduits dans le scénario de la série.

Le chapitre d'ILARIA RIZZATO porte sur le langage figural dans la première comédie de Shakespeare, *The Two Gentlemen of Verona*, et sur sa traduction en italien. Son analyse de la comédie se concentre sur

les notions de métaphore conflictuelle et d'« essaim métaphorique »,
dans l'acception de Prandi (2012, 2017). Un essaim métaphorique est
un réseau de métaphores interconnectées, basées sur un même concept
conflictuel, qu'on peut retrouver dans un seul texte ou dans plusieurs
textes. Rizzato montre que, loin d'être de simples éléments décoratifs,
les essaims métaphoriques jouent un rôle central dans la réalisation des
fonctions textuelles et la construction d'effets comiques dans la pièce.
Elle montre également de quelle manière les défis posés par la traduction – en particulier la traduction de l'anglais vers l'italien – intera-
gissent avec ces fonctions et ces facteurs contextuels, ainsi qu'avec le
conflit conceptuel, et montre aussi que le rôle important des essaims
métaphoriques et leur nature de réseaux donnent lieu à un certain
nombre de situations de traduction intéressantes d'un point de vue textuel.

## 4. Conclusions

La section précédente a montré quelle est l'importance actuelle de
l'étude des métaphores pour une bonne interprétation de la vie contemporaine. Au cours des dernières années, le rôle crucial joué par les
représentations métaphoriques dans l'arène politique et les débats est
devenu évident. Les métaphores conceptuelles déployées dans les événements politiques européens récents (voir, par exemple, Buckledee
2018) n'en sont qu'un exemple. Les partis populistes, en particulier, de
même que l'ensemble du corps politique, ont recours à des expressions
métaphoriques cognitives pour tenter de donner un sens et de simplifier les problèmes complexes auxquels ils doivent se confronter et par
rapport auxquels ils doivent prendre des décisions. En effet, à l'heure
où nous écrivons, alors qu'une grande partie du monde est confinée à
cause de la crise du COVID-19, nous sommes soumis à une narration
qui recourt à la métaphore VAINCRE LE CORONAVIRUS EST UN COMBAT,
avec des implications pour nos libertés individuelles fondamentales
qu'il est trop tôt pour évaluer. C'est un exemple parfait de ce que tous
les chapitres de ce recueil abordent sous différents angles. Lorsqu'il
s'agit de conceptualiser et d'évoquer un scénario politique, il faut choisir

avec soin la métaphore appropriée pour aboutir à un cadrage figural spécifique. Un exemple canonique est l'étude menée par Thibodeau et Boroditski (2011). Dans leur travail, on demande aux gens d'imaginer un « virus infectant une ville » ou une « bête sauvage s'attaquant à une ville », puis de décrire la meilleure façon de résoudre le problème qu'ils ont imaginé. Les auteurs exploitent le pouvoir de la conceptualisation métaphorique en termes de « connexion de différentes idées » pour structurer les connaissances sur un problème complexe tel que la criminalité et pour développer un certain nombre d'inférences et d'attentes à ce sujet. Leurs résultats montrent que les participants sont favorables à des mesures différentes, en fonction de la métaphore qu'ils utilisent. Les participants qui ont traité la métaphore du virus ont suggéré d'étudier la source du problème et de mettre en œuvre des réformes sociales et des mesures de prévention, telles que des campagnes d'éducation pour améliorer l'hygiène sociale, afin de faire baisser « la propagation du virus ». En revanche, les participants qui ont imaginé une « bête sauvage s'attaquant à une ville » ont été plus enclins à approuver la capture de la bête, puis sa mise à mort ou sa mise en cage.

La réalité confirme donc ce que les travaux de ce livre ont étudié d'un point de vue théorique et analysé dans des cas concrets, d'une manière quelque peu prophétique. Les connexions métaphoriques, telles qu'on les retrouve dans le raisonnement sur le Brexit en termes métaphoriques comme dans le BREXIT EST UN DIVORCE ENTRE LA GRANDE BRETAGNE ET L'EUROPE, non seulement ressemblent beaucoup à la façon dont nous envisageons les concepts abstraits, mais ont également plus de chances d'être appréciées et adoptées par les utilisateurs. Ces liens les interpelleront et les conduiront à des façons plus personnelles et intuitives, bien que parfois trop simplifiées, d'associer les concepts. Par extension, c'est ce qui arrive aux personnes qui naviguent sur l'Internet. Ils doivent s'appuyer sur un raisonnement métaphorique et métonymique. Ils doivent relier, bien qu'inconsciemment, des descripteurs spécifiques pour donner un sens aux informations qu'ils recueillent et essayer de les ranger dans leurs connaissances préalables. Ces descripteurs amélioreront potentiellement leur expérience de navigation, puisqu'ils sont invités à créer des inférences sur les concepts qu'ils vont explorer et manipuler.

Au bout du compte, ces chapitres examinent le rôle du langage figural en tant que dispositif de cadrage et de raisonnement (Burgers/

Konjin/Steen 2016). Le langage figural et ses « outils », tels que la métaphore, la métonymie, l'hyperbole, apparaissent comme des dispositifs stylistiques qui nous aident à parler, à raisonner et à structurer notre monde qui, probablement, va subir un changement majeur à la suite de la pandémie de COVID-19. Ces procédés opèrent à la fois au niveau linguistique et conceptuel, et déterminent non seulement la façon dont les choses sont dites, mais aussi la façon dont elles sont comprises (Underhill 2011 ; Charteris-Black 2011). Les différents chapitres adoptent une approche interdisciplinaire qui indique de nouvelles recherches possibles sur le débat actuel sur la communication politique émotionnelle (Cepernich 2016 ; Cepernich/Novelli 2018). On sait peu de choses sur la manière dont les nouvelles métaphores façonnent l'attitude des gens face aux nouveaux phénomènes sociaux, et encore moins sur la manière dont elles affecteront leurs points de vue politiques dans le débat à venir sur les solutions politiques qu'on doit trouver dans un état de réelle crise sociale et sanitaire. La dimension « conflit et tension » est confirmée, ainsi que nous l'avons indiqué dans la section 2, comme faisant partie d'un processus conceptuel et idéologique continu dans l'élaboration des discours en général et dans les discours politiques en particulier. C'est pour cette raison que certaines métaphores conceptuelles, nées en tant que métaphores positives, ou, du moins, destinées à exprimer une attitude positive, se transforment parfois, par la suite, en métaphores négatives. Ce livre propose une nouvelle approche pour comprendre « d'où viennent les métaphores » (Kövecses 2015), où elles peuvent voyager et jusqu'où elles peuvent aller, en diffusant des perceptions nouvelles et différentes à travers le monde. Car, pour paraphraser un principe post-structuraliste, l'orgueil et les préjugés sont dans les yeux du créateur de métaphores, mais aussi dans les yeux de celui qui les reçoit.

## Remerciements

Nous tenons à remercier Maurizio Gotti d'avoir accepté de publier ce livre dans la série *Linguistic Insights*, ainsi que Ulrike Döring de Peter Lang et Monica Olivero pour nous avoir aidés à mener à bien le processus de publication. La publication de ce volume a été rendue possible grâce à la contribution de l'Université de Turin (Département ESOMAS) dans le cadre du projet national de recherche italien : PRIN 2015 *Nuove prospettive nella ricerca sulle metafore* (Nouvelles perspectives dans la recherche sur les métaphores), dont Michele Prandi est le principal responsable scientifique.

Le chapitre de Jonathan Charteris-Black intitulé « Happy Families and Special Relationships » constitue le chapitre 7 de son livre *Metaphors of Brexit : No Cherries on the Cake* (Charteris-Black 2019) ; nous le publions ici avec la permission de Palgrave. Le chapitre de Paola Paissa contient un dessin humoristique de Zapiro, publié à l'origine dans le journal *The Times*. Dans son chapitre, Michelangelo Conoscenti inclut une sélection de dessins de presse, tirés d'un corpus de 21 dessins publiés à l'origine dans le *Financial Times*. Toutes les images sont republiées ici avec l'autorisation des ayants droit.

## References – Références bibliographiques

Achard-Bayle, Guy / Paveau, Marie-Anne 2008. La linguistique hors du temple, *Pratiques* 139/140, 3–16.

Amossy, Ruth / Koren, Roselyne 2009. Rhétorique et argumentation : approches croisées. *Argumentation et Analyse du Discours* 2. <http://journals.openedition.org/aad/561>

Aristote [Aristotle] 1883. *Poétique et Rhétorique*. Traduction par Charles-Emile Ruelle. Paris : Garnier.

Black, Max 1954. Metaphor. *Proceedings of the Aristotelian Society*, New Series 55, 273–294.

Black, Max 1962. *Models and metaphors*. Ithaca NY: Cornell University Press.

Bonhomme, Marc 2005. *Pragmatique des figures du discours*. Paris : Champion.

Bonhomme, Marc / Paillet, Anne-Marie / Wahl, Philippe (eds) 2017. *Metaphore et argumentation*, Louvain-la Neuve : Academia-L'Harmattan.

Boudon, Raymond 1986. *L'idéologie ou l'origine des idées reçues*. Paris : Fayard. [1989. The *Analysis of Ideology*. Translated by Slater, Malcolm. Chicago: University of Chicago Press / Cambridge: Polity Press.]

Bowles, Henry M. 2017. Acheminement vers la conscience : métaphore, psyché et argument dans la tradition sophistique. In Bonhomme, Marc / Paillet, Anne-Marie / Wahl, Philippe (eds) *Métaphore et argumentation*. Louvain-la-Neuve : Academia, 57–75.

Buckledee, Steve 2018. *The Language of Brexit. How Britain Talked Its Way Out of the European Union*. London: Bloomsbury.

Burgers, Christian F. / Konijn, Elly A. / Steen, Gerard J. 2016. Figurative framing: Shaping public discourse through metaphor, hyperbole and irony. *Communication Theory* 26/4, 410–430.

Caffarena, Anna / Conoscenti, Michelangelo 2017. The Tipping Point. Donald Trump and the Discourse on World (Dis)Order in the Press and Expert Media. *Comunicazione Politica* XVIII/3, 385–406. <https://www.rivisteweb.it/ >

Candlin, Christopher / Crichton, Jonathan (eds) 2013. *Discourses of Trust*. London: Palgrave Macmillan.

Cepernich, Cristopher 2016. Emotion in politics. *The International Encyclopedia of Political Communication* (vol. 2). New York: Wiley.

Cepernich, Cristopher / Novelli, Edoardo (eds) 2018. Love and hate in politics. The emotionalization of political communication. *Comunicazione Politica* XIX, special issue 1/2018.

Charteris-Black, Jonathan 2011. *Politicians and Rhetoric. The Persuasive Power of Metaphor*. Basingstoke: Palgrave Macmillan.

Charteris-Black, Jonathan 2019. *Metaphors of Brexit. No Cherries on the Cake?* London: Palgrave Macmillan.

Danesi, Marcel 2001. Metafora e senso: un'interpretazione vichiana delle ricerche recenti sulla metafora. *Forum Italicum. A Journal of Italian Studies* 35/1, 23–47.

Delarue, Fernand 2017. Quelques remarques sur métaphore et persuasion chez Aristote et ses continuateurs latins. In Bonhomme, Marc / Paillet,

Anne-Marie / Wahl, Philippe (eds) *Métaphore et argumentation.* Louvain-la-Neuve : Academia, 25–55.

Forceville, Charles 2009. Non-Verbal and multimodal metaphor in a cognitivist framework: Agendas for research. In Forceville Charles / Urios-Aparisi, Eduardo (eds) *Multimodal Metaphor.* Berlin: Mouton De Gruyter, 19–42.

Forceville Charles / Urios-Aparisi, Eduardo (eds) 2009. *Multimodal Metaphor.* Berlin: Mouton De Gruyter.

Genette, Gérard 1970. La rhétorique restreinte. *Communications* 16, 158–171.

Kövecses, Zoltan 2015. *Where Metaphors Come From. Reconsidering Context in Metaphor.* Cambridge: Cambridge University Press.

Lakoff, George / Johnson, Mark 1980. *Metaphors We Live By.* Chicago: University of Chicago Press.

Lecolle, Michelle (ed.) 2014. *Métalangage et expression du sentiment linguistique « profane », Le discours et la langue. Revue de linguistique française* 6/1, EME éditions.

Lomborg, Stine 2013. *Social Media, Social Genres. Making Sense of the Ordinary.* London: Routledge.

Longin, 1995. *Traité du sublime.* Paris : Livre de poche.

Meyer, Michel 2005. Qu'est-ce que la problématologie ? *Argumentum. Journal of the Seminar of Discursive Logic, Argumentation Theory and Rhetoric* 4, 7–14. <https://www.fssp.uaic.ro/argumentum/numarul%204/01_Meyer_Michel.pdf>

Meyer, Michel 2008. *Principia Rhetorica.* Paris : Fayard.

Ortony, Andrew 1975. Why metaphors are necessary and not just nice. *Educational Theory* 75/1, 45–53.

Paissa, Paola 2011. Pour (ne pas) noyer le poisson : la litote en tant que marqueur métadiscursif et indice d'un 'sentiment rhétorique spontané'. In Horak, André (ed.) *La Litote. Hommage à Marc Bonhomme.* Bern : Peter Lang, 199–223.

Perelman, Chaïm / Olbrechts-Tyteca, Lucie 1958. *Traité de l'argumentation, la nouvelle rhétorique.* Paris : Presses Universitaires de France. [1969. *The New Rhetoric: A Treatise on Argumentation.*

Translated by Wilkinson, John / Weaver, Purcell. Notre Dame IN: University of Notre Dame Press].

Prandi, Michele 1992. *Grammaire philosophique des tropes*. Paris : Minuit.

Prandi, Michele 2002. La métaphore : de la définition à la typologie. *Langue Française* 134, 6–20.

Prandi, Michele 2012. A plea for living metaphors: conflictual metaphors and metaphorical swarms. *Metaphor and Symbol* 7/2, 148–170.

Prandi, Michele 2017. *Conceptual Conflicts in Metaphors and Figurative Language*. New York/London: Routledge.

Rawls, John 1971. *A Theory of Justice*. Cambridge MA: Belknap Press of Harvard University Press.

Richards, Ivor Armstrong 1936. *The Philosophy of Rhetoric*. Oxford: Oxford University Press.

Ricœur, Paul 1975. *La métaphore vive*. Paris : Seuil. [1978. *The Rule of Metaphor: The creation of meaning in language*. Translated by Czerny, Robert / McLaughlin, Kathleen / Costello, John. London/New York: Routledge & Kegan Paul].

Solly, Martin 2016. *The Stylistics of Professional Discourse*. Edinburgh: Edinburgh University Press.

Steen, Gerard 2008. The Paradox of Metaphor: Why We Need a Three-Dimensional Model of Metaphor. *Metaphor and Symbol* 23/4, 213–241.

Steen, Gerard 2015. Metaphor and style through genre, with illustrations from Carol Ann Duffy's Rapture. In Sotirova, Violeta (ed.) *The Bloomsbury Companion to Stylistics*. London: Bloomsbury, 308–324.

Swales, John 1990. *Genre Analysis: English in Academic and Research Settings*. Cambridge: Cambridge University Press.

Thibodeau, Paul H. / Boroditsky, Lera 2011. Metaphors We Think With: The Role of Metaphor in Reasoning. PLoS ONE 6(2): e16782.

Toulmin, Stephen 1958. *The Uses of Argument*. Cambridge: Cambridge University Press.

Underhill, James W. 2011. *Creating Worldviews. Metaphor, Ideology and Language.* Edinburgh: Edinburgh University Press.

Vallespir, Mathilde 2017. Démontrer/argumenter, ou de l'argumentation métaphorique dans la philosophie française des années 1960 : l'exemple de « La mythologie blanche » de Jacques Derrida. In Bonhomme, Marc / Paillet, Anne-Marie / Wahl, Philippe (éds) *Métaphore et argumentation.* Louvain-la-Neuve : Academia, 303–318.

# Section 1:

## Of Metaphors and Theory / Métaphores et théorie

Michele Prandi

# Syntaxe formelle et cohérence textuelle : deux sources pour le conflit conceptuel

## 1. Introduction

La corrélation avec le conflit conceptuel est probablement le critère le plus solide pour distinguer les métaphores vives des métaphores conventionnelles, qui sont par définition cohérentes. Ni le conflit conceptuel, ni sa relation avec la métaphore, cependant, ne sont un phénomène univoque. Le conflit renvoie à deux sources différentes, l'une d'ordre grammatical, et l'autre d'ordre textuel. En fonction de la nature du conflit, la relation avec la métaphore change profondément.

Dans le noyau de la phrase, l'expression linguistique code un signifié complexe – un procès dans la terminologie de Tesnière (1959) – en régime d'autonomie vis-à-vis des contenus conceptuels organisés : un réseau de relations grammaticales autonomes distribue les rôles du procès indépendamment de la cohérence conceptuelle de la connexion. La même charpente syntaxique qui organise un signifié complexe cohérent comme *Jean a versé du champagne dans le verre de Marie*, par exemple, est en mesure de mettre en forme un signifié conflictuel comme *Une aube affaiblie / verse par les champs / la mélancolie / des soleils couchants* (Verlaine). Dans ces conditions, le conflit est une propriété structurale du signifié complexe de l'expression. À partir de la donnée incontournable du conflit, s'ouvre l'espace pour une interprétation figurée – métaphorique ou métonymique – dont la pertinence est sanctionnée par le texte[1] dans lequel l'expression s'insère. Le conflit

---

1 Le terme *texte* est utilisé ici dans le sens large qui caractérise la linguistique du texte, incluant les configurations d'énoncés voués à la communication orale.

n'acquiert sa valeur de figure que dans un texte donné mais s'enracine dans la structure grammaticale de la phrase.

En dehors du noyau de la phrase, l'expression linguistique ne code aucune relation grammaticale autonome des contenus conceptuels, et n'a donc pas toujours la force d'imposer aux concepts convoqués une charpente formelle indépendante de leur cohérence. Dans le cas où le codage linguistique n'est pas en mesure de tracer des relations univoques, c'est l'inférence qui prend le relais. Le cas extrême est documenté par la structure interne du syntagme nominal, et notamment par la structure *nom de nom*. Si nous prélevons de l'exemple de Verlaine cité le syntagme nominal qui occupe la position d'objet direct – *la mélancolie / des soleils couchants* – nous constatons aisément que la structure, à la différence de ce qui se passe dans le noyau de la phrase, ne code pas une relation conceptuelle univoque. L'inférence, qui prend le relais, nous pousse en première instance à nouer une relation conceptuelle cohérente : par exemple, « la mélancolie provoquée par les couchers du soleil ». Si nous réfléchissons sur le passage de témoin entre le codage et l'inférence, nous sommes peut-être amenés à la conclusion hâtive que le conflit conceptuel est exclu de telles structures. Or, comme nous le verrons, l'opposé est vrai. En effet, les textes foisonnent de syntagmes nominaux interprétés comme conflictuels, ce qui pose une question non banale : comment est-il possible que l'inférence, qui est une forme de raisonnement cohérent, aboutisse à un conflit ? La question est transcendantale au sens technique : le paradoxe signale que nos instruments conceptuels ne sont pas en mesure de justifier un phénomène empirique qui n'en demeure pas moins indéniable et incontournable.

Une première réponse pourrait faire appel à un état de nécessité. Il y a des expressions qui n'admettent aucune interprétation cohérente : *l'âme du vin* (Baudelaire), par exemple, n'admet que l'interprétation conflictuelle qui attribue une âme au vin. Dans de tels cas, le conflit est le seul rempart qui s'oppose au non-sens. Cette explication, cependant, a une portée limitée. Plusieurs syntagmes nominaux documentés dans les textes, tout en admettant une interprétation cohérente, finissent par recevoir une interprétation métaphorique conflictuelle. Le syntagme nominal *Tristesse de la lune* (Baudelaire), par exemple, admet une interprétation cohérente, se référant à un état de tristesse provoqué par la vue de la lune et ressenti par un être humain. La lecture du poème dont le syntagme est le titre,[2] cependant, pousse vers une interprétation conflictuelle : la tristesse est éprouvée par la lune (*Cf.* § 2).

Pour justifier la possibilité logique d'une issue conflictuelle de l'inférence, nous devons renverser la perspective sur le conflit. Au lieu de chercher ses racines dans la structure de l'expression et de son signifié, nous devons les chercher dans les raisons du texte qui l'accueille, que les raisons de la cohérence conceptuelle n'expliquent pas. En vue de la cohérence interne du texte, notamment, une interprétation conflictuelle est retenue si elle fournit la matière première pour une métaphore qui s'insère de façon cohérente dans la progression thématique du texte. Dans ces conditions, cependant, la relation entre le conflit et la figure se renverse : ce n'est pas un conflit indépendant qui déclenche une interprétation figurée fonctionnelle à la cohérence du texte ; tout au contraire, une métaphore fonctionnelle à la cohérence du texte force l'activation d'un conflit qui la rend possible.

Dans la suite de mon étude, je vais comparer les conditions de possibilité du conflit dans les deux cas extrêmes : dans le noyau de la phrase, où le conflit est l'issue de l'imposition d'un moule grammatical rigide à des concepts incompatibles dans cette relation, et dans le syntagme nominal, où le conflit est promu par les raisons de la cohérence interne d'un texte donné.

## 2. Codage, inférence, cohérence et conflit

### 2.1 *Le signifié complexe comme réseau de relations conceptuelles*

Le signifié d'une expression complexe peut être défini comme un réseau de relations conceptuelles qui relie les parties signifiantes dans une structure unitaire. Les relations constitutives d'un signifié sont hétérogènes tant dans leur nature que dans leurs conditions d'expression.

---

2 Un titre n'est ni isolé ni intégré dans un texte ; il fait partie du paratexte (Genette 1981(1997)), et il est de ce fait interprété sur le fond du texte.

Dans le noyau de la phrase, un terme relationnel non saturé – typiquement, un verbe prédicatif – assigne un rôle aux différents syntagmes nominaux qui le saturent comme arguments pour former un signifié complexe : un procès. Les rôles sont donc les relations conceptuelles les plus significatives que l'on trouve au niveau de la phrase. Dans une phrase comme *Luc a peint un portrait de Marie*, par exemple, *Luc* identifie l'agent et *un portrait de Marie* le résultat créé par l'action de peindre. Dans la phrase *Le soleil a fondu le givre*, *le soleil* identifie la cause et *le givre* le patient qui subit le procès *fondre*.

Au niveau du syntagme nominal, l'éventail des relations conceptuelles s'élargit outre mesure. Un syntagme nominal contient à son tour des rôles si le nom tête est un nom non saturé de procès. Dans *L'arrivée de Pierre*, par exemple, *Pierre* identifie l'agent de l'action d'arriver ; dans *la cultivation du vignoble*, le vignoble est le patient de l'action exprimée par le nom tête. Cependant, le syntagme nominal est prêt à exprimer des relations conceptuelles de toute autre nature. Les relations les plus typiques du domaine nominal, qui entraînent des noms classificatoires, connectent deux référents : par exemple, *un portrait de Marie*, *le mur du jardin*. En plus, nous trouvons des relations entre un référent et un procès – *la gare de départ* – et entre deux procès : *la tristesse du départ*. L'ensemble des relations concevables entre deux noms forme un éventail très riche et ouvert.

## 2.2 Régimes de codage des relations conceptuelles

Face à un signifié complexe quelconque, la question essentielle est de saisir à quelles conditions – formelles et conceptuelles – les relations qui l'articulent se forment dans la structure de l'expression : il s'agit de la question de la signifiance – de la propriété, constitutive de l'expression linguistique complexe, de véhiculer un signifié – et du rôle et des limites du codage. Si nous rapprochons le signifié d'une phrase et celui d'une expression nominale, nous rencontrons une différence essentielle précisément dans le régime de codage des relations.

Dans le noyau d'une phrase, les différents syntagmes nominaux qui saturent le verbe reçoivent leur rôle par l'intermédiation d'un réseau de relations grammaticales indépendantes des contenus conceptuels : le codage est relationnel (Prandi 2004 : 60–64). Dans *Luc a versé un verre de vin*, par exemple, *Luc* identifie l'agent non pas grâce à son contenu – parce qu'il désigne un être humain capable d'action – mais parce qu'il est le sujet grammatical ; *un verre de vin*, également, identifie le patient non pas grâce à son contenu – parce qu'il désigne une substance liquide – mais en tant qu'objet direct du verbe *verser*. L'autonomie de la charpente syntaxique vis-à-vis des contenus organisés et de leur cohérence conceptuelle ouvre la possibilité formelle de l'articulation de contenus complexes conflictuels. Dans la phrase *Une aube affaiblie / verse par les champs / la mélancolie / des soleils couchants*, l'aube n'est pas un être humain, ni la mélancolie une substance liquide. L'incohérence des référents, cependant, n'est pas en mesure de défaire le réseau de relations grammaticales, qui les force chacun dans le rôle qui lui revient : en tant que sujet de la phrase, *l'aube* identifie l'agent ; en tant qu'objet direct de *verser*, *la mélancolie* identifie le patient.

Dans le syntagme nominal, au moment même où l'éventail des relations conceptuelles s'élargit, leur codage change de nature et, typiquement, s'affaiblit. Le codage d'une relation conceptuelle ne s'appuie pas sur un réseau de relations grammaticales indépendantes des contenus organisés, mais engage pour chaque relation une forme isolée chargée de son expression : le codage est ponctuel. En régime ponctuel, une forme d'expression code une relation conceptuelle indépendante accessible à la pensée cohérente grâce à sa structure interne, et notamment grâce au contenu d'une préposition. Or, le pouvoir de codage des prépositions est inégal, ce qui fait que le codage ponctuel est une grandeur graduée (Prandi 2004 : 60–68), s'étalant d'un codage insuffisant, le sous-codage, au codage adéquat, au surcodage.[3] Une préposition comme *sous*, par exemple, est en mesure de coder exactement une relation spatiale : *le chat sous la table*. Une préposition comme *de*, au contraire, code une relation tout à fait vide

---

3  Un exemple de surcodage est l'expression de la relation finale grâce à un nom relationnel comme *illusion* : *Jean est parti pour l'Alsace dans l'illusion de revoir Marguerite*. À la relation conceptuelle finale accessible par inférence – le motif d'une action qui coïncide avec le contenu d'une intention de l'agent – la forme d'expression ajoute une composante sémantique spécifique inséparable de cette forme de codage : aux yeux du locuteur, l'intention de l'agent n'a pas beaucoup de chances de se réaliser.

de contenu. La structure qui prend cette préposition comme pivot – la structure *nom de nom* – représente donc le cas extrême de sous-codage. En présence d'une telle structure, le contenu de la relation ne peut être atteint que grâce à l'inférence, qui se fonde sur la structure des noms mis en relation et sur leur contenu. Tant le nom tête que le nom subordonné peuvent être soit des noms saturés classificateurs, comme *arbre* ou *chat*, soit des noms relationnels de procès ou de propriété, comme *conseil, peur,* ou *beauté*, chacun avec son contenu spécifique. Ainsi, grâce à la pression de concepts différents, une même structure syntaxique finit par exprimer un éventail hétérogène de relations conceptuelles cohérentes entre des entités d'ordre différent : *l'arbre du jardin* relie deux référents, le *jardin de notre promenade* relie un référent et un procès, le *départ du train* un procès et un argument, *la tristesse du départ* deux procès.

Les exemples que je viens de donner, dont les contenus encouragent une interprétation univoque, ne doivent pas nous tromper. En effet, les relations imaginables accessibles à un syntagme nominal forment un ensemble ouvert ; une langue qui disposerait de moyens spécialisés pour les coder toutes n'est même pas concevable. Dans ces conditions, une issue possible du sous-codage dans le syntagme nominal est l'impossibilité d'identifier une relation conceptuelle univoque même avec le secours de l'inférence, ce qui finit par laisser le signifié dans le vague. Un tel halo de vague, qui serait perçu comme un défaut dans un texte utilitaire, est valorisé par l'écriture littéraire et poétique, qui le change en densité de sens : *une véritable fièvre de feuilles mortes* (Proust), *le vent du hasard* (Chaliand), *une salve d'avenir* (titre d'un recueil de poèmes).[4]

Si nous observons des exemples hors contexte, il est clair que le critère constitutif de l'inférence est en première instance la cohérence conceptuelle. Si nous relions un même nom tête de procès comme *rêve* à des noms compléments aux contenus différents, par exemple, il est facile de constater que la relation inférée à chaque fois se plie à la condition de cohérence. Dans *le rêve de Jean*, Jean est l'expérient,

---

4 Empson (1930 [1953 : 5–6]) analyse avec une grande finesse la densité de sens des textes littéraires tout en la considérant erronément comme une forme d'ambiguïté : « 'Ambiguity' itself can mean an indecision as to what you mean, an intention to mean several things, a probability that one or other or both of two things has been meant, and the fact that a statement has several meanings ».

du fait qu'il est un être humain. Dans *Le rêve de la lune*, la lune est le contenu du rêve, du fait qu'il s'agit d'un objet inanimé. Dans *Le rêve d'une nuit d'été*, finalement, la nuit est le cadre temporel. La différence avec ce qui se passe dans le noyau d'une phrase est évidente : en position de sujet du verbe *rêver*, *Jean*, *la lune* et *une nuit d'été* seraient également enchaînés au rôle d'expérient par la force d'une charpente grammaticale formelle autonome des contenus conceptuels. Les deux dernières combinaisons, simplement, seraient conflictuelles.

La structure du noyau de la phrase impose aux concepts convoqués un moule rigide (Blinkenberg 1960), qui les entraîne dans un réseau de relations non négociables. La structure du syntagme nominal, tout au contraire, accueille les concepts convoqués dans un moule large, sensible à leur cohérence. La relation conceptuelle pertinente n'est pas imposée de l'extérieur, mais se crée sur place sur la base du critère de la cohérence.

Les conditions différentes du codage ont des retombées opposées sur le conflit conceptuel. La présence du conflit dans le noyau de la phrase se justifie aisément par la présence de relations grammaticales autonomes. Loin de poser un problème théorique, le conflit est un phénomène révélateur, un observatoire privilégié sur le pouvoir de connexion des structures syntaxiques autonomes et sur leur relation avec les concepts cohérents. La présence du conflit en régime de sous-codage et d'inférence, tout au contraire, pose un problème d'ordre théorique. Comment est-il possible que l'inférence, régie par un critère de cohérence conceptuelle, aboutisse à des relations conflictuelles qui transgressent les contraintes de la cohérence ? La quête d'une réponse nous oblige à renverser la perspective, et à nous déplacer de la structure formelle de l'expression isolée – du syntagme nominal hors contexte – vers la structure du texte qui l'accueille. Les raisons de la cohérence interne du texte, comme nous le verrons, sont en mesure de plier même la cohérence des concepts. Pour comprendre ce point, il nous reste un pas à accomplir : nous devons nous pencher sur la distinction entre la cohérence conceptuelle et la cohérence interne du texte.

## 2.3 *De la phrase au texte : cohérence conceptuelle et cohérence textuelle*

À la différence de l'anglais, qui distingue la cohérence conceptuelle (*consistency*) de la cohérence interne du texte (*coherence*) (Conte

1988 [1999]), le français ne dispose que d'un seul terme pour les deux notions : il s'agit donc d'un terme polysémique. Quand un terme d'une discipline comme la linguistique est polysémique, les pièges conceptuels que peut tendre la confusion des deux emplois ne peuvent être évités qu'au prix d'un effort analytique d'éclaircissement.

La cohérence conceptuelle est une propriété négative du signifié d'une phrase : il s'agit de l'absence de conflit – de contradiction ou d'incohérence – entre les concepts atomiques qui forment sa structure. Ainsi, une phrase comme *Jean rêve* est cohérente, alors qu'une phrase comme *La lune rêve* (Baudelaire) est conflictuelle, et notamment incohérente.

La cohérence textuelle est une propriété positive de la relation entre le contenu d'un énoncé et le texte qui l'accueille. Un texte est cohérent si les contenus des énoncés qui le forment concourent à la mise en place d'un message unitaire. *Je dois terminer un article. Je dois l'envoyer demain*, par exemple, est un fragment de texte cohérent. *Je dois terminer un article. Le givre a brûlé les fleurs du pommier*, par contre, ne l'est pas. Dans le premier cas, mais pas dans le second, les contenus des deux énoncés s'intègrent pour former un message qu'ils véhiculent ensemble.

La cohérence conceptuelle se fonde sur un système de critères qui sont en même temps autonomes de la structure d'une expression spécifique, partagés indépendamment et stables dans le temps. La distinction entre le monde des êtres humains et la nature inanimée qui fonde l'emploi cohérent d'un verbe comme *rêver*, par exemple, est l'un des piliers de notre vision du monde partagée – d'un système de concepts et de relations qui oriente, avant même que notre pensée cohérente et nos jugements de cohérence appliqués aux signifiés linguistiques, notre comportement pratique spontané. Les raisons pour lesquelles nous trouvons qu'une phrase comme *La lune rêve* a un signifié incohérent sont les mêmes qui nous poussent à ne pas adresser une question ou un ordre à la lune. Les conditions conceptuelles de la cohérence n'affleurent ni dans l'expression ni dans la pensée consciente, mais forment une couche rocheuse de présupposés auxquels nous faisons confiance sans réserve. Il s'agit d'une véritable grammaire des concepts, une ontologie naturelle qui règle comme une véritable constitution conceptuelle notre forme de vie (Prandi 2016).

La cohérence textuelle, tout au contraire, est une propriété liée à des facteurs contingents, spécifiques d'un texte donné. Les facteurs principaux sont la continuité des référents, manifestée à la surface du texte par les chaînes anaphoriques formées par les expressions coréférentielles, et l'enchaînement transparent des procès. Il n'y a pas de grammaire de la cohérence textuelle. Une séquence comme *Je dois terminer un article. Le givre a brûlé les fleurs du pommier*, par exemple, nous apparaît incohérente. Mais il suffit d'ajouter un énoncé approprié pour qu'elle se change en un texte cohérent : *Je dois terminer un article. Le givre a brûlé les fleurs du pommier. Pas question d'aller nous promener.* Une séquence authentique comme la suivante nous confirme que les raisons de la cohérence d'un texte sont toutes internes au texte, et donc contingentes et imprévisibles :

> Lucien écrivit une longue lettre à sa Louise, car il se trouva plus hardi la plume à la main que la parole à la bouche. En douze feuillets trois fois recopiés, il raconta le génie de son père, ses espérances perdues, et la misère horrible à laquelle il était en proie. (Balzac)

Les deux énoncés ont en commun un référent clé : Lucien, introduit par le nom propre et repris par *il*. Les référents textuels nouveaux introduits dans le second énoncé sont identifiés grâce à leur relation avec des référents connus depuis le premier : les feuillets renvoient à la lettre ; le père, les espérances et la misère à Lucien. Les deux procès – l'écriture de la lettre et la transmission de contenus qui en forme le but – entrent dans des relations transparentes. Et ainsi de suite.

Finalement, la cohérence conceptuelle n'est pas une propriété constitutive d'une phrase – sa *quidditas* – mais une simple *qualitas* parmi d'autres. En effet, une phrase demeure une expression douée d'une structure grammaticale et d'un signifié complexe même si son signifié est incohérent. Définir un signifié complexe comme incohérent présuppose que l'expression est signifiante.

La cohérence textuelle, tout au contraire, est la propriété constitutive d'un texte. Une séquence d'énoncés signifiants incapables de s'intégrer dans un message unitaire n'est pas un texte mais une liste (Conte 1988 [1999 : 29]). La cohérence fonde la structure d'un texte comme la charpente syntaxique crée la structure d'une phrase. La cohérence du texte et la charpente syntaxique de la phrase ont le même pouvoir de structuration.

Cette dernière remarque nous offre la clé pour aborder notre question. S'il est vrai que la cohérence conceptuelle n'est pas la propriété constitutive d'un signifié complexe alors que la cohérence textuelle est la propriété constitutive d'un texte, nous pouvons formuler une prévision : en cas de compétition entre les deux critères – la cohérence conceptuelle d'une expression et la cohérence du texte qui l'accueille – le dernier mot reviendra aux raisons de la cohérence du texte. Si, en particulier, il arrive qu'une interprétation cohérente d'une expression aboutisse à l'introduction dans un texte d'un référent non pertinent, alors même qu'une interprétation incohérente comme métaphore sauvegarde la continuité des référents, il est raisonnable de penser que la cohérence conceptuelle se sacrifie à la cohérence du texte. Autrement dit, la cohérence des concepts se plie à la cohérence textuelle dans un texte comme elle se plie à la charpente syntaxique dans la phrase simple.

Maintenant que la boîte à outils est complète, nous pouvons nous tourner vers une analyse comparative des deux formes de conflit.

## 3. Le conflit est codé : de la phrase au texte, du conflit aux figures

Au niveau de la phrase, le conflit est une propriété structurale du signifié complexe de l'expression, le point de départ non négociable d'une aventure herméneutique.

Un signifié conflictuel peut être analysé comme tout autre signifié complexe. Dans le signifié complexe d'un noyau de phrase, nous pouvons idéalement identifier deux couches de structures logiquement indépendantes : un réseau de relations conceptuelles mis en place par le réseau de relations grammaticales tracé par la syntaxe formelle et un réseau de relations conceptuelles mis en place par la structure autonome des concepts. Le signifié d'une phrase est cohérent si les deux ordres de structures se superposent parfaitement. Dans une phrase comme *Jean a versé du vin dans le verre de Marie*, par exemple, la structure de la phrase qui a comme pivot le verbe *verser* connecte les concepts atomiques dans un réseau de relations qui reflète exactement la structure d'un modèle cohérent indépendant : un agent humain verse une substance liquide dans un conteneur. Le signifié d'une phrase est conflictuel si les deux réseaux de relations ne se superposent pas – si le réseau de relations conceptuelles noué par les relations grammaticales ne correspond à aucun modèle conceptuel cohérent et indépendant. Dans une phrase comme *Le soleil versait à grands flots sa lumière sur le Mont Blanc* (H.-B. de Saussure), par exemple, le verbe *verser* ne prend pas comme objet direct une substance concrète et liquide mais la lumière. Le signifié se dissocie de tout modèle conceptuel cohérent : la lumière n'est pas une substance liquide que l'on peut verser.

L'observation des signifiés complexes conflictuels jouit d'un double privilège méthodologique en linguistique. D'une part, elle offre à une grammaire philosophique un observatoire privilégié sur l'interaction multiforme, ouverte à l'analyse empirique, entre les structures syntaxiques formelles et les structures conceptuelles cohérentes dans la mise en place du signifié des expressions complexes (Prandi 1987 ; 2004). D'autre part, elle rend possible la description linguistique empirique des figures vives et créatives de la tradition, sacrifiées par les approches cognitives qui focalisent les instances conventionnelles et cohérentes incorporées dans la pensée partagée (Prandi 1991 ; 2017). Dans ce paragraphe, je vais concentrer mon attention sur le deuxième volet de la question, et donc sur les figures vives, et plus particulièrement sur le processus qui mène du signifié conflictuel d'une phrase à l'activation d'une métaphore ou d'une métonymie[5] dans un texte.

En tant que propriété structurale du signifié complexe d'une phrase, le conflit est une donnée préalable et incontournable, qui soumet au destinataire un problème conceptuel ouvert. Un signifié complexe conflictuel comme *Tu lui verses l'espoir* (Baudelaire), par exemple, pose la question de savoir ce que cela implique que de verser un état

---

5 En tant que stratégie conceptuelle, la métaphore s'oppose à un espace métonymique au sens large, ou « *nebula* métonymique » (Bonhomme 2006), qui inclut la synecdoque. La constellation des figures se dessine d'une façon claire dans l'élaboration d'un conflit, où la métonymie au sens strict et la synecdoque s'opposent en bloc à la métaphore. Alors que la métaphore valorise le conflit comme instrument de création conceptuelle, la métonymie et la synecdoque le dissolvent grâce à l'activation d'une relation cohérente entre ses termes. À l'intérieur de la *nebula* métonymique, la métonymie au sens strict et la synecdoque se distinguent ensuite par la nature des relations pertinentes, qui focalisent la structure de l'objet isolé dans le cas de la synecdoque et la structure actancielle des procès simples et complexes dans le cas de la métonymie (Prandi 2017 : 121–124).

d'âme comme l'espoir. La figure – la métaphore ou la métonymie[6] – est une stratégie pour répondre à cette question, et donc pour rendre le conflit fonctionnel à la structure d'un texte. À ce point, c'est le texte qui devient le protagoniste : en effet, ce sont les raisons de la cohérence textuelle qui fournissent les critères de pertinence pour le choix de la figure et pour la formulation de son contenu.

La figure n'est pas dans le signifié de l'expression, qui se limite à construire une connexion conflictuelle, mais est l'issue d'un acte d'interprétation motivé dans les limites d'un texte donné. Etant donnée une expression comme *Tu lui verses l'espoir*, par exemple, la figure n'est ni dans le signifié lexical du mot focal – le verbe *verser* – ni dans le signifié de la phrase. Le verbe *verser* garde son signifié codé : c'est précisément cela qui déclenche le conflit.[7] La phrase, pour sa part, a un signifié univoque, qui n'est ni ambigu ni vague : elle attribue le rôle incohérent de substance versée à un état d'âme comme l'espoir. À partir de ce signifié conflictuel s'ouvrent deux chemins interprétatifs différents, qui mènent à deux figures au statut conceptuel opposé et complémentaire : la métonymie et la métaphore.

Si l'énoncé est interprété comme une métonymie, l'objet de *verser* est un référent cohérent qui entre en relation avec l'espoir : par exemple, du vin qui donne l'espoir. La métonymie est une stratégie qui dissout le conflit et restaure la cohérence des concepts s'appuyant sur les mêmes relations conceptuelles qui alimentent la pensée cohérente. La relation entre le vin et ses conséquences sur la condition psychologique d'une personne est l'une de celles-ci. La métonymie est régressive et conservatrice.

Si l'énoncé est interprété comme une métaphore, l'espoir, du fait qu'il est versé, se change en substance liquide. Au lieu de restaurer une structure conceptuelle cohérente, la métaphore se sert du conflit pour transférer un concept dans un domaine étranger et activer un processus

---

6 L'oxymore se situe dans une position excentrique par rapport à la métaphore et à la métonymie. La métaphore et la métonymie interprètent l'incohérence, un conflit qui engage le contenu des concepts ; l'oxymore interprète la contradiction, un conflit formel qui naît quand les termes d'une opposition sont reliés dans une structure syntagmatique : par exemple, *cette* obscure clarté *qui tombe des étoiles* (Corneille).

7 Un exemple de changement de signifié, et notamment de polysémie, est l'emploi du verbe *verser* avec l'argent. Dans des cas pareils, l'extension métaphorique est à la source de la polysémie et crée une nouvelle valeur lexicale : une nouvelle acception d'un lexème.

d'interaction conceptuelle et de projection qui remet en question l'identité acquise des concepts familiers (Prandi 2017 : ch. 5). L'espoir que l'on verse n'est pas l'état d'âme qui nous est familier. La métaphore est projective et créatrice.

Si nous nous bornons à l'expression isolée, nous ne pouvons pas aller au-delà. Mais si nous incluons l'expression conflictuelle dans le texte auquel elle appartient – le poème de Baudelaire *Le vin du solitaire* – les raisons de la cohérence textuelle poussent vers l'interprétation métonymique :

> Tout cela ne vaut pas, ô bouteille profonde
> Les baumes pénétrants que ta panse féconde
> Garde au cœur altéré du poète pieux ;
>
> Tu lui verses l'espoir, la jeunesse et la vie,
> – Et l'orgueil, ce trésor de toute gueuserie,
> Qui nous rend triomphants et semblables aux Dieux !

La raison se trouve dans la continuité des référents. En effet, la métonymie restaure comme objet de *verser* un référent textuel-clé identifié par le titre – le vin – qui est prêt à entrer dans une relation cohérente avec le foyer de la figure : il donne l'espoir. Avec l'identification de la relation cohérente pertinente, le contenu de la métonymie est atteint.

Si la figure pertinente est une métaphore, par contre, le texte ne se limite pas à orienter le choix de la figure, mais en plus canalise les contours pertinents de la projection métaphorique en fonction de sa contribution à la cohérence interne.[8]

Le poème de Baudelaire *Tristesse de la lune* s'ouvre avec une phrase qui attribue à la lune l'attitude conflictuelle du rêve : *Ce soir, la lune rêve avec plus de paresse*. La phrase isolée admet tant une interprétation métaphorique, qui projette sur la lune le réseau conceptuel des attitudes humaines, qu'une interprétation littérale, qui fonde un monde

---

8 Sur la structure conceptuelle de la projection je renvoie à Prandi 2017 (139–142) ; sur le rapport entre la structure conceptuelle de la projection et la pertinence textuelle, je renvoie à Prandi (2017 : 156–159). Sur le rôle actif du texte dans la mise au point du contenu de la projection, je renvoie à Weinrich 1976. La question de la relation entre l'interprétation des figures conflictuelles et les raisons de la cohérence du texte, et notamment du texte poétique, est discutée par Monte (2013) ; voir aussi Biglari, Salvan (éds 2016) et le compte rendu de Paissa (2018).

mythologique où la lune est une personne humaine de plein droit. Le poème continue avec une similitude, où la lune est comparée à une jeune femme, désignée par la métonymie *beauté*. Le *tertium comparationis* développé par la similitude n'est pas équidistant de l'astre et de la femme, mais totalement aligné avec les comportements et les attitudes humaines : *mourante, elle se livre aux longues pâmoisons / et promène ses yeux sur les visions blanches...* De ce fait, l'alternative ouverte par l'*incipit* n'est pas dénouée : est-ce que la lune est rapprochée de la femme en tant que lune, femme métaphorique, ou est-elle caractérisée comme femme de plein droit ? La clôture du poème reprend la caractérisation conflictuelle de la lune-femme – *Quand parfois sur ce globe, en sa langueur oisive / elle laisse filer une larme furtive* – sans pour autant résoudre l'ambivalence entre le jeu métaphorique sur l'astre et la fondation d'un monde mythologique peuplé d'astres humains. Tout en étant suspendue entre le jeu métaphorique et le mythe, l'humanisation de la lune oriente l'interprétation conflictuelle du syntagme nominal qui clôt le poème – *les yeux du soleil* sont les yeux appartenant au soleil – et se réverbère sur le titre, *Tristesse de la lune*, qui finit ainsi par attribuer la tristesse à la lune.

L'aptitude du texte à plier des syntagmes nominaux à une interprétation conflictuelle en vue de sa cohérence interne, documentée par l'exemple, introduit le dernier point de notre discussion, à savoir les conditions textuelles qui poussent vers l'interprétation conflictuelle d'une expression sous-codée.

## 4. Le conflit est inféré : du texte au syntagme nominal, de la métaphore au conflit

Si maintenant nous nous tournons vers une expression au pouvoir de codage très bas – la structure *nom de nom* – nous constatons que le trajet qui relie le conflit à la figure renverse son orientation. Dans la phrase, en présence d'un moule rigide, le parcours prend son origine d'un conflit qui s'enracine dans la structure d'une phrase isolée et se conclut avec son interprétation comme figure dans un texte au service de sa cohérence. Dans le syntagme nominal, en présence d'un moule large, le point de départ est la cohérence d'un texte et le point d'arrivée le conflit. Notamment, si une métaphore est fonctionnelle à la cohérence du texte, nous sommes prêts à activer un conflit conceptuel lors de l'interprétation de l'expression parce que le conflit est la condition nécessaire pour une interprétation métaphorique, et donc – le paradoxe n'est qu'apparent – pour la cohérence du texte.

Pour illustrer ce point, nous allons observer un exemple de forme d'expression sous-codée qui se prête, hors contexte, à une interprétation cohérente, mais qui finit par accepter une interprétation métaphorique et conflictuelle sous la pression du texte qui l'accueille : le syntagme nominal, rendu célèbre par Shakespeare, *the winter of our discontent* (*l'hiver de notre mécontentement*).

Envisagé comme expression isolée, le syntagme nominal sollicite une interprétation cohérente ; il se réfère à l'hiver, et situe dans ce cadre temporel une expérience de mécontentement d'un sujet pluriel qui inclut le locuteur : l'hiver dans lequel nous avons été mécontents. Mais si nous plaçons l'expression dans son cotexte – le monologue de Gloucester qui ouvre le *Richard III* – elle est interprétée comme se référant à l'état d'âme éprouvé par les mêmes sujets, et le qualifie, d'une façon métaphorique et par là conflictuelle, comme hiver :

Now is the winter of our discontent
Made glorious summer by this sun of York ;
And all the clouds that lour'd upon our house
In the deep bosom of the ocean buried.

Si nous adoptons la perspective de la cohérence textuelle, ce bouleversement de la cohérence conceptuelle pour aboutir à la métaphore et au conflit est tout à fait compréhensible. À la différence du mécontentement, l'hiver n'est pas un référent textuel pertinent, ce qui exclut son activation cohérente dans le texte. À ce point, il y a une seule façon d'intégrer l'hiver dans un texte cohérent : le voir comme le foyer d'une métaphore *in praesentia* qui caractérise le mécontentement comme hiver. Ce choix interprétatif cohérent sur le plan textuel implique à son tour l'activation d'une connexion conflictuelle sur le plan de la cohérence conceptuelle : *le mécontentement est un hiver*. Il est évident, sur la base de cet exemple, que la charpente conceptuelle de la cohérence d'un texte est aussi contraignante que la charpente syntaxique formelle d'une phrase.

Autant qu'en présence d'un moule rigide dans la phrase, le conflit que détermine la cohérence textuelle est la condition de possibilité de la métaphore. Cependant, ce conflit ne nous consigne pas encore le contenu de la figure. Encore une fois, le contenu de la métaphore ne peut être que l'objet d'un processus d'interprétation motivé à l'intérieur du texte. On ne peut pas savoir *à priori*, notamment, quelles inférences il sera raisonnable de projeter sur le mécontentement parmi celles potentiellement motivées par la constellation de structures conceptuelles tournant autour de l'hiver.

Une raison supplémentaire en faveur de l'interprétation métaphorique tient au fait qu'elle s'insère dans un cotexte où les caractérisations métaphoriques d'états d'âme comme saisons se propagent « en essaim » (Prandi 2012). Si dans le premier vers le nom *winter*, 'hiver', implicitement prédicatif, caractérise *in praesentia* le mécontentement, dans le deuxième l'état d'âme antagoniste est institué *in absentia* par l'interprétation à son tour métaphorique du nom référentiel *summer*, 'été'. Dans le cotexte du jeu métaphorique, *summer* n'est pas simplement une valeur dans le paradigme cyclique des saisons, mais se présente comme l'opposé de l'hiver précisément parce qu'il désigne métaphoriquement la valeur qui s'oppose à *discontent*. L'essaim continue dans le troisième vers. Comme l'été est associé métonymiquement au soleil, l'hiver et le mécontentement reviennent sur la scène portés par les nuages, dont les funérailles métaphoriques dans l'océan concluent le quatrième. Dans le jeu de la cohérence textuelle – nous pouvons conclure – tout se tient.

À cette raison textuelle et contingente qui appuie l'interprétation conflictuelle du syntagme, nous pouvons ajouter une raison d'ordre général. Malgré son désavantage sur le plan strictement conceptuel, le conflit se trouve tout naturellement inclus comme option envisageable dans notre horizon interprétatif, et cela grâce au pouvoir de mise en forme des structures syntaxiques formelles qui l'ont introduit à jamais comme une option raisonnable dans notre paysage conceptuel. En outre, grâce à leur interprétation comme figures, les expressions au signifié conflictuel ne sont pas perçues comme des structures défectueuses,[9] mais comme des joyaux précieux.

---

9 Le conflit fait généralement l'objet d'une évaluation négative dans le cadre de la linguistique du XX$^{\text{ème}}$ siècle. La ligne de pensée qui va de Carnap (1932) à la grammaire générative (Chomsky 1957 ; 1965) considère le conflit comme un défaut structural de l'expression. La tradition antagoniste, fonctionnelle et cognitive

Comme il résulte de l'exemple que nous avons analysé, dans le cas où le parcours vers la figure et le conflit est régi par le critère de la cohérence du texte, l'alternative entre métaphore et métonymie se dissout : la métaphore n'est pas en compétition avec la métonymie, mais avec l'activation directe d'une relation cohérente. Ce comportement confirme la différence structurale et fonctionnelle essentielle entre la métaphore et la métonymie.

La métaphore a un lien constitutif avec le conflit. Dans la mesure où elle remet en question des concepts familiers, la métaphore a besoin du conflit, qui est fonctionnel à sa mise en place. Si le mécontentement doit se changer en hiver, par exemple, il faut que ces deux concepts entrent en conflit. Si cela est vrai, nous pouvons parler d'une pensée métaphorique comme forme spécifique de pensée qui jouit d'une relation essentielle avec le conflit, le transfert et la projection.

Pour la métonymie, par contre, le conflit n'est qu'une étape réversible sur le chemin de la cohérence. Dans ces conditions, si un conflit n'est pas donné au préalable comme une propriété structurale et incontournable de l'expression, et qu'une relation cohérente est directement accessible à l'inférence lors de l'interprétation d'une expression sous-codée, il n'y a aucune raison pour activer un conflit destiné à être dissous tout de suite. Ce constat entraîne deux ordres de conséquences.

Au niveau local, le comportement du syntagme nominal confirme un déséquilibre essentiel dans la distribution des métaphores et des métonymies. L'activation d'une métonymie présuppose qu'un conflit est donné au préalable comme propriété structurale du signifié d'une expression dans un régime de codage rigide. Dans un régime de codage large, et notamment dans le syntagme nominal, l'activation d'un conflit fonctionnel à la mise en place de la figure lors d'un processus d'interprétation, admise pour la métaphore, est barrée à la métonymie. Cette restriction élargit la portée d'un décalage entre métaphore et métonymie qu'on n'a pas manqué de souligner au moins depuis Fontanier : la

---

(Dik 1989 [1997]) ; Langacker 1987 ; Lakoff/Johnson 1980), définit le signifié d'une phrase comme le reflet d'une structure conceptuelle indépendante. De ce fait, elle ignore les expressions conflictuelles qui, nous l'avons vu, sont dépourvues d'un modèle conceptuel indépendant.

distribution de la métonymie dans la structure de la phrase est plus réduite que celle de la métaphore.[10]

À un niveau plus général, l'absence de la métonymie de l'horizon interprétatif du syntagme nominal attire notre attention sur une équivoque qui menace la réflexion sur la métonymie. Nous pouvons parler de métonymie si et seulement si l'activation d'une relation conceptuelle cohérente entraîne en même temps la mise en place d'une figure – par exemple, un glissement dans la référence d'un syntagme nominal – ou d'une extension de signifié. La simple activation d'une relation conceptuelle cohérente lors d'un processus inférentiel, par contre, n'est pas une raison suffisante pour parler de métonymie, car les relations conceptuelles prêtes, le cas échéant, à motiver l'activation de la figure sont les mêmes qui alimentent la pensée cohérente en général. Cela implique à son tour qu'il n'y a pas de pensée métonymique distincte de la pensée cohérente.[11] La relation entre un cadre temporel et un état d'âme activée lors de l'interprétation cohérente du syntagme *the winter of our discontent*, par exemple, n'accompagne pas la mise en place d'une métonymie. Par ailleurs, la relation n'est pas créée par une métonymie, mais appartient au répertoire de relations conceptuelles qui nourrit la pensée

---

10  « Elle [la métaphore] est au contraire très variée, et elle s'étend bien plus loin sans doute que la *Métonymie* et que la *Synecdoque*, car, non-seulement le nom, mais encore l'adjectif, le participe, le verbe, et enfin toutes les espèces de mots sont dans son domaine » (Fontanier 1821 [1968 : 99]). Une étude linguistique fine de la relation entre structures de phrase au signifié conflictuel et interprétations figurées est en mesure de fournir une explication. Comme elle active une relation entre deux concepts saturés, une métonymie ne peut prendre comme foyer qu'une expression à son tour saturée, à savoir un syntagme nominal référentiel ou prédicatif, une phrase ou un syntagme nominal exprimant un procès saturé. Le transfert métaphorique, tout au contraire, est compatible avec toute sorte de concept et d'expression, et notamment avec des lexèmes insaturés tels que verbes, adjectifs et adverbes, qui sont barrés à la métonymie (Prandi 2017 : 96–106 ; 111–117).

11  Barcelona (2005 : 124), par exemple, argumente que « metonymy explains numerous facets of linguistic meaning and form, and is more basic than metaphor, and almost as ubiquitous in language and thought ». Si l'on parle des structures conceptuelles sous-jacentes, l'affirmation est déroutante, car on ne peut pas comparer la pensée métaphorique, tributaire de la figure, à la pensée qui motive les métonymies, qui ne dépend pas de la figure et coïncide avec la pensée commune.

cohérente commune et qui continuerait à la nourrir même si aucune métonymie ne s'y appuyait.

## 4. Conclusions

Le conflit conceptuel se présente sous deux identités profondément différentes en fonction du régime de codage. En présence d'un moule grammatical rigide, le conflit est une propriété structurale de l'expression ; en présence d'un moule large, il est une option interprétative.

À l'origine de la première forme de conflit se trouve l'aptitude des structures syntaxiques formelles de la phrase à imposer aux signifiés atomiques organisés des relations indépendantes du critère de cohérence conceptuelle. Le conflit fait partie du signifié de la phrase. À l'origine de la seconde forme de conflit se trouve le critère de cohérence textuelle, qui est constitutif de la structure des textes. Le conflit est l'issue d'un choix interprétatif. Les deux sources du conflit – la charpente syntaxique formelle et les conditions de cohérence textuelle – sont également contraignantes.

Le conflit structural s'ouvre à une interprétation métaphorique ou métonymique. Le choix de la figure et le contenu de la métaphore sont fonctionnels à la cohérence du texte. Le conflit interprétatif est préalable à l'activation d'une métaphore, qui à son tour est fonctionnelle à la cohérence du texte. Il est incompatible avec la métonymie.

Dans les deux cas, l'étude du conflit jouit d'un privilège épistémologique indiscutable, du fait qu'il fournit un observatoire privilégié sur la structure formelle et conceptuelle du signifié des expressions complexes et sur la façon dont elles s'insèrent dans les textes.

La présence d'un conflit dans la structure des signifiés complexes fait affleurer d'une façon directe et observable les deux facteurs en compétition de la mise en œuvre des signifiés complexes : la syntaxe formelle des expressions et les structures conceptuelles cohérentes et partagées. De cette façon, l'observation du conflit ouvre le chemin à une grammaire adéquate à décrire sur le plan empirique et à expliquer sur le plan théorique les conditions formelles et conceptuelles de la mise en œuvre des signifiés complexes.

L'activation d'un conflit comme option interprétative, pour sa part, souligne la force de la cohérence textuelle comme critère directeur de l'activité interprétative, capable de justifier dans un texte la présence de signifiés dépourvus de cohérence conceptuelle.

## Références bibliographiques

Biglari, Amir / Salvan, Geneviève (éds) 2016. *Figures en discours.* Louvain-la-Neuve : Academia-L'Harmattan.

Blinkenberg, Andreas 1960. *Le problème de la transitivité en français moderne.* Kopenhagen : Munksgaard.

Bonhomme, Marc 2006. *Le discours métonymique.* Berne : Peter Lang.

Carnap, Rudolf 1932. Überwindung der Metaphysik durch logische Analyse der Sprache. *Erkenntnis* 2, 219–241.

Chomsky, Noam 1957 [1969]. *Syntactic Structures.* La Haye, Paris : Mouton. Tr. fr. : *Structures syntaxiques.* Paris : Éditions du Seuil.

Chomsky, Noam 1965 [1971]. *Aspects of the Theory of Syntax.* Cambridge (Mass.) : The M.I.T. Press. Trad. fr. : *Aspects de la théorie syntaxique.* Paris : Éditions du Seuil.

Conte, Maria-Elisabeth 1988 [1999]. *Condizioni di coerenza.* Firenze : La Nuova Italia. 2ème éd. : Alessandria : Edizioni dell'Orso.

Dik, Simon Cornelis 1989 [1997]. *The Theory of Functional Grammar. Part I : The Structure of the Clause.* 2ème éd. : Berlin : Mouton De Gruyter.

Empson, William 1930 [1953]. *Seven Types of Ambiguity.* 2ème éd. : London : Chatto and Windus. Toronto : Irwin and Co. Ltd.

Fontanier, Pierre 1821 [1968]. *Les figures du discours.* Paris : Flammarion. [Contient : *Manuel classique pour l'étude des tropes* (1821. 4ème éd. 1830) ; *Traité général des figures de discours autres que les tropes* (1827)].

Genette, Gérard 1981 [1997]. *Palimpsestes. La littérature au second degré.* Paris : Éditions du Seuil.

Lakoff, George / Johnson, Mark 1980 [1986]. *Metaphors we Live by.* Chicago : The University of Chicago Press. Tr. Fr. : *Les Métaphores dans la vie quotidienne.* Paris : Les éditions de Minuit.

Langacker, Ronald 1987. *Foundations of Cognitive Grammar* vol. 1. Stanford : Stanford University Press.

Monte, Michèle 2013. *Métaphore et cohérence textuelle dans les textes poétiques.* In Salvan, Geneviève (éd.) *Figures et contexte(s). Le discours et la langue* 4/2, 75–88.

Paissa, Paola 2018. Compte rendu de Biglari, Amir / Salvan, Geneviève (éds) 2016. *Figures en discours.* Louvain-la-Neuve : Academia-L'Harmattan. *Argumentation et Analyse du Discours* 21. <http://journals.openedition.org/aad/2853>

Prandi, Michele 1987. *Sémantique du contresens.* Paris : Les éditions de Minuit.

Prandi, Michele 1991. *Grammaire philosophique des tropes.* Paris : Les éditions de Minuit.

Prandi, Michele 2004. *The Building Blocks of Meaning.* Amsterdam/ Philadelphie : John Benjamins.

Prandi, Michele 2012. A Plea for Living Metaphors : Conflictual Metaphors and Metaphorical Swarms. *Metaphor and Symbol* 27/2, 148–170.

Prandi, Michele 2016. Selection Restrictions as Ultimate Presuppositions of Natural Ontology. *Topoi* 35, 73–81.

Prandi, Michele 2017. *Conceptual Conflicts in Metaphors and Figurative Language.* New York/London: Routledge.

CHRISTIAN PLANTIN

# On the Argumentative Vulnerabilities of Metaphors

## 1. Introduction

This chapter discusses the claim, current since Aristotle, that, due to its great persuasive effect, metaphor can be considered as a formidable tool for argumentation, almost immune to refutation.[1] The visions of argumentation are many; the conceptual framework implemented in this study refers to a series of classical works in argumentation studies; if needed, definitions will be found in Plantin (2018). In short, argumentative activity is defined as a two-sided activity, (1) a *monologal* activity, through which the arguer develops a data-claim sequence, and (2) a confrontational *interactional* activity. The data-claim monologal sequence can be considered as the first turn of speech in an adjacency pair, where the second speaker will or not ratify the argument. The unit of analysis is the pair first-second turn; the monologal data-claim sequence is a sub-unit of this basic whole.

When the second speaker ratifies the argument, she *agrees* with the speaker (preferred second turn). Claims are typically supported by groups of people, and unsurprisingly, the members of this group regularly tend to ratify the claims voiced by their spokesperson. Persuasion materializes as the agreement granted by a former opponent or third party. By uttering U, speaker S persuades P if, (1) formerly, S's discourse and P's discourse were not co-oriented (P was an opponent to S; or a third party in the discussion between S and some opponent); (2) now, P's discourse is co-oriented with S's discourse.

A distinction is made between rebuttal by the opponents and non-ratification by third parties. (1) Opponents can rebut the argument as

---

1 This contribution is a revised version of Christian Plantin 2017.

such, (a) on its merits, *ad rem*; this is a typical move from logically minded opponents, or (b) through some manoeuver destroying or disorienting the discourse conveying the argument on the basis of its formulation; this is a typical move of witty and/or principled opponents. The latter move is not necessarily objectionable from a logical point of view: *"if you want your claim to be examined here, first you have to make it clear and to adopt your language and behavior of this place and institution;* [. . .]". (2) Third parties do not just ratify the claim; they engage in exploratory talk in order to test the claim, typically through objections. They do not renounce their doubts; they refuse to close the debate and they try to elevate the issue, etc.

The following discussion is an empirical study based upon a collection of cases, showing how metaphor as argument behaves in such an argumentative-interactional environment. It can be considered as a contribution to a "pragmatic of figures of speech", as proposed by Bonhomme (2005). Metaphor will be taken as the key speech act of an argumentative first turn, pending ratification or non-ratification by a second turn.

The general aim is to document the fact that metaphors are not immune to refutation. Section 2 summarizes some positions of Aristotle's *Rhetoric* about metaphor, especially the claim that metaphor is the best instrument of persuasion; this implies, to extend this metaphor, that a metaphor can only be neutralized by another metaphor; examples are given in section 3. Section 4 to section 7 focus on metaphors rejected *qua* metaphors. In general, metaphors can be rejected as repelling and inadequate. In the scientific field, metaphors can function as models, and be rejected as such. In the same vein as section 3, section 7 offers a case where scientists claim that a metaphor-model can be removed only by another metaphor-model. Section 8 is about mechanics as a metaphor-model for economics, this metaphor-model being ruined by the developments of its resource domain, physical mechanics. Section 9 discusses whether the re-categorization of *penance* as *torture* is adequate or is just a polemical metaphor. This is a matter for the court, linguists acting here at best, as counselors.

## 2. Aristotle: Metaphor, the absolute weapon of persuasion

In the *Poetics*, Aristotle defines metaphor as "the application of an alien name by transferring either from genus to species or from species to genus, or from species to species or by analogy, that is proportion" (1457b5: 61). This definition covers more than (proportional) metaphor; the "application of an alien name" to an already named content actually covers the domain of figure of words. Typical examples of proportional metaphor are the following: "Thus the cup is to Dionysus as the shield to Ares. The cup may, therefore, be called 'the shield of Dionysus', and the shield 'the cup of Ares'. Or again, as old age is to life, so is evening to day. Evening may therefore be called 'the old age of the day', and old age 'the evening of life'" (1457b20).

The *Rhetoric* focuses on finding the available means of persuasion in a given case; they originate in pathos, ethos and logos:

> Persuasion must in every case be effected either (1) by working on the emotions of the judges themselves, (2) by giving them the right impression of the speaker's character, or (3) by proving the truth of the statements made. (1403b10: Garver 397)

The latter, "logo-ic" persuasion, is drawn "from the facts themselves", (1403b15: *id.*). Ideally, "we ought in fairness to fight our case with no help beyond the bare facts", (1404a: 399), ethotic and pathemic persuasion being superfluous. But this is not possible "owing to the defects of our political institutions [. . .and] "of our hearers" (1403a30: 399); (1404a5: *id.*) – Normal citizens are subnormal. In short, the arts of language, action and style, "cannot help having a small but real importance" in public discourse and civic education (1404a5: *id.*) – but not in science: "nobody uses fine language when teaching geometry" (1404b10 Garver).

Thus, in the practical world, pathos and ethos are the most effective tools of persuasion. Persuasion through emotion and self-image is produced, orally, by oratorical action, especially by voice. In writing, it is produced by style, because "written speeches owe more of their effect to their style than to their thought" (1404a15: after Chiron's French translation, 428). And in all speeches, in poetry as in prose, the metaphor has the "greatest power" (1405a1; after Chiron's French translation, 433); metaphor "gives style clearness, charm and distinction" (1405a1: 405). The overall conclusion is clear: metaphor is the ultimate weapon of effective persuasion.

Nonetheless, according to the *Rhetoric*, to be efficient, the instruments of persuasion must remain hidden; the writer must "disguise his art and give the impression of speaking naturally and not artificially" (1404b15: 403), because only "naturalness is persuasive" (*id.*). So, metaphor is persuasive insofar as it is artfully hidden in discourse. This is entirely opposed to the modern baroque concept of metaphor, as surprising and brilliant, subduing the listeners by the pleasure it gives.

## 3. Metaphor versus metaphor

Hence the idea that "metaphors are hardly refutable": "how to answer a metaphor if not by another metaphor?" (Le Guern 1981: 74). The challenged opponent accepts the duel by metaphor, "*OK, let's play metaphor!*", and twists the discourse in another direction through a new metaphor. She can:

- Substitute the original metaphor with a second one, deemed more appropriate for the situation:

    S1 — *Man is a wolf to man,* homo homini lupus
    S2 — *Oh no, man is a lemming to his leaders*

- Outbid the original metaphor:
    S1 — *Man is a wolf to man,* homo homini lupus
    S2 — *Absolutely. And women still more wolfish to women,* femina feminæ lupior

- Twist the original metaphor towards another conclusion:
    S1 — *Our sub-discipline is at the heart of the discipline so you must approve our candidate*
    S2 — *Yes, but a discipline also needs a brain to think, eyes to see clearly and legs to move forward*
    — *You know, you can grow a beating heart in a jar*

    S1 — *Our institution is not a nursery.*
    S2 — *Oh no, arrogant sadists aren't allowed in nurseries*

- Join the speaker and extend the metaphorical thread:
  S1 — *Voters are lemmings to their party leaders*
  S2 — *If only it could be true...* (said by a party leader)

These rebuttal techniques give the last laugh to the opponent. Nonetheless, a collection of actually rejected metaphors show that other strategies are actually available.


## 4. *Unlucky metaphor: "Guitar, singing bidet"*

Metaphor is felicitous when ratified by the listener. When taking a monologal perspective on discourse, the analyst routinely applies the preference for agreement principle. She connects the metaphor to its preferred second turn, corresponding to the open intention of the metaphorist; the metaphor is then received as a pleasant surprise, acknowledging a seductive behavior; from an argumentative perspective, the analyst is literally convinced by the metaphor she is analyzing.

First turns would be followed by their preferred second turns if speech acts acted causally on the addressee. This seems to be the case in the world of Gorgias as described in his *Eulogy of Helen*.[2] Helen did not resist persuasive discourse, because persuasive discourse cannot be resisted; it subjugates the addressee, soul, mind and body:

> And if persuasive discourse deceived her soul, it is not on that account difficult to defend her and absolve her of responsibility, thus: discourse is a great potentate, which by the smallest and most secret body accomplishes the most divine works; for it can stop fear and assuage pain and produce joy and make mercy abound. [...]
>
> Persuasion belonging to discourse shapes the soul 'at will' [...]
>
> The power of discourse stands in the same relation to the soul's organization as the pharmacopoeia does to the physiology of bodies.

Nonetheless, in the real world, second turns are not always aligned with the speaker's intention. Listeners do not necessarily agree with assertions,

---

2 Translated from the Greek by Brian R. Donovan, 1999. <http://caseyboyle.net/3860/ readings /encomium.html> (03 December 2019).

nor are they persuaded because someone wants them to be persuaded, nor seduced by would-be seducers. *Persuading* must be distinguished from *intending to persuade*, especially in the case of metaphor.

Consider the following case. Philippe Soupault considers Cocteau's metaphor *"O guitar, singing bidet "* as low and despicable:

> I had decided never to pronounce the name of Jean Cocteau. It seemed useless to me. We do not talk about what we despise. But this gentleman has just published a book he dares call *Poetry*. He must not know what *poetry* means, he who wrote this verse (among others):
>
> O guitar, singing bidet (sic). [*O guitare, bidet qui chante*]
>
> What a poet, isn't he? [. . .] Mr. Cocteau, who could not persuade anyone that he was a poet able to write in keeping with the needs of these days, tries to discuss poetry, the poetry of Apollinaire, Max Jacob or Reverdy. [. . .] Let it be known that Mr. Cocteau's "pouasie" (Fargue *dixit*) represents nothing and does not mean anything (45). (Philippe Soupault, [*Literature and the rest*]).[3]

*Pouasie* is a paronym for "poésie", a portmanteau word agglomerating *poésie* with the interjection *pouah!*, "yuck!", expressing and communicating disgust. Metaphor has been described as "a discursive *coup*, a freak island, an anomaly, an incoherence, an incongruence, an incongruity, a rupture, a logical contradiction, an incompatibility, a power grab" (Kleiber 2016: 18–19). If such qualities are put to the fore, it should not be surprising that they may sometimes be taken at face value, and rejected accordingly. If metaphor vaunts incoherence, it runs the risk of being rejected as incoherent, at least by all those who do not want to play the game of incoherence.

## 5. Repelling metaphor: "The Jesuit mentality, shameful sore"

Michelet's lessons on the Jesuits, published in 1843, begins as follows:

---

3 Quoted after Béatrice Mousli, in *Les Cahiers Max Jacob* 8 (Mousli 2008).

(1)   What the future holds for us, God knows! [. . .] I humbly pray Him, to strike us with the sword, if he has to strike us again . . .

(2)   Wounds [*blessures*] made by sword are clean wounds, that bleed and heal. But what to do with hidden, shameful sores [*plaies*], never healing, and always thriving?

(3)   Of all these sores, the most to be feared is a policeman mentality applied to God's matters, the spirit of pious intrigue, of holy denunciation, – the mentality of the Jesuits [*l'esprit des Jésuites*].

(4)   May God gives us ten times a political tyranny, a military tyranny, any tyranny, rather than seeing such a police spoiling our France! ... Tyranny has this in its favor that it often wakes up national feelings; it breaks or is broken. But when all sentiments are stifled, when gangrene is well set in your flesh and bones, how can it be cured? (Michelet [*On the Jesuits*])[4]

This passage is written in the great oratorical style of argumentative rhetoric. The explicit metaphor *in præsentia*, "*the mentality of the Jesuits, shameful sore*", is prepared in (1–2). Such preparation of key metaphors seems a rather general phenomenon, and contributes to build up a tension culminating with the metaphor. It begins with a stoic prayer to God, is justified by the opposition *clean wounds / shameful sores*, introducing the metaphorical resource domain *wound, sore*. The metaphor is extended as *gangrene set in flesh and bones*.

Michelet's deist language serves as dramatization: exclamation, suspension points, resigned prayer of petition in a meditative tone; opposition *policeman mentality / God matters*. This language resonates with the language of the clergy he fights and serves as an *ad hominem* strategy, opposing the Jesuits with their own tones, values, deity. Claims are systematically maximized, never modalized: *never healing, always thriving sores; the most to be feared; May God gives us ten times a political tyranny a military tyranny, any tyranny*, etc. Embedded in such a context, the metaphor "*shameful sore*" imposes a powerful vision of the "Jesuit mentality" as a-social, a-moral and physically repulsive.

The opposition came the same year, 1843, under the title *The Jesuits – by a loner. Reply to MM. Michelet and Quinet;*[5] the "loner" is

---

4  *Des Jésuites* (Michelet 1966: 41–42. Suspension points in the original text. Our numbering).
5  Abbé Hippolyte Barbier (1843, quoted after the 2nd ed. 1848: 281).

identified as Father [Abbé] Hippolyte Barbier. The argumentative metaphor is rejected first in the following passage:

> M. Michelet goes on: "Of all those hidden, shameful sores, never healing, and always thriving, etc., the most to be feared is a policeman mentality applied to God's matters, the spirit of pious intrigue, of holy denunciation, the mentality ... of the Jesuits!"
> We hardly expected that!

Barbier repudiates the metaphor through three converging lines of refutation.

The surprise provoked by the metaphor is first manifested by three suspension points inserted in the text of Michelet, then fully expressed, *"we hardly expected that!"*. But, for Father Barbier, this surprise is a nasty one, created by the incongruity, and the stupidity of the metaphor. Father Barbier shows and says that he is startled and appalled: this is the proper refutation of the metaphor *qua* metaphor.

Second, the rebuttal begins with an ironic concession about wounds made by the sword *"this is absurd, but not relevant here, so it's OK, let's pass over"*:

> I admit that the wounds made by sword are always clear and frank, and that they always heal, as the professional swordsmen and the warlike annals of all peoples prove on a daily basis. (Barbier 1843: 27)

Third, the amplification and application of the metaphor are rejected by a disqualification of the language used by Michelet:

> Some very colorful imprecations follow. *"God gives us* [a quote from Michelet's text up to] *what a hideous sight!"* I copy textually and do not understand.

> There comes a dismal picture which is only the reproduction of these fancies in a more silly and more amphigorous style, if possible, and complemented as follows *"this is not, as one might think, a picture of imagination* [a quote from Michelet's text up to] *eternal mud."* (Barbier 1843: 28–29)

Taken at face value, Michelet's language could be considered as solemn and religious, as we did above. But this evaluation has just given in to preference for agreement. For Father Barbier, this "solemnity" is just a *dismal unintelligible amphigory*: "it is not enough to know *what* we ought to say; we must also say it as we *ought*" (Aristotle *Rhet.*

1403b15: 397, italics in the text); "style to be good must be clear [...] [and] appropriate" (1404b1: 401–403). Father Barbier was certainly very familiar with rhetoric.

## 6. Cringing at the metaphor: *"The state, a family"*

The following passage is taken from a paper by Paul Krugman, Nobel Prize in Economics:

> Politicians [are] catering to a budget, which tends to be budgeted via analogies with family finances. When John Boehner, the Republican leader, opposed US stimulus plans on the grounds that "American families are tightening their belts, but they do not see government tightening its belt", economists cringed at the stupidity. Barack Obama's speeches [...]. Similarly, the Labor Party [...]. (Krugman 2015)

The "stupidity" is that of the inference from "families tighten their belts", to "government must tighten its belt". The warranting principle of this passage can be reconstructed as a metaphor:

> A state, a nation, a country... is a family.

The argument could also be reconstructed by composition:

> The state is made up of families, so it is a family.

> The state is made up of families, families tighten their belts, so the state has to tighten their belts.

The metaphor "state, family" has deep roots in economics; it is based on the etymology of the word *economy*, from the Greek *oikonomia*, "home management". In general language, it underlies the praise of the leader as *founding father, father of the nation* etc.

Krugman takes over the essential elements of the Aristotelian vision of poor institutions where politicians have to address mediocre audiences. Politicians are "catering" something entertaining to a public "that doesn't understand": that is precisely what metaphor is for. But economists *à la* Krugman "cringed at the stupidity", that is, they "show on their face and bodies their feeling of disgust and embarrassment" (after MW, *cringe*). Paul Krugman's reaction to the metaphor of the supporters of austerity is not different from that of Abbé Barbier to Michelet: surprise and repulsion. This is exactly how metaphors can be rebutted as metaphors.

In the subsequent text Krugman addresses the substantial claim underlying the Austerian[6] metaphor, "in times of economic crisis, the state must turn to austerity, reduce its debt, therefor its investments". This substantial claim is rebutted in the semi-technical language of economics, (1) by a theoretical, a priori refutation: the Austerian Boehner's claims are theoretically ill-grounded; (2) by the empirical falsification of their substantial predictions, that are invalidated by the facts; and (3) by a pragmatic refutation, the policies inspired by this theory have failed. The problem remains of how to explain why these policies are still being applied. According to Krugman, the reason is that they allow the neo-conservatives to apply a program of destruction of the welfare state.

This two-step treatment of a metaphorical claim is exemplary: first, treating the metaphor as such, then refuting the underlying analogy on its own merits.


## 7. The metaphor, an outdated model

In the cases quoted in sections four and five, the language of the resource domain is used as a folk-model for the problem domain: *shameful sore* and the language of injury for the Jesuitic mentality; *tighten one's belt* and the language of domestic economy for economics. In the following cases, metaphors correspond to scientific models (Black 1955, 1962, 1979). The metaphor is now the key element steering the general vision of the domain under investigation.

When functioning as a model, metaphor is neither surprising nor pleasant or unpleasant. Actually, its persuading power is due to the fact that, embedded in the ordinary talk of the discipline, it goes unnoticed.

---

6 Austerian refers to advocates of fiscal austerity.

Metaphor functions as a disciplinary ideologeme. This is the mode of functioning considered by Aristotle when he presents metaphor as the best instrument of persuasion.

## 7.1 "Sleeping Beauty" vs "Equal Opportunity"

The term *metaphor* is used as an equivalent of *model* in the following passage, on the role of metaphor in biology:

> For example, let's consider two metaphors to talk about the process of biological fertilization: first, the "Sleeping Beauty" myth (penetration, conquest and awakening of the egg by spermatozoa, for example); second, fertilization expressed in the language of "Equal Opportunity" (defined for example as the egg and sperm encounter and fusion). The shift from the first model to the second occurred over twenty years, and corresponds to a radical evolution of the ideological perception of gender difference.
>
> The first metaphor led to an intensive investigation of the molecular mechanisms of spermatic activity (providing chemical and mechanical explanations of sperm motility, [. . .]) while the second has stimulated researches that have elucidated the mechanisms through which the egg could be considered active (for example, the fact that it produces proteins or molecules that facilitate or inhibit adhesion and penetration). (Franceschelli/Huneman 2006: 3)

Metaphors are considered the driving force behind research programs in biology; they "[lead] to intensive investigation" and "[stimulate] research". These metaphors originate in an "ideological perception" of things; so, through metaphors, ideologies fruitfully mastermind research programs. In such a view, the founding metaphors steering a research trend are not refuted but supplanted by another metaphor structuring another research trend. In practice, this view leads to the same results as those set out in section 2.

## 7.2 "Mechanistic Economics" vs Mechanics

The importance of the mechanistic metaphor in economics is well known (Resche 2016). To refute the metaphor is to invalidate the scientific claims that the model metaphor supports; this is what Bernard Maris does in his *Anti-manual of Economics* (2003). He claims that economic theory is steered by a *metaphor* of physical mechanics based upon a now superseded state of this discipline:

> Walras strives for "social physics". He is the co-discoverer [. . .] of the concept of economic equilibrium in one or more markets. The equilibrium and its fundamental corollary, the stability of the equilibrium, the return to equilibrium if we move away from it (as the ball always returns to the bottom of the bowl), are borrowed from the first formulations of mechanics in physical science. (Maris 2003: 32)

According to Maris, in order to found economics as a science, the first economists, including Walras, "adopt" (2003: 33) the model of mechanics, they "copy" from this "model", they "tell in a mathematical language the myth of the self-regulating market". They "pirate" mechanics (2003: 34) in order to "give substance to their energetic metaphor in the social field" (2003: 38).

This founding metaphor of economics is invalidated by its model. According to Maris, mechanics as a physical science has evolved, while economics sticks to a now outdated vision of mechanics. This is highlighted by the fact that economics cannot integrate "the second principle of thermodynamics":

> In classical mechanics, the concept of equilibrium is based upon the concept of *return* to equilibrium. Classical mechanics ignores time, the "arrow" of time does not exist; to quote Maxwell, "the past has the same value as the future". Physicists have pulverized this a-historical conception of their science by the second principle of thermodynamics, the "entropy" principle, or energy degradation, in which a system evolves towards a caloric uniformity. The heat is transmitted to cold, and both become lukewarm. Have economists ignored the irreversibility of phenomena and the notion of entropy? Yes, almost all. (Maris 2003: 35)

To reject the "energetic metaphor", Maris cuts off the problematic domain, economics, from its metaphorical resource domain, mechanics. The mechanistic model metaphor in economics is dismissed, as any model would be, for an external and an internal reason: (1) economists work with an outdated vision of mechanics; and (2) they cannot account for an essential characteristic of economics, the fact that it is a social and historical science.

# 8. Naked mole rats "societies", human society: metaphor or identity?

## 8.1  An episode in the "sociobiology war"

Naked mole rats (NMR) are described as follows:

> The naked mole-rat (*Heterocephalus glaber*) is a mammal with a truly bizarre appearance, looking like an elongated cocktail sausage with large, protruding teeth. Naked mole-rats live in large underground colonies of approximately 80 animals, which are dominated by a single breeding female, the queen; this social system is highly unusual in mammals, but is similar to that commonly observed in bees and termites and is termed eusocial. (The University of Cambridge Naked Mole-Rat Initiative)[7]

The following discussion originates in a scientific research divulgation paper by Braude and Lacey (1989), "A revolutionary monarchy: the society of mole rats". Their description of mole rat behaviour is attacked in a response paper (Le Pape 1992):[8]

> In addition to the transmission of knowledge about mole rats, S. Braude and E. Lacey's paper strives to situate their observations in the field of neodarwinian evolutionary theory, and if possible in the narrower, but very fashionable one, of sociobiology. I would like to highlight a number of rhetorical gimmicks [*artifices*] that serve this last objective.

Sociobiology is defined as the "systematic study of the biological basis of all social behavior" (Wilson 1975: 4).[9] The "rhetorical gimmick" is

---

7  <www.phar.cam.ac.uk/research/NMRI>

8  Braude and Lacey (1989) Une monarchie révolutionnaire : la société des rats-taupes, published in *La Recherche*. Comments on the paper by Le Pape (1992) were published in the same journal, and responded to by the authors in the same issue (Braude/Lacey 1992).

9  "Non-human animal behavior was not the only subject addressed in *Sociobiology: The New Synthesis*; famously, the first and last chapters of the book addressed Wilson's views about the amenability of human behavior to be studied by a similar sort of project. These were developed to some extent in his later book, *On Human Nature* (Wilson 1978). For a variety of reasons, primarily because Wilson was perceived to be arguing that many problematic social behaviors were

the application of the vocabulary of human social relations to NMR behavior; Le Pape considers that such vocabulary is the Trojan horse of socio-biology propagandists:

> The phrase "division of labor" is used four times; the word "task" also appears four times; the term "responsible" also appears four times, and "they take care of" once; the terms "cooperation" and "subordinate" are used once each. The expression "sexual status" is used three times to refer to the reproductive state of the animals. (Le Pape 1992)

The scientific issue is about the objectivity of the vocabulary. On the one hand, words such as "division of labor", or "task", can be considered as taking human relations as a resource domain, used to investigate mole rats behavior. Like the solar system model of the atom, such a metaphor can be used for pedagogical, explanatory purposes. It remains benign when kept under control; that is, to the extent that the analogy is limited and not mistaken for a true homology.

On the other hand, the human society metaphor suggests that there is a true homology between "animal societies" (mode of interaction between animals), and human societies. In other words, animal and human societies are assimilated on the basis of their common biological foundations. As a result, the relationship problem/resource is reversed. Mole rat interactions, formerly the investigated field, now provide an animal model for the study of human society, formerly the resource field. To use the vocabulary of section 7.1, this new perspective can lead "to intensive investigation" and "[stimulate] research" in the field of the biological foundations of human social structure, furthering some socio-biological theory of inter-human relations.

---

unchangeable, the contents of these two chapters provoked an extremely acrimonious debate sometimes referred to as the "sociobiology wars" [. . .]. Because this debate attracted so much attention, the term "sociobiology" has come to be associated with this early proposed *human* project, or at least the description of it set up for attack by its critics [. . .]. The critics claimed that "Pop Sociobiologists" were committed to a form of genetic determinism, an overly strong adaptationism and had a tendency to ignore the effects of learning and culture. (<https://plato.stanford.edu/entries/sociobiology/>)

## 8.2 Catachresis: naming nameless phenomenon

The metaphorical language, or "rhetorical gimmick", is not a mere presentation device used for didactic purposes. It is now fully in use to describe NMR interactions, as shown by the presentation of the Cambridge Naked Mole-Rat Initiative (see above), and has become embedded in the scientific language about the NMR behavior issue since the inaugural scientific paper on the topic:

Eusociality in a mammal: cooperative breeding in naked mole-rat colonies.
*Abstract*: Laboratory observations on a field-collected colony of 40 *Heterocephalus* have shown that only a single female breeds. The remaining individuals constitute two or three castes, each containing both sexes and distinguishable by size differences and the tasks they perform. These features, together with long life-spans, overlap of generations, cooperative brood care, and possible age polyethism[10] provide parallels with the eusocial insects. (Jarvis 1981: 571–3)

To sum up, the basic vocabulary used by researchers when speaking about eusocial insects and NMR borrows heavily on the vocabulary of human society organization. This core vocabulary includes the following words, taken from the quotations above:

- social, social system, eusocial
- colonies dominated by a single breeding female, the queen
- two or three castes
- perform a task
- cooperative care of juveniles (individuals care for brood that is not their own)
- division of labor, functional specialization within the non-reproductives (e.g., soldier and worker castes in the army ant *Eciton burchelli*).

The meaning of these words is basically about humans, for example:

colony, 1a: a body of people living in a new territory but retaining ties with the parent state (Merriam-Webster, *colony*)

---

10 *Polyethism* is defined as "the functional specialization in different members of a colony of social insects, which leads to a division of labour within the colony. The various functions may be carried out by individuals of different morphology (caste polyethism) or of different ages (age polyethism)". *A Dictionary of Zoology* (www.encyclopedia.com) 07 April 2018.

caste, 1: one of the hereditary social classes in Hinduism that restrict the occu-
pation of their members and their association with the members of other castes
(Merriam-Webster, caste)

queen, 1a: the wife or widow of a king (Merriam-Webster, *queen*)

Such words crucially imply self-consciousness and intentionality: *Task* implies a hierarchical differentiation between two human individuals, the capacity of the first to design a project, to give orders and instructions to the second, who has the capacity to understand and accomplish the task:

task, 1a: a usually assigned piece of work often to be finished within a certain time.

*Care implies a complex psychological inner life, combining emotional, cognitive, states with a sense of moral responsibility:*

care, 1: suffering of mind: *grief* – 2a: a disquieted state of mixed uncertainty, apprehension, and responsibility. b: a cause for such anxiety.

*Division of labor* implies an intentional planning of a process, its division into autonomous subtasks, and their strategic repartition:

*Division of labor* is the separation of tasks in any system so that participants may specialize. (Wikipedia, *Division of labor*)

Are these features secondary and parasitic upon the meaning of the words used for the study of NMR behavior, the metaphor being a *non-committal naming device*? Or are they used in the perspective of a full assimilation, the metaphor being then a full model for NMR studies? In other words, is such a naming a pure metaphor or a catachresis of metaphor? Catachresis is defined as the extension of the use of a signifier already having its proper signification, to refer to a new content, formerly lacking a signifier; the transfer is operated through metaphor, metonymy or synecdoche. Catachresis is a routine instrument of neology.

The debate can be translated in linguistic terms, as a discussion about the strengths and perils of metaphorical naming:

- Pros – *New phenomena must be given a name. If the name can, by analogy or meta-phor, convey a first understanding of the thing, all the better!*
- Cons – *New phenomena must be given non-committing names or new expressions coined. For example, 'reproductive status' is not connoted, while "sexual status" is* (after Le Pape 1992). *Your societal naming representing NMR as intentional agents, having a mental life analogous to human mental life is misleading. Pathetic fallacy!*

So, opponents denounce this naming metaphorical system as not only unscientific, but slippery, wrongly suggesting an a-cultural and a-historical vision of human societies. Whatever the case, the risk here is to forget that analogy "is never more compelling than when it is abolished and ceases to be perceived as an analogy. Becoming invisible, it merges with the order of things." (Gadoffre 1980: 6). The discussion is left to scientists.


## 9. Metaphors under trial

Aristotle points out that metaphors can reverse the argumentative orientations:

> If you wish to pay a compliment, you must take your metaphor from something better in the same line; if to disparage, from something worse [...] say that a man who begs 'prays' and a man who prays 'begs' (*Rhet*, 1405 A, 1,15, 405–407)

Note that, whatever the assimilating force of the metaphor, the latter will not be *fined* under the pretext that *begging is prohibited*. Similarly, neither the judge nor the doctor can decide whether the *Jesuits mentality* is really a *shameful sore*.

Nonetheless, metaphor can sometimes compete with criteria based re-categorization, opening an issue about the metaphorical literal character of a claim. The newspaper *El Pais* reports a case of a complaint about physical abuse, filed by an ex-Carmelite sister against her former Mother Superior, who answers that this is not a question of *bad treatment, torture* or *punishment*, but of *penance*, or *discipline*:

*"This is not punishment, but discipline. Keep in mind that monasteries have different rules. This is the rule of Santa Teresa, so to speak, the old way of life of the Carmelite sisters"*

Smiling, standing or sitting in a room decorated with religious motifs, they told the camera, *"Torture is an invention. This is a life of penance, not torture that is a totally distorted term"*, said one of them. (*El Pais*, 05 September 2016)

Speaking of a surgeon who carries out benign but painful operations without anesthesia, the indignant patient can swear that they will never again "be tortured by this sadist", designated as "a butcher". This is clearly a metaphor. The surgeon is not a butcher, and operating on a patient is not torture. The metaphor of "torture" and "executioner" is trivial when someone is held responsible for the pain.

What is categorized as *penance* in the religious discourse can be metaphorized as *torture*. Like *praying/begging*, this re-naming, is a good fuel for polemics: *penitents > bodies tortured by penance* (metaphor) > *tortured bodies* (re-categorization).

Re-categorization implies de-metaphorization. Here, the re-categorization of a bodily practice as torture eliminates all the background justifying the existence of the category *penitence*, defined as an expiatory pain, voluntarily accepted, reproducing the pains of Christ on the cross; penitence as such is meaningful for the suffering person and for the community to which she belongs. Fighting against the *recategorization* of their penances as tortures, the nuns denounce an ill-intentioned *metaphor*. Their "smiling" attitude is oriented towards the same conclusion – in an argumentative interaction, all signs have an argumentative value.

Here, the courts will have the last word on the issue if, or under which conditions, penitence is literally torture or ill-treatment, thus confirming or removing the metaphor, that is rejecting the defense of the nuns.

## 10. In short: How to get rid of metaphors.

Like any first turn of speech, metaphors solicit agreement, that is ratification by the addressee; when lucky, they get it, the formerly skeptical addressee ratifies the metaphor and thereby expresses their new alignments and persuasions, and the analyst rightly concludes that the metaphor was indeed persuasive. When examining a metaphorical first turn, the analyst is easily tricked into the default solution, acceptance, especially when she is not really involved in the issue. She can even argue that, since alignment materializes the speaker's linguistic intention, misalignment is not linguistically relevant. The problem is that in argumentative contexts, the preference for agreement is limited to the spokesperson's allies, while opponents prefer _dis_agreement (Bilmes 1991); when the argument is a metaphorical sentence, the opponents routinely counter the proposed metaphor. According to their position on the issue, other participants align with the metaphorist or with her opponent.

The empirical study of the argumentative functioning of metaphor must resist the temptation to automatically supplement the metaphorical first turn with its preferred second turn, acceptance. Failed metaphors, collected or intuitively reconstructed, are key to such a study, and show that the audience is not helpless when solicited by a metaphorical argument.

The first weapon in the anti-metaphor arsenal is over-metaphorization and counter-metaphorization; if the metaphorist cannot extend her metaphor accordingly, she is beaten at her own game.

Secondly, metaphor can be received and rejected as such. What constitutes the strength of the metaphor can be turned into a weakness. The force of metaphor can be attributed to an isotopic rupture, creating a surprise, a prolegomena of an emotion; but this emotion is not necessarily _pleasant. Submissive pleasure and acceptance_ are not a response automatically attached to metaphor. The metaphorical shock can be negative, as shown by the reactions of Philippe Soupault, Abbé Barbier and Paul Krugman, who are not particularly receptive to the metaphors of, respectively Max Jacob, Michelet and the Austerians.

Thirdly, argumentative metaphors are amenable to analogy, and they can be undermined through the weaknesses of this analogy; the metaphorical claim can be specified, limited, or invalidated, always keeping in mind the domain under discussion. It can be said that reducing a metaphor to an analogy is not playing by the rules of metaphor. This is precisely why the tactic is interesting: Analogy does de-metaphorize the talk; metaphor is *playful* talk, analogy *serious* talk, and serious talk is good at countering *playful* talk. Serious talk denounces metaphorical talk as histrionic discourse, and the speaker as playing to the gallery (Hamblin 1970). The de-metaphorization move is certainly relevant when the discussion is on the merits of the case.

In the cases presented above metaphor is open; surprise and pleasure/displeasure are key elements to its success/failure. In the following cases, metaphor is hidden in the fabric of discourse; it is no less efficient but open to new kinds of vulnerabilities.

Fourth, metaphor functions as an explanatory model, when the language of the resource domain it introduces is systematically applied to the domain under discussion. In a hazy context, everything is fine, metaphor plays its stimulating role smoothly. But a structuring metaphor can then be tested and rejected as any other model.

Fifth, participants in the language game have their say in deciding whether an expression is metaphorical or must be taken literally. The case of the *praying/begging* man is clear (see section 9), but that of the nun *doing penance/being tortured* is not. To determine if *penances* are *tortures* is the judge's business; she will reject the plaintiff's claim, arguing that *torture* is metaphorical, and metaphorizing is a basic human right, or accept it, therefore consecrating the re-categorization of *penance* as *torture*.

# References

Aristotle 2005. *Rhetoric*. In Aristotle, *Poetics* and *Rhetoric*. Introduction and notes by Garver, Eugene. *Rhetoric*. Translated by Roberts, W. Rhys 1924. *Poetics*. Translated by Butcher, Samuel H. 1911. New York: Barnes and Noble.

Aristotle 2007. *Rhétorique*. Introduction, translated etc. by Pierre Chiron. Paris: Garnier-Flammarion.

Barbier, Hippolyte 1843. [2nd ed. 1848] *Les Jésuites – par un solitaire. Réponse à MM. Michelet et Quinet*. [The Jesuits – by a loner. Reply to MM. Michelet and Quinet]. Paris: Appert, Amyot, Pilou.

Bilmes, Jack 1991. Toward a theory of argument in conversation. The preference for disagreement. In van Eemeren, Frans H. / Grootendorst, Rob / Blair, J. Anthony / Willard, Charles A. (eds) *Proceedings of the Second International Conference on Argumentation*. Amsterdam: SIC SAT, 462–469.

Black, Max 1955. Metaphor. *Proceedings of the Aristotelian Society, New series*, vol. 55, 273–294.

Black, Max 1962. *Models and Metaphors*. Ithaca NY: Cornell University Press.

Black, Max 1979. More about Metaphor. In Ortony, Andrew (ed.) 1962, *Metaphor and Thought*. Cambridge: Cambridge University Press, 19–43.

Bonhomme, Marc 2005. *Pragmatique des figures du discours*. Paris : Champion.

Braude, Stanton / Lacey, Eileen 1989. Une monarchie révolutionnaire : la société des rats-taupes. *La Recherche*, juillet-août.

Braude, Stanton / Lacey, Eileen 1992. Reply to Comments by Gilles Le Pape. *La Recherche* 247, octobre.

Franceschelli, Sara / Huneman, Philippe 2006. Le rôle de la métaphore en biologie [The Role of Metaphor in Biology] *Berder* mars 2006, 1–8.

Gadoffre, Gilbert 1980. Introduction. In Lichnerowiczetal, André (ed.) *Analogie et connaissance* vol. I : Aspects historiques. Paris : Maloine, 7–10.

Hamblin, Charles L. 1970. *Fallacies*. London: Methuen.

Jarvis, Jennifer 1981. Eusociality in a mammal: cooperative breeding in naked mole-rat colonies. *Science* 212/4494, 571–3.

Kleiber, Georges 2016. Du triple sens de métaphore. *Langue française* 189, 15–33.

Krugman, Paul 2015. The case for cuts was a lie. Why does Britain still believe it? The austerity delusion. *The Guardian* 29 April 2015.

Le Guern, Michel 1981. Métaphore et argumentation. In *L'argumentation*, Lyon : Presses Universitaires de Lyon, 65–74

Le Pape, Gilles 1992. Réaction à [Comments on] Une monarchie révolutionnaire : la société des rats-taupes, Braude, Stanton / Lacey, Eileen 1989. *La Recherche*, octobre.

Maris, Bernard 2003. *Antimanuel d'économie*. Rosny : Bréal.

Merriam-Webster Dictionary. <https://www.merriam-webster.com/>

Michelet, Jules 1966. *Des Jésuites*. Paris : Jean-Jacques Pauvert.

Mousli, Béatrice 2008. Maxime Lévy, apôtre ou martyr? Max Jacob, héros involontaire du Bon Apôtre de Philippe Soupault. *Les Cahiers Max Jacob* 8, 11–24.

Plantin, Christian 2017. Contre les métaphores : une approche par la réfutation de la métaphore argumentative. In Wahl, Philippe / Bonhomme, Marc / Paillet, Anne-Marie (eds), *Métaphore et Argumentation*. Paris : L'Harmattan, 169–186.

Plantin, Christian 2018. *Dictionary of Argumentation*. London: College Publications.

Resche, Catherine 2016. Termes métaphoriques et métaphores constitutives de la théorie dans le domaine de l'économie. *Langue française* 189, 103–116.

Soupault, Philippe 2006. *Littérature et le reste 1919–1931*. Paris : Gallimard.

Wilson, Edward O. 1975. *Sociobiology: The New Synthesis*. Cambridge MA: Harvard University Press.

Wilson, Edward O. 1978. *On Human Nature*. Cambridge MA: Harvard University Press.

MARC BONHOMME

# Les conflits entre séduction et rationalité dans la métaphore argumentative

## 1. Introduction

L'argumentation métaphorique est fréquemment envisagée négative-ment non seulement dans la tradition rhétorique, mais aussi chez les théoriciens modernes. Ainsi, dans l'Antiquité, Quintilien (1978) s'in-terroge sur son bien-fondé en prose ou, au XVIIIᵉ siècle, un rhétoricien comme Crevier (1767 : 90) met ses lecteurs en garde contre les excès où conduisent « ses applications prétendues ingénieuses qui produisent un sens faux et qui dégénèrent en froideur et en petitesse ». Plus près de nous, Martin (1983 : 205) pointe la fragilité de son principe analogique, due à un « sémantisme flou », ou Schulz (2002 : 66) développe l'idée qu'« elle n'a pas de réalité linguistique ». D'autres encore reprochent à l'argumentation métaphorique son accointance avec les « fallacies » (voir van Eemeren/Grootendorst, 1992, ou Wu, 2001).[1]

Dans cette contribution, nous nous proposons de réévaluer positi-vement l'argumentativité de la métaphore, en montrant qu'elle recouvre un large spectre qui lui permet d'agir sur les croyances et les comporte-ments à travers les contextes les plus variés. L'intérêt de cette figure est

---

1 Cette critique à l'encontre de l'argumentation métaphorique est ainsi résumée par Plantin (2016 : 386) : « Si l'on définit la métaphore comme une figure, et les figures comme des ornements, alors la métaphore est fallacieuse sous toutes ses dimensions. L'énoncé métaphorique est faux : « L'électeur est un veau » (Charles de Gaulle) : mais l'électeur n'est pas *un veau* (sens métaphorique), c'est *un être humain* (erreur de caté-gorisation, *category mistake*). C'est une fallacie d'ambiguïté, car elle introduit plu-sieurs niveaux de sens ; un distracteur [. . .]. La métaphore est bannie du langage de l'exposé des résultats scientifiques, sinon de la genèse de ces résultats. Elle ne peut être discutée que si elle est mise sous la forme d'une comparaison ».

en effet qu'elle concilie dans son champ d'action deux facettes *a priori* conflictuelles, la première étant impressive et la seconde rationalisante. Or ces deux facettes correspondent globalement aux deux types d'argumentation théorisés par Grize (1981) : d'une part, l'argumentation « par séduction », basée sur les notions de valeur et d'éclairage ;[2] d'autre part, l'argumentation « par explication », définie par le déploiement d'enchaînements logico-déductifs.

Adoptant une approche rhétorico-pragmatique et nous appuyant sur un corpus diversifié, à la fois médiatico-politique, publicitaire, littéraire et proverbial, nous établirons non seulement comment ces deux types antagonistes d'argumentation se focalisent sur les structures et les réalisations textuelles de la métaphore, mais surtout comment ils conditionnent une grande partie de son fonctionnement, en liaison avec ses capacités d'influence lors de sa réception. Après avoir élucidé la nature conflictuelle de la dimension argumentative[3] de la métaphore, nous examinerons plus concrètement comment ce conflit s'organise et se résout dans quelques-unes de ses manifestations discursives.

## 2. La dimension argumentative conflictuelle de la métaphore

La dimension argumentative conflictuelle de la métaphore se dégage à partir du constat de plusieurs observateurs. Les uns, comme Le Guern (1981), Angenot (1982) ou Charbonnel (1991), soulignent en effet le caractère vague et l'approximation de ses procédures d'influence, qui la rendent

---

2 On trouve dans Bonhomme (2017) une première évaluation sur ce type d'argumentation.

3 Nous empruntons ce concept à Amossy (2000 : 226) : « Il y a *visée* argumentative quand l'objectif de persuasion est explicite et avoué, *dimension* argumentative quand l'argumentation n'apparaît pas comme le résultat d'une intention déclarée et d'une programmation ». En d'autres termes, si la visée argumentative caractérise certains discours à forte intentionnalité, la dimension argumentative est inhérente à de nombreux discours, pour peu qu'ils transmettent des points de vue susceptibles d'influencer les positions et le système de pensée de leurs destinataires.

malaisée à évaluer.[4] Mais inversement d'autres linguistes, tels Kittay (1987), Santibañez (2010) ou Koren (2017), estiment que l'argumentation métaphorique met en jeu des procédures rationnelles non négligeables. En fait, l'analyse des mécanismes de la métaphore donne raison à ces deux positions antithétiques, en ce qu'ils inscrivent au cœur de celle-ci un double potentiel argumentatif, en même temps tensionnel et divergent.

## 2.1 La facette séductrice de l'argumentation métaphorique

Définie comme une « analogie condensée » par Perelman et Olbrechts-Tyteca (1988 : 535), la métaphore comporte un certain nombre de traits qui la prédisposent à une exploitation argumentative impressive, ce qu'illustrent ce titre de la presse écrite et ce slogan publicitaire :

(1)   Tyson, pitbull du ring. (*Paris Match* du 10 juillet 1997)
      [*Contexte :* Agression du boxeur Mike Tyson contre son adversaire Evander Holyfield
      auquel il arracha un morceau d'oreille en le mordant]

(2)   TEATANIC
      (Publicité Migros, dans *TV8* du 03 février 1998)
      [*Contexte :* Annonce pour l'Ice Tea Peach de Migros, à la suite de la diffusion du film
      *Titanic* de James Cameron en 1997]

D'un côté, la métaphore est disponible pour une argumentation ouverte et flexible, à travers la variété de ses recatégorisations, comme la conversion du thé en paquebot en (2), et la malléabilité des processus analogiques qu'elle mobilise. Au niveau de sa production, elle requiert en effet de simples projections allotopiques pour se matérialiser dans les énoncés, par exemple en (1) celle du pitbull-phore sur Mike Tyson. De telles projections sont à la source de nouveaux concepts hybrides (le boxeur-chien dans cette occurrence),[5] sans qu'il soit nécessaire

---

4 Pour l'interprétation aléatoire de la métaphore, voir aussi Prandi (2002 : 81) : « Les
  chemins interprétatifs de la métaphore sont des chemins dont on connaît le début
  mais pas la fin, et qui se perdent tout de suite dans cette forêt inexplorée que nous
  continuons d'appeler, par paresse, analogie ».
5 Nous adoptons ici l'approche métaphorique de Black, dite « interactionnelle » : « Quand nous utilisons une métaphore, nous avons deux pensées de choses

d'effectuer de longues inférences en vue de les justifier discursivement et de les faire admettre. D'un autre côté, en raison de son implicitation plus ou moins prononcée, décelable par l'absence de copule en (1) ou par son amalgame en mot-valise en (2),[6] la métaphore permet une argumentation rapide, fondée sur la fusion d'éléments hétérogènes au moyen d'une prédication minimale.[7] À cela s'ajoute le fait que l'analogie construite est souvent opaque et difficilement contrôlable. Ainsi, en (2), on voit mal au premier abord le rapport entre le thé vendu par la chaîne alimentaire suisse Migros et le Titanic, même si tous deux suggèrent l'activation du sème + *glacé* pour leur interprétation. De surcroît, les termes-phores impliqués dans le processus métaphorique se remarquent couramment par leur taux élevé d'imagerie, au sens des psychologues comme Denis (1989) ou des cognitivistes comme Gibbs (1994), à savoir leur forte concrétisation propre à susciter des images mentales.[8] Cette imagerie tend en outre à être prototypique, en ce qu'elle sélectionne l'exemplaire le plus représentatif d'une catégorie sémantique donnée. De la sorte en (1), la figuration imagée du pitbull apparaît comme le parangon animal de l'agressivité dans l'univers canin, ce qui confère une résonance accrue à celle-ci.

Tous ces traits : flexibilité, implicitation et imagerie convergent pour engendrer une argumentation infra-rationnelle qui caractérise l'argumentation par séduction. Selon Grize (1981), celle-ci consiste à éclairer l'objet du discours en lui donnant une valeur[9] ou en modifiant sa valeur aux yeux de l'auditoire, de façon à entraîner son approbation. Parmi les

---

différentes activées en même temps et supportées par un seul mot ou phrase, dont le sens est une résultante de leur interaction » (Black 1962 : 93).

6 Il s'agit d'un mot-valise par troncation du second terme, consécutivement à une homophonie à l'initiale : *Tea + [Ti]tanic* (Bonhomme 2009a : 104).

7 Sur ce point, on retrouve la dimension brachylogique de la métaphore, relevée par beaucoup de ses analystes qui voient en elle une structure langagière compacte, à l'instar de Henry (1971 : 59) : « La métaphore tend à réduire à l'unité, elle donne l'illusion de réduire à l'unité ».

8 Pour les relations entre métaphore et imagerie, voir Lakoff (1987) ou Bonhomme (2007).

9 Par valeur, il faut entendre les qualités idéalisées ou au contraire péjorées attri- buées à l'objet du discours par ses (co-)énonciateurs. Ce terme constitue ainsi une désignation générique qui recouvre aussi bien les processus de valorisation que de dévalorisation.

procédures produisant un tel éclairage, Grize (1990) mentionne l'analogie et la métaphore, sans pour autant insister sur cette dernière. Or comme nous l'avons expliqué dans une autre étude (Bonhomme, 2014), du fait de son potentiel suggestif lié à l'effet-image de ses transferts concrétisants, la métaphore est l'une des zones sensibles du langage où se manifestent les valeurs. Métaphoriser, c'est en effet non seulement recatégoriser le discours, mais c'est encore l'orienter qualitativement par des évaluations et des investissements appréciatifs ou dépréciatifs, ce qui rejoint la définition de la métaphore comme « jugement de valeur concentré » que donne Charbonnel (1991 : 35). Cette orientation axiologique se traduit par des transvalorisations entre l'univers-phore et l'univers-thème de la figure, lesquelles s'avèrent d'autant plus éclairantes sur le plan persuasif lorsqu'elles se greffent sur des représentations cognitives partagées. Ainsi, la projection sur le boxeur Tyson de la négativité axiologique ordinairement assignée à l'agressivité du pitbull, ou le transfert sur l'Ice Tea Migros de la positivité axiologique attribuée au succès du film *Titanic* de James Cameron à la fin des années 90 ont toutes les chances de séduire les lecteurs[10] et de rencontrer rapidement leur assentiment. Ces transvalorisations se doublent par ailleurs de procédures pathémiques, dans la mesure où elles jouent également sur les affects : affect de répulsion à l'encontre de Tyson transformé en chien dangereux en (1), affect d'attraction envers l'Ice Tea devenu Titanic en (2). La visée argumentative à la base de ces métaphores est que les lecteurs perçoivent ces transvalorisations comme incontestables, de façon à ce qu'ils adhèrent à leur effets disqualifiants en (1) ou qualifiants en (2), pour autant qu'ils les jugent légitimes.

Avec l'argumentation par séduction, nous sommes bien en présence d'une véritable argumentation, puisqu'il s'agit d'influencer les jugements de l'auditoire. Mais on a affaire à une argumentation synthétique, court-circuitée, plus phénoménologique que logique, qui opère davantage selon une participation empathique à des valeurs que sur des calculs et des cheminements inférentiels.

---

10 La séduction est celle du jeu argumentatif sur le montré/caché de la métaphore, entre l'apparence descriptive de son phore imagé et la réalité sous-entendue des valeurs orientées qu'il recèle.

## 2.2 La facette rationnelle de l'argumentation métaphorique

Conjointement à cette facette séductrice, l'argumentation métaphorique comporte une facette rationnelle à travers laquelle elle contribue à construire et à enchaîner des raisonnements. Non plus centrée sur l'axiologie et le pathos, même s'ils peuvent rester à l'arrière-plan, mais sur le logos, cette seconde facette dépend de trois modalités.

### 2.2.1 Modalités linguistiques

La rationalité de la métaphore est d'abord conditionnée par des modalités linguistiques tenant à la nature du phore sélectionné. En particulier, plus ce dernier est soumis à des figements sémantiques, se sédimentant dans les structures lexicalisées de la langue, plus il donne lieu à une signification clôturante qui favorise les enchaînements déductifs. Soit les métaphores barométriques qui rendent compte de la popularité des hommes politiques, comme dans cet extrait d'un article de presse :

(3) Baromètre : Forte hausse pour Edouard Philippe.
Dans le baromètre de *L'Express*, le premier ministre gagne six points. Quant à Emmanuel Macron, il remonte à 48 % d'opinions favorables, ce qui représente une progression de trois points. [. . .] Par contre, Marine Le Pen perd quatre points. Il s'agit donc d'une chute significative pour elle. (*L'Express* du 06 décembre 2017)

Tout en étant identifiables comme des figures conventionnelles, ces projections métaphoriques du domaine météorologique sur le domaine politique visent à donner une rigueur dénotative à la démarche du sondage d'opinion, grâce à la précision du script barométrique qui s'agence autour de trois polarités fonctionnelles : l'instrument (baromètre), le procès (gagner, remonter) et le résultat (hausse, progression). De plus, ce script permet d'établir une métaphore-conclusion (donc chute) à partir d'une métaphore préalable (perdre quatre points).

Pareillement, plus une métaphore s'insère dans des séries paradigmatiques de la langue, plus elle crée des canevas argumentatifs convergents, disponibles pour des mises en texte rationnelles. C'est le cas des syntagmes nominaux bâtis autour de la métaphore du cancer et abondamment exploités dans le discours médiatico-politique, comme l'attestent ces quelques formulations :

(4)   – 4a : Le cancer du chômage (*La Liberté* du 08 avril 2017).
      – 4b : Le cancer du terrorisme (*Le Progrès* du 17 août 2017).
      – 4c : Le cancer du racisme (*Le Matin* du 02 février 2018).
      – 4d : Le cancer de la violence extrémiste (*Le Monde* du 11 mars 2018).

Même si ces métaphores conservent en filigrane leurs effets pathémiques de dramatisation, la prévisibilité du paradigme leur confère une
orientation argumentative sans équivoque en vue de conclusions inva-
riablement contraignantes : donc le chômage, le terrorisme ... doivent
être éradiqués.[11]


## 2.2.2 Modalités cognitives

Sur un autre plan, la dimension rationnelle de la métaphore dépend de
modalités cognitives. Plus celle-ci est stabilisée dans nos représentations communes, plus elle fournit du prêt-à-persuader qui approvisionne
nos raisonnements. Ainsi en est-il pour les proverbes métaphoriques
qui offrent une forte stéréotypie, à l'instar de cet exemple :

(5)   On sait que l'homme est un loup pour l'homme. Aussi ne faut-il pas s'étonner si l'on
      massacre allègrement en Birmanie. (*Le Point* du 15 février 2018)

Tout en laissant la porte ouverte à des inférences spécifiques à chacune de ses contextualisations, le proverbe bien connu « L'homme est
un loup pour l'homme »[12] communique à coup sûr le prédicat stéréo-
typé + *méchanceté*, même si l'on est convaincu de la non-dangerosité
des loups, tant ce trait a du relief dans l'inconscient collectif. Un tel
trait préconstruit étaie tout naturellement des inférences, comme celle
qu'on relève dans cet exemple (5) portant sur le génocide des Rohingas
à l'ouest de la Birmanie : « Aussi ne faut-il pas s'étonner si l'on mas-
sacre [. . .] ».
      Plus fondamentalement, Lakoff et Johnson (1985) ont mis en lumière
le fait que, loin d'être toujours un procédé d'expression occasionnel, la

---

11  Pour d'autres exemples de paradigmes métaphoriques préorientant des enchaîne-
    ments conclusifs, on peut se reporter à Bonhomme (2009b).
12  Ce proverbe métaphorique bénéficie d'une longue tradition, puisqu'il existe déjà
    en latin (*Homo homini lupus est*), notamment chez Plaute et Pline l'Ancien.

métaphore est ancrée dans les zones les plus profondes du langage en liaison avec la pensée. Sous cet aspect, elle est non seulement linguistique, mais avant tout cognitive : « Les métaphores structurent partiellement nos concepts quotidiens et cette structure est reflétée dans notre langage littéral » (Lakoff/Johnson 1985 : 55). Cette littéralisation conceptuelle de la métaphore nourrit une « rationalité imaginative » (Lakoff/Johnson 1985 : 204) qui organise des modèles cognitifs et qui articule des matrices argumentatives d'ordre logico-discursif. Ainsi, étudiant les métaphores liquides qui sous-tendent le discours médiatico-politique sur l'immigration avec des formulations telles que : « les flux de réfugiés », « la vague migratoire » ou « le déluge des migrants », Bang Nilsen (2017 : 366–367) montre comment ces métaphores conceptuelles justifient la méfiance du public envers les immigrés, tout en incitant les responsables politiques à tirer des conclusions allant dans le sens de la fermeture des frontières. Il est possible de faire des constats analogues à propos d'une autre matrice métaphorique, analysée par Gauthier (1994 : 141), qui conceptualise les affrontements politiques, à savoir : *la politique, c'est la guerre.* Soit le passage suivant d'un article de l'hebdomadaire français *VSD :*

(6)    Guerre chez les Le Pen.
       Jean-Marie Le Pen affiche une attitude résolument belliqueuse à l'encontre de sa propre fille. [...] Il n'a pas hésité à attaquer violemment son comportement à l'occasion du débat lors du second tour des présidentielles. [...] Mais au bout du compte, Marine Le Pen parvient à contrer les assauts de son père en gardant la confiance d'une large majorité du Front National. (*VSD* du 11 février 2018)

On observe que cette seconde matrice y rythme le déploiement rationnel de l'argumentaire politique présenté, à travers ses différentes phases : prémisses (posture belliqueuse), corps du développement (attaque violente), stade final (victoire sur l'adversaire).


### 2.2.3  Modalités textuelles

Par ailleurs, des modalités textuelles ne manquent pas de canaliser le fonctionnement des métaphores, les rendant plus aptes à des exploitations argumentatives rationnelles. En premier lieu, la répétition intertextuelle d'une même métaphore la transforme fréquemment en un élément doxal facilement identifiable et suffisamment avéré pour permettre des prises de position argumentées sur une problématique en débat. C'est le cas de la métaphore de la bête à la Renaissance pour désigner la peste dans le discours médical d'alors, laquelle a été récemment étudiée par Montagne (2017 : 323–324) et dont voici quelques occurrences :

(7)    – 7a : La cruelle beste n'espargne nulle espece d'animaux, non plus les sains que les chetifs. (Poupard 1583)
    – 7b : Dès lors que vous orrez quelque bruit de peste, [. . .] ne differez tost vous enfuir, afin de n'estre surpris de la beste pestilente, qui va autant nuict que jour, et plus viste qu'un chat maigre. (Mizauld 1562)
    – 7c : Mais ceste beste furieuse et farouche, aiant gaigné les forts, les serre de si près, [. . .] qu'ils ne peuvent [. . .] luy resister : dont souvent en ensuit la mort. (Nancel 1581)

À travers ses reprises incessantes dans les traités de médecine, la métaphore *la peste est une bête*, devenue banale à force d'être réitérée, alimente de nombreux énoncés non seulement pour argumenter logiquement sur les différents aspects de la peste, comme son caractère pandémique (7a), la rapidité de son action (7b) ou son issue fatale (7c), mais aussi pour inciter les lecteurs à se prémunir contre elle.

En deuxième lieu, dans le cadre d'un texte donné, un énoncé métaphorique, *a priori* obscur, peut se voir rationalisé par une reformulation explicative, à l'exemple de cet aphorisme célèbre de Mao Tsé-Toung :

(8)    Tous les réactionnaires sont des tigres de papier. Au premier abord ils sont terribles, mais en fait, ils ne sont pas si puissants. (Mao Tsé-Toung, *Le Petit Livre rouge*)

Constituant une définition argumentative orientée négativement sur les ennemis de la révolution maoïste, la métaphore paradoxale « tigres de papier » se trouve aussitôt explicitée plus littéralement à l'aide de deux adjectifs (« terribles », « pas si puissants »). Ces derniers recouvrent un argument par dissociation (Perelman/Olbrechts-Tyteca 1988 : 550) qui distingue l'apparence et la réalité de la cible visée.[13]

---

13 L'intelligibilité de cet énoncé métaphorique est également confortée par sa reprise intratextuelle dans une autre pensée du *Petit Livre rouge :* « La bombe atomique est un tigre en papier dont les réactionnaires américains se servent pour effrayer les gens. Elle a l'air terrible, mais en fait elle ne l'est pas ».

Le filage des métaphores dans le déroulement des textes favorise, en dernier lieu, leur naturalisation, la déclinaison de l'univers-phore créant une cohérence progressive au service d'une argumentation raisonnée.[14] Considérons une publicité pour le véhicule tout-terrain Discovery de Land Rover qui représente, dans sa partie gauche, l'image d'un chien de la race saint-bernard en gros plan avec une Discovery au cou en guise de tonneau et, sur sa partie droite, le texte suivant :

(9) Premiers secours en montagne.
Cet hiver, pour une plus grande sécurité en montagne, un conseil. Adoptez un Discovery Killy Sportswear. Issu d'un croisement Land Rover-Killy Sportswear, il fait partie de cette race de grimpeurs infatigables capables de parcourir des kilomètres et des kilomètres dans la neige et le froid sans jamais rechigner. Et pour cause, il a hérité du moteur 2,5 l TDI à injection directe, du différentiel central à blocage manuel, de barres antiroulis avant et arrière, et d'une parka Killy Sportswear isolante, respirante et résistante aux climats les plus rudes. Très prévenant, le Discovery Killy Sportswear s'est aussi doté d'une direction assistée, de l'air conditionné et d'un radio-cassette stéréo avec chargeur 10 CD, ce qui fera de lui un 4 x 4 d'agréable compagnie pour vos longues randonnées en montagne. Aussi, fidèle à sa réputation de montagnard, il est extrêmement prévoyant. Littéralement truffé de systèmes de sécurité, il ne se déplace plus sans son ABS et son double airbag. Imaginez, sa parka peut même être équipée d'une balise émettrice « Recco », qui permettrait aux secours munis du détecteur de vous localiser jusque dans les endroits les plus isolés. Discovery Killy Sportswear. (Publicité Discovery dans *VSD* du 11 octobre 2003)

Surprenante au premier abord, la projection métaphorique de l'univers canin du saint-bernard sur l'univers automobile finit par s'harmoniser avec la logique argumentative de ce texte, contribuant à la renforcer. D'un côté, la motivation analogique entre le saint-bernard, chien pour les sauvetages en montagne, et le tout-terrain est expressément formulée par l'annonceur : « sécurité en montagne », « parcourir des kilomètres et des kilomètres dans la neige ». Cette motivation trouve son aboutissement dans la syllepse[15] « littéralement truffé de systèmes de sécurité » qui amalgame l'isotopie canine (la truffe du chien) et celle

---

14 Pour la corrélation entre filage et cohérence conceptuelle de la métaphore, voir aussi Gréa (2002).
15 La syllepse définit la coexistence en discours de deux ou plusieurs sens différents dans un même signifiant ou dans deux signifiants très proches.

de l'équipement automobile (*truffé de* : « rempli de »). D'un autre côté, le filage métaphorique de l'univers canin assure un étayage rigoureux et graduel des principaux arguments en faveur du Discovery : d'abord, sa sécurité (« premier secours en montagne »), ensuite sa robustesse (« race de grimpeurs infatigables »), enfin son confort (« d'agréable compagnie ») et la richesse de ses aménagements (« extrêmement prévoyant »).

## 3. Une gestion discursive diversifiée des facettes séductrice et rationnelle de la métaphore argumentative

Nous avons vu comment la métaphore est tiraillée entre deux polarités argumentatives conflictuelles : d'une part, l'argumentation par séduction fondée sur la représentation imageante de valeurs et sur l'adhésion empathique à celles-ci ; d'autre part, l'argumentation rationnelle basée sur des démarches logico-déductives plus explicites. Il convient à présent d'approfondir la gestion diversifiée de ces deux polarités conflictuelles dans les discours argumentatifs, en fonction de leurs genres, de leurs thématiques et plus globalement de leurs objectifs. À cette fin, nous nous en tiendrons à quelques cas représentatifs.

### 3.1 Prédominance de l'argumentation par séduction

Certains types de textes privilégient nettement l'argumentation métaphorique par séduction. Parmi eux figurent les publicités pour les parfums qui se distinguent par la brièveté de leurs messages, en général limités à la dénomination du produit, accompagnée d'une image avec parfois un slogan. De plus, leurs structures métaphoriques sont extrêmement denses, se présentant ordinairement *in absentia*, avec une implicitation de leurs motifs, ce que confirment ces quatre annonces publicitaires :

(10)   – 10a : Zanzibar (Van Cleef & Arpels, dans *L'Express* du 10 mai 2011).
   – 10b : Nuits Indiennes (Jean-Louis Scherrer, dans *L'Illustré* du 06 mars 2008).
   – 10c : Miracle. Parfum d'un nouveau jour. (Lancôme, dans *Femme actuelle* du 04 février 2015).
   – 10d : Eternity (Calvin Klein, dans *L'Hebdo* du 16 octobre 2014).

Ces annonces métaphoriques créent des univers chaque fois particuliers dans la gamme des parfums, leurs concepteurs devant mettre en exergue leurs senteurs novatrices par rapport aux marques concurrentes. De surcroît, les métaphores pour les parfums activent une forte imagerie à portée symbolique, elle-même étayée par les représentations visuelles associées, qui oscille entre l'allotopie géographique ou l'exotisme (« Zanzibar » de Van Cleef & Arpels, « Nuits Indiennes » de J.-L. Scherer) et l'utopie[16] (« Miracle » de Lancôme, « Eternity » de Calvin Klein). Cette imagerie confère une valorisation fantasmatique, positivante sur le plan axiologique et euphorique sur le plan affectif, aux parfums promus. D'un point de vue argumentatif, le lecteur ou la lectrice est incité(e) à adhérer spontanément à cette valorisation fantasmatique, une telle adhésion étant susceptible de déclencher son acte d'achat et sa fidélisation au parfum. Mais il s'agit d'une adhésion ouverte et instable, de nature synesthésique, qui dépend de l'imaginaire olfactif et du vécu de chacun. En fin de compte, on est en présence d'une infra-argumentation, d'ordre impressif, qui désamorce en principe le développement de toute inférence.

Il arrive cependant que des ébauches d'argumentation rationnelle interfèrent avec cette argumentation séductrice, comme dans l'annonce ci-après :

(11)   La femme est une île.
   FIDJI est son parfum.
   Guy Laroche. Paris. (dans *Elle* du 18 décembre 2011)

---

16  L'allotopie désigne plus précisément ici un dépaysement vers un espace autre, qu'il soit africain (Zanzibar) ou asiatique (Inde), tandis que l'utopie définit une déperdition dans un espace non réel. Ce sémantisme spatial de la métaphore s'appuie sur l'étymologie du terme *parfum*. Dans les temples de l'Antiquité romaine, le parfum – encens ou myrrhe – était ce qui permettait la communication avec l'au-delà, par l'intermédiaire de la fumée.

On y relève en effet une amorce d'enchaînement inférentiel entre « La femme est une île » et « Fidji est son parfum ». Mais cet enchaînement reste peu motivé, en dépit du fait que Fidji soit aussi une île dans son acception géographique. De même, quand on observe cette autre publicité pour parfum :

(12) YVRESSE.
Une nouvelle émotion.
Yves Saint Laurent. (dans *Femme actuelle* du 14 septembre 2013)

On y voit poindre, en-deçà du mot-valise métaphorique « Yvresse » (Yves + ivresse), le prénom du créateur du parfum, Yves Saint Laurent, ce qui laisse entendre une connexion métonymique Agent-Produit et un argument d'autorité en faveur de l'acquisition de ce parfum. Mais ces indices d'une argumentation plus rationnelle restent fragmentaires et, dans ce genre de texte, la conflictualité rhétorique au sein de la métaphore se résorbe au profit de l'argumentation par séduction.

## 3.2 Cogestion des argumentations séductrice et rationnelle

Dans d'autres occurrences, on constate une gestion équilibrée entre les polarités séductrice et rationnelle de la métaphore argumentative. Par son imagerie et les valeurs qu'il véhicule, le phore a alors une portée impressive. Mais le cadre global de l'énoncé métaphorique fait voir des développements logico-sémantiques à visée persuasive. Cette situation caractérise les enthymèmes dont les inférences conduisent à des conclusions plus ou moins formulées. Mais ils se greffent souvent sur des métaphores suggestives, ce qui entraîne des tensions dans leur processus, à l'instar de cette annonce publicitaire pour une marque de champagne :

(13) L'amour est un miracle. Le champagne aussi.
Voilà pourquoi ils vont si bien ensemble. (Publicité Pommery, dans *Le Point* du 11 août 2017)

Ce petit texte progresse selon une structure déductive (« voilà pourquoi »), même si les deux relations équatives posées dans les prémisses (amour = miracle, champagne = miracle) s'affaiblissent dans la conclusion en une relation de coprésence (amour ∧ champagne). Conjointement, cette organisation analytique se double d'une structure analogique à travers le sémantisme évocateur des termes abstraits de la première proposition (« amour », « miracle »), la double métaphorisation des prémisses (recatégorisation miraculeuse de l'amour et du champagne), ainsi que la confusion instaurée entre les valeurs – affective et merveilleuse – en jeu, celles-ci s'imprégnant mutuellement dans la première proposition pour ensuite imprégner le produit. La visée de cet enthymème est d'accroître l'impact de l'argumentation qui s'adresse à la fois à la raison et aux affects des lecteurs.

On découvre un fonctionnement voisin dans certains proverbes métaphoriques qui s'articulent sur des canevas implicatifs, de type Cause → Effet, comme en témoigne cet énoncé parémiologique bien connu :

(14)  Les petits ruisseaux font les grandes rivières.

Un tel proverbe contient un phore naturel qui offre un éclairage analogique sur la conduite humaine de l'enrichissement progressif et qui est à même d'obtenir une adhésion rapide, vu l'expérience vérifiable par chacun qu'il met en lumière. Ce faisant, il combine une séduction esthétique due à son imagerie[17] et une séduction persuasive résultant de son fonctionnement comme argument par illustration.[18] Mais en même temps cette séduction persuasive est canalisée par un schème formel implicatif qui lui procure une rigueur logique contribuant à son pouvoir de conviction.

À l'occasion, la cogestion des polarités séductrices et rationnelles des énoncés métaphoriques s'effectue de façon décalée. Ainsi en est-il dans divers articles de la presse écrite qui recourent à un titre métaphorique, comme dans celui-ci consacré aux attentats de novembre 2015 à Paris :

---

17  Pour la séduction esthétique attribuée à la métaphore, voir Cicéron (1930) ou Eco (1992).

18  D'après Perelman et Olbrechts-Tyteca (1988 : 481), « l'illustration a pour rôle de renforcer l'adhésion à une règle connue et admise, en fournissant des cas particuliers qui éclairent l'énoncé général, [...] augmentent sa présence dans la conscience ».

(15) Les « balles invisibles » du 13 novembre.
Cauchemars, repli sur soi et possible syndrome post-traumatique, le tribut psychique des attentats est lourd. Chez les militaires, on appelle cela des « balles invisibles ». Des sons, des odeurs, des images qui viennent se loger dans l'inconscient et resurgissent parfois après un long temps de latence, s'imposant à l'individu non pas comme un souvenir que l'on évoque volontairement, mais comme une effrayante reviviscence : on recommence à vivre la scène, malgré soi, des années après l'événement. [. . .] Ils seront innombrables, les « blessés psychiques » de ce vendredi 13. . . Familles qui ont passé des jours et des nuits à chercher l'un des leurs. Proches endeuillés. Blessés physiques qui se sont réveillés dans l'anesthésie, incapables de remettre du sens dans ce qu'ils ont vécu. (*Le Point* du 26 novembre 2015)

On remarque de prime abord un titre énigmatique, à fonction phatique : « Les 'balles invisibles' du 13 novembre ». Ce titre est interprétable comme non littéral en raison de ses guillemets de distanciation et comme métaphorique pour désigner les dégâts psychiques des attentats, à la lecture du texte consécutif.[19] Plus précisément, cet article présente une bipartition de sa dimension argumentative, dont le but est de provoquer une prise de conscience chez les lecteurs à propos des conséquences non visibles de ces attentats. En premier lieu, à travers son argumentation métaphorique par séduction qui se dégage de l'imagerie des balles et de l'accord spontané qu'elle rencontre quant à leur antivaleur, le titre permet de frapper les lecteurs et de donner un premier éclairage tragique sur l'information, traitée selon un mode affectif. Par la suite, le texte argumente rationnellement cette même information, en explicitant la signification du phore (« cauchemar », « syndrome post-traumatique » . . .) et en le motivant par une mise en exergue narrative des effets négatifs des attentats sur leurs victimes.

## 3.3 Prédominance de l'argumentation rationnelle

D'autres contextes, comme les discours didactiques, favorisent plus clairement la polarité rationnelle de l'argumentation métaphorique.

---

19 Dans ce titre, la métaphore des « balles invisibles » s'appuie elle-même sur les balles réelles des attentats, suivant la métonymie Cause (projectiles) → Effet (traumatismes psychiques). Pour une étude des interactions entre métonymie et métaphore, voir Goossens (1990).

En particulier, les récits allégoriques dénonçant une situation trouvent leur fondement dans le fonctionnement intellectualisé de la métaphore argumentative.[20] Soit un extrait de *W* de Georges Perec, récit imaginaire qui relate les pratiques sportives les plus perverties au fond d'une île en Amérique du Sud, et dans lequel on reconnaît une allégorie du nazisme :

(16) Il y a deux mondes, celui des Maîtres et celui des esclaves. Les Maîtres sont inaccessibles et les esclaves s'entredéchirent. Mais même cela, l'Athlète W ne le sait pas. Il préfère croire à son Étoile. [...] Les Dieux du stade pénètrent sur les pistes, en rangs impeccables, bras tendus vers les tribunes officielles où les grands Dignitaires W les saluent.

Il faut les voir, ces Athlètes qui, avec leurs tenues rayées, ressemblent à des caricatures de sportifs 1900, s'élancer coudes au corps, pour un sprint grotesque. [...] Il faut voir ces rescapés du marathon, éclopés, transis, trottinant entre deux haies serrées de Juges de touche armés de verges et de gourdins, il faut les voir, ces Athlètes squelettiques, au visage terreux, à l'échine toujours courbée. (Georges Perec, *W ou le Souvenir d'enfance*)

Ce récit déploie simultanément deux univers corrélés, mais relativement autonomes : l'univers-phore du sport dévoyé, totalement explicité, qui renvoie analogiquement à l'univers-thème du nazisme, implicite, mais suggéré par divers indices. Parmi ceux-ci, on note l'allusion initiale aux « Maîtres » et aux « esclaves » qui reprend la phraséologie nazie, la polysémie du terme « Étoile » qui évoque la marque jaune des Juifs, ou « les bras tendus vers les tribunes officielles » qui rappellent les cérémonies nazies. De même, on peut mentionner « les tenues rayées » ou l'adjectif « squelettiques » qui font penser aux détenus des camps de concentration. Si un tel récit métaphorique n'est pas dépourvu d'imagerie et de tonalité pathétique, il est totalement soumis aux objectifs didactiques et argumentatifs de l'allégorie, lesquels consistent à illustrer et à communiquer indirectement les perversions du nazisme afin de susciter leur condamnation par son orientation négative. De plus, cette allégorie recèle une double rationalité qui assure sa grande cohérence. La première, horizontale, tient à la logique narrative qui structure le

---

20 L'allégorie se définit comme un récit métaphorique « qui illustre, à travers une textualisation-relais et une structure dédoublée, une thématique de base plus abstraite » (Bonhomme 2014 : 68).

développement de l'univers métaphorique du sport dévoyé. La seconde, verticale, est due à la forte homologie sémantique engendrée par les séries de correspondances analogiques qu'on a vues entre cet univers métaphorique et l'univers-thème du nazisme.

La métaphore argumentative fait également l'objet d'un traitement à prédominance rationnelle quand elle est commentée et évaluée à travers des débats. En général, ceux-ci prennent place dans des situations de « dissensus » (Amossy 2000 : 22) au cours desquelles un opposant adopte une position critique envers des métaphores produites lors d'un discours antérieur. Ainsi, dans une étude sur un affrontement polémique entre Michel Houellebecq et Bernard-Henri Lévy, Koren (2017 : 160) montre comment ce dernier soumet systématiquement les métaphores de Houellebecq à la discussion pour les discréditer, les accusant de « rationalité tronquée ». Pareillement, dans un article consacré à la réfutation de la métaphore argumentative, Plantin (2017) analyse différentes stratégies mettant en cause celle-ci, parmi lesquelles figurent sa déstabilisation, le refus de sa pertinence ou l'accusation de fournir un mauvais modèle. Examinons rapidement un dernier texte qui répond à une stratégie analogue. Il s'agit d'un article de François Darras à l'encontre d'un éditorial de Patrick Sabatier au sujet des élections de 2004 en Serbie :

(17)  Les Serbes, peuple infecté.
      Dans son éditorial de *Libération*, Patrick Sabatier, grand admirateur du modèle américain, analyse les résultats des élections serbes en termes de « virus », d'« infection », de « mal difficile à éradiquer », retrouvant ainsi un langage qu'affectionnaient à leur époque les staliniens. Il est évident que si un vote est le signe d'une maladie « virale » et « infectieuse », il y a de sérieuses raisons de s'interroger sur sa signification politique ou sociale. [. . .] Mais n'est-il pas déplacé, voire dangereux, de parler d'« infection » ? Et la poussée nationale-intégriste dans le monde musulman, ou nationale-hindouiste en Inde, serait-elle le résultat d'un virus ? Cette façon de feindre une explication clinique par refus de regarder certaines réalités en face est pour le moins discutable.
      Faut-il enfermer les peuples infectés dans des léproseries ? Rappelons donc ici que même les effets les plus pervers ont des causes dont on ne saurait se laver les mains, que le nazisme s'est nourri de l'injustice du traité de Versailles comme l'islamisme du conflit israélo-palestinien. Seulement, il en est qui refuseront jusqu'au bout de se demander quelles fautes ont bien pu être commises qui expliqueraient le vote serbe. *François Darras.* (*Marianne* du 11 janvier 2004)

Dans cet article, Darras rejette la métaphore conceptuelle de la maladie (« virus », « infection » . . .) pour rendre compte du nationalisme serbe. Cela le conduit à formuler une succession de jugements dépréciatifs afin de la démonter. Il met notamment en doute la légitimité d'une telle métaphore, soulignant ses dangers et son faux pouvoir explicatif, en ce qu'elle empêche de réfléchir sur les véritables causes du vote serbe. La contre-argumentation de Darras fait aussi appel à des raisonnements par l'exemple, avec des allusions au stalinisme ou au nazisme, et par l'absurde : « Faut-il enfermer les peuples infectés dans des léproseries ? ». On est ainsi en présence d'un travail métadiscursif de rationalisation qui s'efforce de mettre à mal le défaut même de rationalité de la métaphore incriminée.

## 4. Conclusion

Au terme de ce parcours, on mesure toute la complexité du fonctionnement argumentatif de la métaphore qui joue, lors de ses mises en discours, sur les dimensions conflictuelles de la séduction et de la rationalité. Si *a priori* par son implicitation, son imagerie et sa propension à capter les valeurs, la métaphore est plutôt encline à séduire – dans l'acception de Grize – et à produire une argumentation impressive, elle présente néanmoins des caractéristiques linguistiques, comme la lexicalisation, la stéréotypie ou le filage, qui la rendent disponible pour une argumentation rationnelle.

Pour ce qui est de la validité de ces deux facettes argumentatives à l'œuvre dans la métaphore, il serait problématique de vouloir les hiérarchiser, en accordant une prééminence aux procédures inférentielles de la seconde, perçues comme logiquement satisfaisantes, au détriment des procédures empathiques de la première, vues comme floues et approximatives. En effet, toutes les deux s'avèrent pertinentes au même degré selon les contextes qui les mobilisent et l'essentiel est qu'elles soient en adéquation avec les objectifs argumentatifs des discours qui les prennent en charge. Ainsi qu'on l'a vérifié, la facette séductrice de la métaphore est tout à fait appropriée pour les situations discursives qui demandent une argumentation rapide et suggestive, comme les titres de la presse, les slogans publicitaires ou les proverbes. Par contre, sa facette rationnelle a entièrement sa place dans les situations discursives qui privilégient une argumentation plus rigoureuse et davantage circonstanciée, à l'instar des développements explicatifs, dialectiques ou didactiques. Plus globalement, la capacité de la métaphore à combiner des modalités argumentatives antagonistes confirme sa grande puissance de persuasion dans les occurrences les plus diverses et justifie pleinement qu'on la considère comme « la figure des figures » (Genette 1970 : 165).

## Références bibliographiques

Amossy, Ruth 2000. *L'Argumentation dans le discours*. Paris : Nathan.

Angenot, Marc 1982. *La Parole pamphlétaire*. Paris : Payot.

Bang Nilsen, Catrine 2017. Usages argumentatifs de la métaphore et représentation des mouvements migratoires dans la presse francophone. In Bonhomme, Marc / Paillet, Anne-Marie / Wahl Philippe (éds) *Métaphore et argumentation*. Louvain-la-Neuve : Academia, 355–371.

Black, Max 1962. *Models and Metaphor*. Ithaca : Cornell University Press.

Bonhomme, Marc 2007. Sémantique de la métaphore et imagerie. In Trotter, David (éd.) *Actes du 24e Congrès international de linguistique et de philologie romanes*. Tübingen : Niemeyer, vol. 4, 17–30.

Bonhomme, Marc 2009a. Mot-valise et remodelage des frontières lexicales. *Cahiers de praxématique* 53, 99–120.

Bonhomme, Marc 2009b. De l'argumentativité des figures de rhétorique. *Argumentation et analyse du discours*. 2. <http ://aad.revues. org/index495.html>

Bonhomme, Marc 2014. *Pragmatique des figures du discours*. Paris : Honoré Champion.

Bonhomme, Marc 2017. La métaphore comme argumentation par séduction. In Bonhomme, Marc / Paillet, Anne-Marie /

Wahl, Philippe (éds) *Métaphore et argumentation*. Louvain-la-Neuve : Academia, 135–152.

Charbonnel, Nanine 1991. *Les Aventures de la métaphore*. Strasbourg : Presses Universitaires de Strasbourg.

Cicéron 1930. *De l'orateur*, vol. 3. Paris : Les Belles Lettres.

Crevier, Jean-Baptiste Louis 1767. *Rhétorique française*. Paris : Saillant & Dessaint.

Denis, Michel 1989. *Image et cognition*. Paris : PUF.

Eco, Umberto 1992. *Les Limites de l'interprétation*. Paris : Grasset.

Eemeren, Frans H. van / Grootendorst, Rob 1992. *Argumentation, communication, fallacies*. Mahwah (New Jersey) : Lawrence Erlbaum.

Gauthier, Gilles 1994. La métaphore guerrière dans la communication politique. *Recherches en communication* 1, 131–147.

Genette, Gérard 1970. La rhétorique restreinte. *Communications* 16, 158–171.

Gibbs, Raymond W. 1994. *The Poetics of Mind : Figurative Thought, Language and Understanding*. Cambridge : Cambridge University Press.

Goossens, Louis 1990. Metaphtonymy : the interaction of metaphor and metonymy in expressions for linguistic action. *Cognitive Linguistics* 1(3), 323–340.

Gréa, Philippe 2002. Intégration conceptuelle et métaphore filée. *Langue française* 134, 109–123.

Grize, Jean-Blaise 1981. L'argumentation : explication ou séduction. In *L'Argumentation*. Lyon : Presses Universitaires de Lyon, 29–40.

Grize, Jean-Blaise 1990. *Logique et langage*. Paris : Ophrys.

Henry, Albert 1971. *Métonymie et métaphore*. Paris : Klincksieck.

Kittay, Eva Feder 1987. *Metaphor*. Oxford : Clarendon Press.

Koren, Roselyne 2017. La métaphore axiologique et ses auditoires : une fonction critique dans tous ses états. In Bonhomme, Marc / Paillet, Anne-Marie / Wahl, Philippe (éds) *Métaphore et argumentation*. Louvain-la-Neuve : Academia, 153–168.

Lakoff, George 1987. *Women, fire and dangerous things*. Chicago : University of Chicago Press.

Lakoff, George / Johnson, Mark 1985. *Les Métaphores dans la vie quotidienne*. Paris : Éditions de Minuit.

Le Guern, Michel 1981. Métaphore et argumentation. In *L'Argumentation*. Lyon : Presses Universitaires de Lyon, 65–74.

Martin, Robert 1983. *Pour une logique du sens*. Paris : PUF.

Montagne, Véronique 2017. La métaphore de la « beste »: une figure argumentative des traités de peste de la Renaissance. In Bonhomme, Marc / Paillet, Anne-Marie / Wahl Philippe (éds), *Métaphore et argumentation*. Louvain-la-Neuve: Academia, 319–334.

Perelman, Chaïm / Olbrechts-Tyteca, Lucie 1988. *Traité de l'argumentation*. Bruxelles : Éditions de l'Université de Bruxelles.

Plantin, Christian 2016. *Dictionnaire de l'argumentation. Une introduction aux études d'argumentation*. Lyon : ENS Éditions.

Plantin, Christian 2017. Contre les métaphores : une approche par la réfutation de la métaphore argumentative. In Bonhomme, Marc / Paillet, Anne-Marie / Wahl Philippe (éds) *Métaphore et argumentation*. Louvain-la-Neuve : Academia, 169–185.

Prandi, Michele 2002. Métonymie et métaphore : parcours partagés dans l'espace de la communication. *Semen* 15, 71–81.

Quintilien 1978. *Institution oratoire*, vol. 5. Paris : Les Belles Lettres.

Santibañez, Cristián 2010. Metaphors and argumentation : the case of Chilean parliamentarian media participation. *Journal of Pragmatics* 42/4, 973–989.

Schulz, Patricia 2002. Le caractère relatif et ambigu du concept traditionnel de métaphore et la construction du sens lexical. *Semen* 15, 59–70.

Wu, Kuang-Ming 2001. *On Metaphoring : A Cultural Hermeneutic*. Leiden/Boston/Köln : Brill.

Martin Solly

# 'It's Like Herding Cats': Metalanguage and Metaphor Use in Disclosure and Nondisclosure Discourse

## 1. Introduction

This chapter brings together two areas of linguistic study, metalanguage and conceptual metaphors, in order to focus on some specific aspects of the language used in the discourse of disclosure and nondisclosure. The study of metalanguage looks at how the referential and self-referential nature of language use marks personal and group identities, through its deployment of framing devices and stylisation. Metalinguistic analysis[1] shows how "metalanguage can work at an ideological level, and influence people's actions and priorities in a wide range of ways, some clearly visible and others much less so" (Jaworski et al. 2004: 3). It thus explores how "speakers and writers make active and local use of the metalinguistic function of language in goal-directed ways *in* communicative acts and events themselves" (Jaworski et al. 2004: 3, original emphasis). Conceptual metaphors (the principal focus of many of the chapters presented in this volume) are an especially interesting aspect of metalanguage, because of the way they conceptualize and structure discourse. They act as conduits (Reddy 1993) and are deeply embedded ways of thinking (Musolff 2016), with a range of functions including identification and ideological framing. "In very simple terms, framing involves talking about one thing in different ways. This can be done

---

1 Verschuren emphasizes the pragmatic aspect of metalanguage due to its "necessary relation to usage phenomena" and suggests that *"the study of the metalinguistic dimension of language* could be called *metapragmatics* (2004: 55, original emphasis)".

by choosing one word rather than another, as in calling something a 'crime' rather than a 'misdemeanour'. The goal of talking about one thing in different ways can also be achieved by the use of metaphor" (Janicki 2015: 38). Metaphors can be highly effective. So if, for example, the verb 'strut', often associated with the movement of peacocks, is used to describe the movement of a high-ranking military officer, as in the sentence 'The general strutted across the room', the officer's character and role are framed more effectively and atmospherically, than if the straightforward verb 'walk' had been deployed, as in 'The general walked across the room'.[2]

Yet, as Tourish/Hargie (2012) and Plantin (this volume) point out, metaphors can fail for a number of reasons. They also have the potential for generating misunderstanding, especially when there is an information gap between the writer and the reader or the speaker and the listener. Such a gap could be due to many factors. It might be the result of an intentional exclusion. For example, medical practitioners occasionally use technical terminology to discuss the medical condition and potential treatment of their patients in front of them, in the knowledge that the patients are unlikely to know the specific vocabulary. The exclusion might also be unintentional, for example, through the use of culture-bound terminology that the recipient might not know (Valdes 1986). Thus, the ability to recognize a metaphor, whether consciously or unconsciously, can exclude or include listeners and readers, impacting on their powerfulness or lack of power in a specific situation. Indeed, metaphors can play a significant role as markers of exclusiveness and inclusiveness and in-groups may intentionally create their own kind of discourse. For example, Eckert (2000) and Moore (2004) have shown how adolescent style groups can construct and practise styles of dress, behaviour and language, which clearly demark them as different and distinct from other teenage groups in their local area. Teenagers thus demonstrate their metalinguistic awareness, trying out various identities and observing how others react to these identities (Garrett et al. 2004: 194). Comprehension of metaphors can therefore

---

2  Framing can also be achieved through images; see, for example, Conoscenti (this volume) on how cartoons and cartoonists deliberately influence and guide their readers' cognition.

act as a shibboleth, dependent on shared knowledge and controlling specific inclusion/exclusion mechanisms. It can also play a distinct role in communication failure. Thus, in English as a Medium of Instruction (EMI) courses, some students might fail to understand the meaning of idiomatic or metaphorical language used to convey information by their lecturers. Indeed, truncated repertoires, also those of native speakers (Blommaert 2010), can severely impair or affect language competence. Moreover, a "misunderstanding triggered by a metaphor can have knock-on effects on how the rest of a text is processed" (Candlin/Sarangi 2003: vii-viii). Conversely, language proficiency and successful metaphor comprehension have a gatekeeping mechanism that empowers members of discourse communities. Therefore, language proficiency plays a role in the powerfulness or powerlessness of language users. This is certainly the case for courtroom interactions as various studies have shown (see, for example, Conley/O'Barr 1998; Anesa 2012). But it is not the only factor, as for example we will see below in section 4.3.

This chapter will first briefly introduce the notions and the different kinds of metalinguistic acts used in the discourse of disclosure and nondisclosure. It would appear that the disclosure and nondisclosure of knowledge and information is taking on an increasingly central role in various important spheres (social, legal, economic, medical, political, military), strongly influenced by the transformations made possible by the changing affordances in digital communication. The chapter will then provide some exemplification of the actual use of disclosure and nondisclosure discourse in a number of specific contexts, in order to illustrate some of the evolving trends[3], as well as the links between the metalinguistic act of disclosure-nondisclosure and that of the conceptual metaphor. It will look at the important issue of language choice and the relationship between language choice (in particular that of metaphorical conceptualizations) and language change (with specific regard to the language of the law). The aim is to focus on a number of current metaphorical conceptualisations linked to disclosure and

---

3 In the English legal terminology some key concepts are no longer expressed with the traditional Latin usage, as we will see in section 4.3 on the language of marine insurance below.

nondisclosure, such as 'transparency', 'leaks'[4], 'tip-offs'[5], 'cover-ups'[6], 'whistleblowing'[7] and 'dog whistles' (see section 4.4), as well as on the metalanguage underpinning the evolution of communication practices in these texts. Finally, the chapter will draw together some of the key features and paradoxes underlying the use of metaphors in disclosure and nondisclosure discourse with the aim of making some sense of the metaphorical conceptualizations in this area and then suggest some potential avenues for future research.

## 2. Disclosure and nondisclosure

Disclosure, 'the action or act of making known or visible' (OED), and nondisclosure, 'failure or refusal to make something known: lack of disclosure' (MW), are essential features in the dissemination of knowledge and information. They may also have significant ethical and legal dimensions, which can sometimes be controversial. For example, should secrets be shared? Should the whole truth always be told; thus should disclosure be complete or partial? After all, telling the truth is a foundation stone of the rule of law (Marmor 2014). What about silence and omission to disclose, i.e. nondisclosure? Ethical and legal issues linked to the disclosure or nondisclosure of information and knowledge have always been important in the law and are increasingly the focus of widespread discussion and debate linked to the current emphasis on ethical conceptualizations such as accountability and transparency (Rawls 1971; Candlin/Crichton 2013). Saul (2012) has drawn attention to the ethically significant distinction between lying and misleading, while the philosophical/linguistic aspects have also received considerable attention (see, for example, Gadamer 1989; Irwin 2001; Coupland

---

4  Improper or deliberate disclosure of (secret or confidential) information (OED).

5  Pieces of information, especially ones given to the police about criminal activity (OED).

6  Hide from view; conceal, prevent the perception or discovery of (OED).

7  Draw attention to (something illicit or undesirable), inform on a person or activity (OED).

2004; Wilson 2004; Healy 2015). It is interesting to note the widespread adoption and evolution of disclosure and nondisclosure discourse in the communication and news-oriented professions[8], as well as in current military doctrine.[9]

Indeed, in many key spheres of contemporary social life there is an obligation to disclose certain information – the duty of disclosure – enshrined in the law, and failure to disclose knowledge and information can have significant consequences. Thus, for example, the nondisclosure of information can void an insurance contract. This legal obligation to disclose or not to disclose certain information is an essential component in many insurance policies. Disclosure and nondisclosure therefore play a key role in some important areas of professional and academic communication. In many countries, disclosures must be made in the warnings on cigarette packets, for example, or in the healthcare information printed on the Patient Information Leaflets (PIL) distributed with medicines. Academics submitting articles for publication in a scientific journal are expected to declare any conflicts of interest, and academic publications often contain specific disclosure clauses. Non Disclosure Agreements (NDA, also known as 'gagging orders') are regularly stipulated by celebrities to protect their privacy. This chapter will outline and exemplify some of the ethical issues and paradoxes that lie at the core of the disclosure/nondisclosure debate, paying attention to the evolution of some the metaphorical conceptualizations. It will look at them through the lens of the metalanguage and communicative strategies (Solly 2016) deployed in four main areas: the paradoxical nature of the *Miranda* warnings in the

---

8  Wardle and Derakhshan (2017: 5, 20) distinguish between: 'misinformation' (when false information is shared, but no harm is meant, i.e. unintentional mistakes, such as inaccurate photo captions, dates, or when satire is taken seriously); 'disinformation' (when false information is knowingly shared to cause harm, such as fabricated or deliberately manipulated audio/visual content, or intentionally created conspiracy theories or rumours); and 'malinformation' (when genuine information is shared to cause harm, often by moving information designed to stay private into the public sphere, e.g. through leaks and hate speech).

9  Verbs such as 'inform', 'misinform', 'disinform' and 'deceive', and their related nouns 'information', 'misinformation', 'disinformation' and 'deception', are now paramount in today's military 'inform and influence' doctrine (Michelangelo Conoscenti, personal communication).

USA (4.1); the recent increase in the use of 'whistleblowing' and 'gagging orders' and the related debate (4.2); the evolution of the traditional language of marine insurance (4.3); the controversial use of 'dog whistles' in contemporary political discourse (4.4).

## 3. Disclosure and nondisclosure metaphors

The discourse of disclosure and nondisclosure is not static, however, and the evolving trends in terminology include a considerable expansion of new terminology, euphemisms and metaphors to describe and classify disclosure and nondisclosure conceptualizations. Current metaphorical conceptualisations linked to disclosure and nondisclosure include terms such as 'transparency', 'breaking news', 'tip-offs', 'cover-ups' 'leaks', 'smearing'[10], 'grassing'[11], 'sneaking'[12], 'whistleblowing', 'dog whistling' and gagging[13] orders. Disclosure has an important role in the discourse of psychology where, for example, the onion metaphor is commonly use for the different levels of revelation. As far as sporting metaphors are concerned, a well-known one in disclosure/nondisclosure discourse is linked to playing cards: 'putting ones cards on the table', 'having a card up one's sleeve', or 'playing a secret card'.[14] The transparency metaphor (Ball 2009; Christensen/Cornelissen 2015; Koivisto 2016) is a key concept in current political, legal and ethical discourse. Sturges (2007) points out that transparency "is a slightly curious concept, in that it is

---

10   (Attempt to) discredit (a public figure, a person's reputation) by slanderous stories (OED).
11   Betray (someone); inform the police about someone (OED).
12   Turn informer (OED).
13   Stop the mouth of (a person) to prevent speech or outcry (OED).
14   Two playing card metaphors referring to the political scene appeared as headlines in Italian newspaper La Stampa in the run-up to the national elections in 2018. On 22 February 2018, one of the headlines was: *Di Maio scopre le carte* (puts his cards on the table 'by naming the ministers who would be in his future government', my translation). While, on 07 April 2018, the other headline read: *Gentiloni, carta segreta di Di Maio per fare breccia tra i democratici* (Gentiloni, Di Maio's secret card to split the democrats, my translation).

concerned with an absence: the absence of concealment. In that concealment permits corruption, transparency as the absence of concealment is a positive and important concept." By introducing the concept of transparency, systems of public and corporate governance can insist on accountability, which is therefore the underlying rhetorical purpose of transparency. As Fenster (2010) points out, transparency thus operates simultaneously in two ways:

> It constitutes a technical concept that, when properly implemented in law and regulation, produces goods deemed essential for a democratic society: [...] At the same time, transparency also offers a highly charged metaphor of a corrupt, secretive state that must be made visible.

The juxtaposition and antithetical deployment of some disclosure and nondisclosure metaphors and metalanguage can be seen in the three sentences below, taken from a short article in *The Guardian* of 06 April 2018, titled "Slovakia: thousands protest against business-as-usual under new leaders" about an anti-corruption demonstration held in Bratislava (Walker 2018,[15] my emphasis):

(1) Slovakians take to the streets amid fears of a *cover-up* in journalist's killing.

(2) Now, five weeks after the killing of Ján Kuciak and Martina Kušnírová, many worry that the new leaders will return to business as usual and *sweep corruption scandals under the carpet*.

(3) There are some signs of a new public engagement with politics. Balogová said that in the weeks since Kuciak's murder, her newspaper had seen a huge number of people *getting in touch with leaks*, *tip-offs* and documents relating to corruption.

In (1) the expression 'cover-up' highlights the intentional hiding of the story from the public, which is returned to in the reference in (2) to 'sweeping the scandal under the carpet'. While in (3), the Slovakian journalist, Beata Balogová, lists the various ways a large number of people have been contacting her newspaper, including 'leaks' and 'tip-offs'. Again, there is an antithetical contrast between the 'cover-up' and sweeping under the carpet' metaphors and the 'tip offs' and 'leaks'.

---

15 The first sentence (1) was in the earlier versions of this article, but not in the one currently available online.

Cognitive metaphors may work in antithesis (Goatly 2007), thus 'whistleblowing' and 'transparency' are generally considered to be positive while 'smearing', 'sneaking', and 'opaqueness' have strong negative connotations. The choice of metaphor enables the author to conceptually frame a topic being presented. Some terms can have both a positive and a negative valence depending on the context and user. 'Leaks' and 'leaking' generally convey the idea of a liquid leaking from a ship or a barrel, and thus the negative concept of a unit or organization not being watertight, as regards the diffusion of confidential information that is not for public disclosure.[16] These days, the two terms might on some occasions be considered less negatively and thus not necessarily fit neatly into Wardle and Derakhshan's 'malinformation' category (2017: 20). For example, information may intentionally be leaked by government departments or companies as an informal way[17] of informing the public and press about news items (and thus receiving input on the public's reaction to the issue), ahead of their official release. Thereby, such leaks potentially enable the policies and/or programmes on which the news items are based to be modified, on the basis of the public's reaction prior to the final release date.

Leaking information can also be highly controversial. Thus, the international non-profit organization which founded and runs the WikiLeaks website aimed and aims "to bring important news and information to the public [. . .] One of our most important activities is to publish original source material alongside our news stories so readers and historians alike can see evidence of the truth".[18] The government departments, secret service agencies, multinational corporations and so on, whose secrets are being, or have been leaked could well be

---

16  Normally, in the political world, a leak is not considered in a positive way. The Italian translation is *fuga di notizie* ('news leak', metaphorically like a *fuga di gas*, a 'gas leak') and always has a negative connotation.

17  Or, rather, an unfair practice, enabling the leaker to float an idea or a piece of news and test out its possible reception (to see which way the wind is blowing) before it becomes real news. This can put the journalist reporting the leak at a disadvantage: it could be a scoop, but it could also be an unfounded rumour. Either way, the politician can disclaim direct ownership.

18  <https://wikileaks.org/About.html>

less than delighted at such disclosures. Branum and Charteris-Black (2015), for example, chart the reporting of the Edward Snowden affair[19] by three British newspapers (*The Guardian, Daily Mail* and *The Sun*), showing how the British newspapers offer radically different ideological perspectives in their coverage of the same events. Branum and Charteris-Black themselves disclose that they:

> [...] use the term 'surveillance' in an attempt to describe the act of monitoring the public neutrally, yet 'surveillance' may activate an Orwellian mental model. Many other words could have been used, such as 'snooping', 'spying', 'eavesdropping', 'listening' and 'investigating' – all of which have different connotations to different readers depending on their mental models. This shows that it is difficult to avoid conveying an ideology and stance in writing, due to the inherent, and sometimes personal, associations embedded within words. (2015: 218)

As regards metaphorical conceptualizations in the language of the law, Richards (2014: 14) points out that most metaphors in legal English are lexicalized, since their aim is to present legal concepts:

> [...] in a memorable, vibrant and concise manner that uses plain vocabulary and establishes a comparison with a domain that is culturally easy to relate to. Yet, let us not be fooled by a plain English signifier. The use of such vocabulary does not mean that technicality is eradicated from the concept. Those which are less technical are efficiently conveyed through a metaphor. But those which are complex are conveyed just as efficiently. The point is not to make legal concepts accessible to everybody (though some do). It is to make them strike the mind.

## 4. Disclosure and nondisclosure in action

In this section, the chapter looks at four specific aspects relating to the discourse of disclosure and nondisclosure. The first of the

---

19 An American whistleblower, Snowden leaked highly classified information from the United States National Security Agency (NSA) in 2013 when he was a Central Intelligence Agency (CIA) contractor. His disclosures revealed widespread secret surveillance activities carried out by the NSA and the UK Government Communications Headquarters (GCHQ), with the cooperation of telecommunication companies, and triggered considerable debate about the relationship between national security and individual privacy.

exemplifications examines some of the philosophical, ethical and legal aspects of the right to silence, in close juxtaposition to the duty of disclosure. It does this by focusing on the *Miranda Warnings* in the United States, through the lens of a short excerpt from Lee Child's first Reacher crime novel *Killing Floor* (1997), which emphasizes the paradoxical nature of the *Warnings*. The second contrasts the metaphorical conceptualizations of 'gagging orders' and 'whistleblowing'. The third takes a look at the evolution of the conceptualizations of disclosure and nondisclosure in the statutory language of marine insurance. The fourth and final example examines the ethical and legal interplay of the selective communication technique known as 'dog whistling'.

### 4.1 Miranda warnings

In this section, the chapter looks at the deployment of the duty of disclosure known as the *Miranda Warnings* in the United States. Often, just the term *Miranda*, which functions metonymically, is used. After the United States Supreme Court decided in 1966 in the case of *Miranda v. Arizona* that, before interrogating suspects, the police were required to warn them of their constitutional rights in the light of the Fifth and Sixth Amendments to the Constitution (Berk-Seligson 2002: 128 ff). It will look at the *Miranda Warnings* through the writing of Lee Child, the crime writer (real name James Dover Grant), whose main character Jack Reacher is a former military policeman and whose novels are largely set in the United States. In this extract from the first Reacher novel, *Killing Floor* (1997), Reacher, who has just been arrested, reports the declaration of the *Miranda Warning* (the first paragraph of the excerpt below), but at the same time explains to the reader why Reacher has said nothing (availing himself of the right to nondisclosure):

(4) 'You are under arrest for murder,' he said. 'You have the right to remain silent. Anything you say may be used as evidence against you. You have the right to representation by an attorney. Should you be unable to afford an attorney, one will be appointed for you by the State of Georgia free of charge. *Do you understand these rights?*'

(5) It was a fine rendition of Miranda. He spoke clearly. He didn't read it from a card. He spoke like he knew what it meant and why it was important. To him and to me. *I didn't respond.*

(6)     '*Do you understand your rights?*' he said again.

(7)     *Again I didn't respond.* Long experience had taught me that absolute silence is the best way. Say something, and it can be misheard. Misunderstood. Misinterpreted. It can get you convicted. It can get you killed. Silence upsets the arresting officer. He has to tell you silence is your right but hates it if you exercise that right. I was being arrested for murder. *But I said nothing.*

(8)     '*Do you understand your rights?*' the guy called Baker asked me again. '*Do you speak English?*'

(9)     He was calm. *I said nothing.* [. . .]

(10)    'OK, make a note, *he's said nothing,*' he grunted. 'Let's go.' (Child 1997: 13–14, my emphasis)

The dilemmas faced by the police officer and the suspect at this key moment in the arrest of a suspect are revealed. It is a moment that some of us might possibly have experienced firsthand, but one that all of us will have certainly experienced secondhand, reading novels or detective stories, watching movies or TV series. It is an occasion that has also been widely discussed in the legal literature. In any case, the police officer has the legal duty to disclose the right to silence (thus nondisclosure) to the arrested suspect. Usually, the *Miranda* delivery is rapid and might be read from a card (in some US States, the card is in both English and Spanish). In this extract, the warning is delivered carefully by the police officer and the reader of the novel has the insider's privilege of having Reacher's thoughts and mental processes presented in the first person.

The care with which the police officer delivers the *Miranda Warning* in (4) can be seen in the repetition of the questions relating to the suspect's comprehension. First, 'Do you understand these rights?' Then, the near perfect repetition, repeated twice in (6) and (8), 'Do you understand your rights?' Finally, the question in (8), checking that there is no communication failure due to culture-bound language, 'Do you speak English?' Reacher comments in (5) on the quality of the police officer's delivery, 'It was a fine rendition of *Miranda.* He spoke clearly. He didn't read it from a card. He spoke like he knew what it meant and why it was important. To him and to me.'

During the interchange, Reacher, in (7), explains the power relationships at stake in the reading of *Miranda*, showing how, on

131

balance, by remaining silent, the arrested person maintains more power, thus respecting the original aims of the lawmakers who drafted the Warnings.

Reacher also stresses in (7) his choice to remain silent and not answer the specific repetitive questioning regarding his understanding, 'I didn't respond' in (5), which he repeats in (7), 'Again I didn't respond', and then explains for the reader's benefit, 'Long experience had taught me that absolute silence is the best way. Say something, and it can be misheard. Misunderstood. Misinterpreted. It can get you convicted. It can get you killed. Silence upsets the arresting officer. He has to tell you silence is your right but hates it if you exercise that right. I was being arrested for murder. But I said nothing.' The final sentence is then repeated (9) in response to the police officer's repeated question, 'I said nothing'. The police officer, whose name in (8) is revealed to be Baker (another disclosure), then in (10) repeats the sentence that Reacher has never actually uttered aloud (only the reader has 'heard' his silence), 'OK, make a note, he's said nothing'.

The over perfect rendition of *Miranda* turns out to be one of the clues to solving the murder case, where the police need to frame (sic) the suspect, in order to protect a criminal cartel including the local police chief. *Killing Floor* was the first Reacher novel, but by no means the last. There are currently twenty-four novels in the bestselling series. In this short extract, Lee Child reveals and discloses to the reader much about Reacher's style and personality. Child's writing in the Reacher novels has also been the subject of close scrutiny. In 2015, writer Andy Martin spent over six months watching Child at work during his process of creating and writing his twentieth Reacher novel, *Make Me*. Martin then published a volume analyzing how Child writes, described as "at once biography, textual analysis and novelistic reconstruction of Child's internal monologues, done lovingly in the style of Child's own thrillers" (Poole 2015). Interestingly, the title of Martin's volume *Reacher Said Nothing: Lee Child and the Making of 'Make Me'* (2015) contains the words 'Reacher said Nothing'. The phrase captures the communicative (and philosophical) expressivity of Reacher's carefully framed, if somewhat taciturn, character and discourse: his awareness of the disclosure/nondisclosure dilemma, as we have seen above. The concept of 'nothingness' is emphasized by both Child and Martin (2015: 35, 40, 122, 240). Martin links this to Wittgenstein's theory of language: "There is a line right at the end of the *Tractatus Logico-Philosophicus* (proposition 7) which anticipated *Reacher said nothing*: 'Whereof one cannot speak, thereof one must be silent'" (2015: 256, original emphasis).

## 4.2 Whistleblowing and gagging orders

What the press might describe as 'gagging orders', using the metaphorical conceptualization of the 'gag' physically binding a mouth to silence, are usually known in legal terms as Non Disclosure Agreements (NDA), as mentioned above, or confidentiality clauses. Thus, for example, employees might be asked to sign such agreements, under which they waive their right to legal action (often in return for a sum of money), to prevent them from communicating with the press, the police or the courts, about their current or former employer or work situation, or the circumstances under which they left their employment. Any such disclosures, for example in the form of a claim for unfair dismissal at an employment tribunal or a claim for breach of contract, could then be subject to legal action. Similar 'gagging orders' could also be imposed by judges to protect the right to privacy of individuals.

However, there would seem to be a clash of interests between NDA and 'whistleblowing', between the right of the individual to privacy and that of the community to transparency. A number of recent high profile legal cases in the United States and the United Kingdom, widely reported by the press, have drawn attention to the issue. In the UK, for example, facing allegations of sexual harassment by several of his employees, the Topshop (Arcadia Group) owner, Sir Philip Green, referred to the NDA his lawyers had drawn up preventing the employees from contacting the police. These NDA were initially upheld by the courts, which granted an injunction preventing the press from mentioning his name in the reporting of the case. However, Green's identity was available on the Internet and was also revealed in Parliament by an MP using parliamentary privilege to make the disclosure.[20] This led to considerable debate and investigation over the issue of whether the drawing up of such NDA was in actual fact improper and unethical, or even illegal. Certainly, the 'gagging order' can be said to have contrasted strongly with the act of 'whistleblowing'. There are some distinctions between the private and public spheres, but under the terms of the United Kingdom 1998 Public Interest Disclosure Act, the courts should protect 'whistleblowers'. Indeed, legislation protecting the rights of 'whistleblowers' has been introduced into various jurisdictions, with the term taking an important position in the political and legal vocabulary and not just in the English language jurisdictions.[21] Such NDA are illegal in a number of States in the USA, including California. Yet, perceptions in the British general public seem slow to change and 'gagging orders' can still operate as a "kind of deterrent" (Swinford 2013).

A similar scenario has unfolded in the United States over the multiple legal allegations accusing the American movie mogul Harvey Weinstein of sexual misconduct, harassment and rape. In a parallel action in the United Kingdom, Zelda Perkins, one of Weinstein's former assistant at Miramax (the mogul's British operation), said she had

---

20 The evolution and changes in the legal terminology are also linked to the challenges to the existing legal measures. So, for example, in the United Kingdom the fact that 'gagging orders' (NDA) can be challenged by Members of Parliament who are protected by their right to parliamentary privilege has led to increased debate regarding their ethical and legal validity.

21 Interestingly, the Italian legal, political and press communities generally prefer to use the English term 'whistleblowing', rather than *segnalatore o segnalante di illeciti* (literally, 'reporter or reporting of offences'), the term used in the relevant Italian law 179 of 30 November 2017, or the other possible but less specifically accurate alternatives, like *informatore* ('informer') or *collaboratore di giustizia* ('cooperating witness'), or even the term *pentito* ('penitent', 'repented', thus the equivalent of 'grass'), with its religious connotations. The use of a metaphorical term such as 'whistleblower' can also have linguistic repercussions: thus, for example, unless the Italian user has a good knowledge of the English language, the metaphorical force of the term is lost; it will certainly be difficult for many members of the Italian general public to pronounce and it could well exclude them superficially from the precise legal implications.

publicly breached an NDA agreement signed twenty years earlier[22], despite her lawyers' reiteration that she could still face legal action. She explained that:

> Ultimately, due to the enormous disparity of power and wealth between ourselves and Weinstein, we were given no choice but to sign the agreement. It forbade us from talking not only about Weinstein's behaviour but about our entire careers at Miramax to family, friends, medical practitioners including therapists, even to HMRC[23] if questioned about the payment. We were not to assist the police if criminal action were taken against him. I was not even allowed to have a copy of the document that was to control my life. (Perkins 2018)

Perkins' comment is an eloquent testimony to the potential powerlessness implicit in the signing of an NDA.

## 4.3 Marine insurance disclosure

This section of the chapter will focus on the legal concept of marine insurance disclosure as set out in the United Kingdom Marine Insurance Act 1906 (MIA 1906) and the Insurance Act 2015 (IA 2015). The MIA 1906 is widely recognised as a highly successful statute that has dominated the law and language of marine insurance in the English-speaking world and in international trade for well over 100 years (Solly 2005). The statute's continuing success is a testament to its creators' drafting skills, even in those controversial areas where culture-bound legal concepts, such as the use of legal Latin or archaic usage, might have been expected to become obsolete. Indeed, the MIA 1906 has in many ways codified the language of marine insurance in other English-speaking countries (e.g. Australia, Canada, New Zealand, Nigeria, South Africa), which have grown apart from the United Kingdom politically, culturally and legislatively (Solly 2008).

Legal concepts are embodied in the language in which they are formulated and any change to the language can alter the concepts. Thus,

---

22 She received a £125,000 pay-off and signed a stringent agreement which purported to restrict her ability to cooperate with a criminal investigation (Mikhailova 2018).

23 Her Majesty's Revenue and Customs, the UK Government department responsible for the administration and collection of taxes, national insurance etc.

for example, the legal protection of trademarks as intellectual property will only be upheld by the courts if the trademarks are not modified in any way (Solly 2002). The legal concepts looked at here are specifically linked to the language of marine insurance and how it has evolved in two specific statutes. Statutes are formally addressed by the legislators to the public at large, but in reality are primarily for lawyers and judges (Bhatia 1994: 137). They thus pertain to the formal written category of legal language (Danet 1980). Yet, the durability and performative/directive nature of the MIA 1906 suggest that the frozen written classification might be a more accurate option for the role of this particular statute in the jurisprudence of insurance, where it is the point of reference for insurance policies (Solly 2005: 314).

The MIA 1906 set out the law on misrepresentation and nondisclosure, which also applies to non-marine insurance under English common law, until the coming into force on 12 August 2016 of the IA 2015, in what was described by the government at the time, as the biggest reform to insurance contract law in more than a century. The IA 2015 amends key sections of the MIA 1906, but does not repeal it. The aim here is to look at some of the conceptualizations of disclosure and nondisclosure in the two statutes in order to detect any changes or evolutions.

In particular, it looks at the concepts as set out in section 17 of the MIA 1906, which, under the heading 'Insurance is *uberrimae fidei*' states that: "A contract of marine insurance is a contract based upon the *utmost good faith*, and, if the *utmost good faith* be not observed by either party, the contract may be avoided by the other party" (MIA 1906. 17, my emphasis). Thus it is based on 'utmost good faith', i.e. both the insured and the insurer must disclose everything which is in their knowledge and which can affect the contract of insurance. In the expression *uberrimae fidei*, the Latin *uberrimae*, the superlative of the adjective *uber/uberis* is usually translated by the English 'utmost', hence 'utmost good faith'. Both terms would seem somewhat awkward to those who are not jurists or lawyers today. The inclusion of the maximizing adjective 'utmost' before the adjective 'good' suggests that a high degree of good faith is required to satisfy Section 17, thus much more than a minimum requirement of an absence of bad faith. This provides the courts with the possibility of identifying different degrees of good faith, here requiring the highest possible degree (Solly 2008).

Nevertheless, Section 14 of the IA 2015 introduces significant changes with regard to section 17 of the MIA1906. It is headed 'Good faith' and provides (in subsection 1) that "any rule of law permitting a party to a contract of insurance to avoid the contract on the ground that the utmost good faith has not been observed by the other party is abolished". Accordingly, it amends (in subsection 3a) section 17 of MIA1906 so that it now reads: "A contract of marine insurance is a contract based upon the utmost good faith"; and the section's subsequent words, "and, if the utmost good faith be not observed by either party, the contract may be avoided by the other party" are omitted (IA 2015). The Latin term *uberrimae fidei* is thus no longer used in the amended MIA 1906. *Uberrimae fidei* has become 'utmost good faith', which in turn has become 'good faith', although the Latin term is still used by legal scholars. So, for example, Anifalaje (2019), focusing on *uberrimae fidei* in the light of the statutory interventions in both Nigeria and the United Kingdom, argues that the doctrine was iniquitous and a potent weapon, most often used by insurers to defeat just and legitimate claims by an insured.

Commenting on the reform, Symons et al. (2016) observe that IA 2015 "deals with the issue of material nondisclosure in a less draconian way" than MIA 1906.

> Currently, an insurer is entitled to avoid the entire contract where the insured has failed to disclose any material information, even if the material information does not lead to the loss, or even if the breach was committed by the broker. The Act aims to provide a proportionate solution where the insured does not comply with the duty of fair presentation, and an insurer will only be able to avoid a policy and keep the premium where the nondisclosure was deliberate or reckless. (Symons et al. 2016)

Thus the law governing disclosure and nondisclosure in marine insurance has evolved, albeit slowly and cautiously; so too has the related language use.

## 4.4 Dog whistles

An interesting metaphorical contextualization of a certain kind of disclosure, which has recently been highlighted by academics and the press, is that of the 'dog whistle' (Saul 2012; Haney López 2014). Dogs hear sounds at a higher pitch than most humans, so the 'dog whistle' was designed as a way for dog owners and trainers to communicate with their dogs without people nearby hearing the noise. As a metaphor the 'dog whistle' is used in political discourse to describe how politicians can specifically communicate with a target audience without drawing attention from the public at large, or from the police and the law. The 'dog whistle' thus refers to the use of certain words, phrases or references with a hidden meaning, that is instantly recognized and usually picked up only by those for whom it is intended. The coded language resonates with them and they get the message. The 'dog whistle' metaphor is used particularly with a negative connotation to denote, for example, the way political correctness is bypassed by racist or sexist politicians. "Examples of dog whistling include repeated blasts about criminals and welfare cheats, illegal aliens, and sharia law in the heartland. Superficially, these provocations have nothing to do with race, yet they nevertheless powerfully communicate messages about threatening nonwhites" (Haney López 2014: ix). Saul points out that in this way politicians can manipulate people into doing something that, if they were fully conscious of, they would not be morally comfortable with. Haney López describes 'dog whistling' as a tool of oppression, using boxing/fighting metaphors to explain the three basic moves:

> A *punch* that *jabs* race into the conversation through thinly veiled references to threatening nonwhites, for instance to welfare cheats or illegal aliens; a *parry* that *slaps away* charges of racial pandering, often by emphasizing the lack of any direct reference to a racial group or any use of an epithet; and finally a *kick* that *savages* the critic for opportunistically alleging racial victimization. (2014: 4, my emphasis)

Recent examples include the 2016 United States political campaign, where certain tactics were used to encourage voters to treat Barack Obama as a foreigner, by talking about his native clothing or pronouncing his full name: Barack Hussein Obama. The intention was to trigger associations of foreignness, nonwhiteness, Muslimness and associations with Saddam Hussein (Saul 2019). The infamous "Breaking Point" poster used by the Leave campaign in the UK 2016 Brexit referendum, with its image of a photo taken in Slovenia showing a long queue of migrants, has also been described as a racist dog whistle (Saul 2019), intended to play on people's racial fears, even though it does not say anything explicitly racial. 'Dog whistling', as a metaphorical conceptualization on the border between disclosure and nondisclosure, therefore raises important issues from a legal and ethical point of view.[24]

## 5. Conclusion

As regards language use, it can be enlightening to follow the evolution of some of the metaphorical conceptualisations of disclosure and non-disclosure. Thus, as this chapter has shown, 'transparency' and 'whistleblowing' now occupy important positions in the language of the law. It will be interesting to observe what will happen to terms such as 'gagging orders' and 'dog whistles', as well as to see whether and which new metaphorical conceptualizations will evolve,[25] and if so how.

In terms of future research, therefore, it could well prove fruitful to carry out an ongoing diachronic study including the past usage of the language, thus showing how the metaphorical conceptualizations can evolve into legal terminology. The creation and usage of the innovative metaphor, for example, Winston Churchill's coining of the 'iron curtain' metaphor, can be traced and followed. Although Churchill's invention of the 'iron curtain' metaphor is well-known, in actual fact, the original title for his speech was 'the sinews of power', suggesting the metaphor he preferred. But those present and the press had another idea and the 'iron curtain' metaphor prevailed and is remembered,

---

24 A heated debate has recently arisen relating to the new concept of politically correct 'wokeness' (see, for example, Lopez Bunyasi/ Smith 2019), which is challenged by those who claim it denies people's right to freedom of expression.

25 The use of some disclosure terms can become less common. For example, in the 1970s the word 'grass' (there were also 'supergrasses') was far more widespread than it is today.

while the 'sinews of power' metaphor has been forgotten. The codification of metaphorical concepts would thus also seem to depend on their public acceptance and popularity. It might be interesting to track a recent Italian political metaphorical contextualization, *le sardine* ('the sardines') to see how it unfolds. It could also be hypothesized that such language change is linked to the age of the Internet and the evolution of technological affordances and the rapidity and vast scale with which information can now be disseminated.

In her overview of metaphor use in the language of the law, Richards observes that "metaphors are probably one of the most efficient stylistic tools to communicate legal concepts. They do have flaws, which should not be overlooked or underestimated, but they remain a powerful linguistic device whose advantages far outweigh their disadvantages" (2014: 15). Nevertheless, making sense of the metalanguage of metaphor use in disclosure and nondisclosure discourse can in some way be likened to the expression 'it's like herding cats'. It is not an easy task and maybe will never come to a satisfactory conclusion, since cats do not appreciate herding and generally find ways of expressing their own innate independence. Likewise, metaphorical conceptualizations do not seem to obey many rules and regulations. So perhaps, by accepting that researching metaphors is a bit like 'herding cats', those of us who, as researchers, are interested in metaphors, would be wise to keep an eye on the metaphorical cats, observing, analyzing and describing them, their paradoxes and their evolution at the disclosure-nondisclosure interface, rather than trying to herd them.

# References

Anesa, Patrizia 2012. *Jury Trials and the Popularization of Legal Language*. Bern: Peter Lang.

Anifalaje, Kehinde 2019. Statutory Reform of the Doctrine of Uberrimae Fidei in Insurance Law: A Comparative Review. *Journal of African Law* 63/2, 251–279.

Ball, Carolyn 2009. What is Transparency? *Public Integrity* 11/4, 293–308.

Berk-Seligson, Susan 2002.The Miranda Warnings and Linguistic Coercion: The Role of Footing in the Interrogation of a Limited-English-speaking Murder Suspect. In Cotterill, Janet (ed.) *Language in the Legal Process*. Basingstoke: Palgrave Macmillan, 127–143.

Bhatia, Vijay 1994. *Cognitive structuring in legislative provisions*. In John Gibbons (ed.) Language and the Law. London: Longman,136–155.

Blommaert, Jan 2010. *The Sociolinguistics of Globalization*. Oxford: Oxford University Press.

Branum, Jens / Charteris-Black, Jonathan 2015. The Edward Snowden affair: A corpus study of the British press. *Discourse & Communication* 9/2, 199–220.

Candlin, Christopher / Crichton, Jonathan (eds) 2013. *Discourses of Trust*. London: Palgrave Macmillan.

Candlin, Christopher / Sarangi, Srikant 2003. Foreward. In Cameron, Lynne *Metaphor in Educational Discourse*. London: Continuum, vi-x.

Child, Lee 1997. *Killing Floor*. London: Bantam Books.

Christensen, Lars Thøger / Cornelissen, Joep 2015. Organizational transparency as myth and metaphor. *European Journal of Social Theory* 18/1, 132–149.

Conley, John M. / O'Barr, William 1998. *Just Words: Law, Language and Power*. Chicago: University of Chicago Press.

Coupland, Nicolas 2004. Stylised deception. In Coupland, Nicolas / Jaworski, Adam / Galasiński, Dariusz (eds) 2004. *Metalanguage: Social and Ideological Perspectives*. Berlin: Mouton de Gruyter, 249–274.

Coupland, Nicolas / Jaworski, Adam / Galasiński, Dariusz (eds) 2004. *Metalanguage: Social and Ideological Perspectives*. Berlin: Mouton de Gruyter.

Danet, Brenda 1980. Language in the Legal Process. *Law and Society Review* 14/3, 445–564.

Eckert, Penelope 2000. *Linguistic Variation as Social Practice*. Oxford: Blackwell.

Fenster, Mark 2010. Seeing the State: Transparency as Metaphor. 62 *Administrative Law Review* 617. <http://scholarship.law.ufl.edu/facultypub/572>

Gadamer, Hans-Georg 1989. *Truth and Method* 2nd ed. Trans. Weinsheimer, Joel / Marshall, Donald. New York: Continuum.

Garrett, Peter / Coupland, Nicolas / Williams, Angie 2004. Adolescents' lexical repertoires of peer evaluation: *Boring prats* and *English snobs*. In Coupland, Nicolas / Jaworski, Adam / Galasiński, Dariusz (eds). *Metalanguage: Social and Ideological Perspectives.* Berlin : Mouton de Gruyter.

Goatly, Andrew 2007. *Washing the Brain: Metaphor and Hidden Ideology.* Amsterdam/Philadelphia: John Benjamins Publishing Company.

Haney López, Ian 2014. *Dog Whistle Politics: How Coded Racial Appeals Have Reinvented Racism and Wrecked the Middle Class.* New York: Oxford University Press.

Healy, Paul 2015. Hermeneutic truth as dialogic disclosure: a Gadamerian response to the Tugendhat critique. *Parrhesia* 24, 173–88.

Insurance Act 2015. <www.legislation.gov.uk/ukpga/2015/4/contents/enacted>

Irwin, William 2001. A Critique of Hermeneutic Truth as Disclosure. *International Studies in Philosophy* 33/4, 63–75.

Janicki, Karol 2015. *Language and Conflict.* London: Palgrave Macmillan.

Jaworski, Adam / Coupland, Nicolas / Galasiński, Dariusz 2004. Metalanguage: Why now? In Coupland, Nicolas / Jaworski, Adam / Galasiński, Dariusz (eds) 2004. *Metalanguage: Social and Ideological Perspectives.* Berlin: Mouton de Gruyter, 3–13.

Koivisto, Ida 2016. *The Anatomy of Transparency: The Concept and Its Multifarious Implications.* Max Weber Programme for Postdoctoral Studies Working paper 9. Florence: European University Institute.

Lopez Bunyasi, Tehama / Smith, Candis Watts 2019. *Stay Woke: A People's Guide to Making All Black Lives Matter* New York: New York University Press.

Marine Insurance Act 1906. <www.legislation.gov.uk/ukpga/Edw7/6/41>

Marmor, Andrei 2014. *The Language of Law*. Oxford: Oxford University Press.

Martin, Andy 2015. *Reacher Said Nothing: Lee Child and the Making of 'Make Me'*. London: Bantam Press.

Mikhailova, Anna 2018. Exclusive: Weinstein lawyer to face no action for 'immoral' NDA. *The Telegraph*, 24 April 2018. <https://www.telegraph.co.uk/politics/2018/04/24/exclusive-weinstein-lawyer-face-no-action-immoral-nda/>

Moore, Emma 2004. Sociolinguistic style: a multidimensional resource for shared identity creation. *Canadian Journal of Linguistics* 49, 375–96.

Musolff, Andreas 2016. *Political Metaphor Analysis: Discourse and Scenarios*. London: Bloomsbury.

Perkins, Zelda 2018. For 20 years, Harvey Weinstein silenced me with an NDA. It's time to redress the balance of power. *The Telegraph*, 03 November 2018. <https://www.telegraph.co.uk/news/2018/11/03/20-years-harvey-weinstein-silenced-nda-time-redress-balance/>

Poole, Steven 2015. 'Reacher Said Nothing: Lee Child and the Making of Make Me', by Andy Martin. *Financial Times*, 11 December 2015. Book review: <https://www.ft.com/content/7540b7de-9d0c-11e5-8ce1-f6219b685d74>

Rawls, John 1971. *A Theory of Justice*. Cambridge MA: Belknap Press of Harvard University Press.

Reddy, Michael 1993. The conduit metaphor: A case of frame conflict in our language about language. In Ortony, Andrew (ed.) *Metaphor and Thought* 2nd ed. Cambridge: Cambridge University Press, 164–201.

Richard, Isabelle 2014. Metaphors in English for Law: Let Us Keep Them! *Lexis* 8, 1–19.

Saul, Jennifer 2012. *Lying, Misleading and What is Said: An Exploration in Philosophy of Language and in Ethics*. Oxford: Oxford University Press.

Saul, Jennifer 2019. Dog whistles: The secret language politicians are using. *BBC*, 29 January 2019. <https://www.bbc.com/news/

av/uk-politics-46922909/dog-whistles-the-secret-language-
politicians-are-using>

Solly, Martin 2002. 'Once a trademark, not always a trademark': Using
language to avoid legal controversy. In Gotti Maurizio / Heller,
Dorothea / Dossena, Marina (eds) *Conflict and Negotiation in Specialized Texts*. Bern: Peter Lang, 211–232.

Solly, Martin 2005. Vagueness in the Discourse of Insurance: the Case
of the Marine Insurance Act 1906. In Bhatia, Vijay / Engberg, Jan
/ Gotti, Maurizio / Heller, Dorothea (eds) *Vagueness in Normative
Texts*. Bern: Peter Lang, 313–334.

Solly, Martin 2008. *Uberrimae fidei*: Language Choice and Cultural
Undertones in the Insurance of International Trade. In Bhatia,
Vijay / Candlin, Christopher / Evangelisti Allori, Paola (eds) *The
Formulation of Legal Concepts across Languages and Cultures*.
Bern: Peter Lang, 141–157.

Solly, Martin 2016. *The Stylistics of Professional Discourse*. Edinburgh: Edinburgh University Press.

Sturges, Paul 2007. What is this absence called transparency? *International Review of Information Ethics* 7, 221–229.

Swinford, Steven 2013. Gagging orders explained. *The Telegraph*,
02 Apr 2013. Available at: <https://www.telegraph.co.uk/news/pol-
itics/9967899/Gagging-orders-explained.html>

Symons, Andrew / Taylor, Leon / Taylor, Talia 2016. Five things you
should know about the Insurance Act 2015. *DLA Piper Insurance
Update*. Available at: <https://www.dlapiper.com/en/uk/insights/
publications/2016/08/five-things-about-the-insurance-act-2015/>

Tourish, Dennis / Hargie, Owen 2012. Metaphors of failure and the
failures of metaphor: A critical study of root metaphors used by
bankers in explaining the banking crisis. *Organization Studies* 33,
1045–1069.

Valdes, Joyce Merrill (ed.) 1986. *Culture Bound*. Cambridge: Cambridge University Press.

Verschuren, Jef 2004. Notes on the role of metapragmatic awareness in language use. In Coupland, Nicolas / Jaworski, Adam /
Galasiński, Dariusz (eds) 2004. *Metalanguage: Social and Ideological Perspectives*. Berlin: Mouton de Gruyter, 53–73.

Walker, Shaun 2018. Slovakia: thousands protest against business-as-usual under new leaders. *The Guardian*, 06 April 2018. <https://www.theguardian.com/world/2018/apr/06/slovakia-thousands-protest-against-business-as-usual-under-new-leaders>

Wardle, Claire / Derakhshan, Hossein 2017. *Information Disorder: toward an interdisciplinary framework for research and policymaking.* Strasbourg: Council of Europe.

Wilson, John 2004. Lying, politics and the metalinguistics of truth. In Coupland, Nicolas / Jaworski, Adam / Galasiński, Dariusz (eds) 2004. *Metalanguage: Social and Ideological Perspectives.* Berlin: Mouton de Gruyter, 147–163.

Section 2:

Political and Media Discourse: Case Studies /
Discours politique et médiatique : études de cas

PAOLA PAISSA

# Le mot métaphore marqueur métadiscursif (MMM) : formes et fonctions discursives

## 1. Introduction

[...] introduire la figure dans le discours, c'est renoncer à cette transparence du signe qui est une propriété de son arbitraire, c'est-à-dire de l'indissolubilité du signifiant et du signifié (Groupe μ 1970 : 18).

Si toute figure entraîne, de par sa saillance et son épaisseur dialogique (Bonhomme 2005 ; Jaubert 2012) une altération de la « transparence du signe » (comme le Groupe μ l'avait souligné dès 1970), la « figure déclarée » (le fait d'annoncer, par exemple : X est une *métaphore*) produit son opacification à un double degré. Le dessin satirique de Zapiro que nous avons mis en exergue[1] nous offre un bon exemple du procédé et de ses potentialités argumentatives, voire polémiques.

Dans cet article, nous souhaitons consacrer notre réflexion à l'utilisation du terme métalinguistique *métaphore*, dans les situations où celui-ci est convoqué en tant qu'« indice intentionnel au degré fort » (Bonhomme 2005 : 79).[2] Après avoir brièvement évoqué un certain nombre d'études portant sur le phénomène de la nomination explicite d'une figure, nous nous pencherons sur les implications discursives que comporte le cas de la « métaphore déclarée ».

Notre travail se rattache au courant de recherches consacrées aux pratiques réflexives du langage et, notamment, à la présence, dans le discours ordinaire, de dénominations puisées à la terminologie de la rhétorique, un type de métalangage qui demeure « savant », bien qu'il ait été rendu largement disponible par les routines scolaires, la consultation des dictionnaires, etc. (*cf.* Julia 2001 : 275).[3] Les recherches concernant ce phénomène sont, à l'heure actuelle, encore fragmentaires

---

1 *What's a metaphor © 2010 Zapiro. Originally published in The Times. Re-published with permission.* Zapiro est le nom du dessinateur satirique sud-africain Jonathan Brian Schapiro. La dérive de l'ANC (African National Congress) dans son expérience gouvernementale, notamment sous la Présidence de Jacob Zuma, constitue la cible fréquente des dessins humoristiques de Zapiro. Dans le dessin que nous reproduisons ici, il s'en prend à l'incitation au meurtre du fermier blanc (the Boer), évoquée dans un chant traditionnel de la lutte *anti-apartheid* (« Shoot the Boer » ou « Kill the Boer »). Il rappelle par là que la position de l'ANC sur cette exhortation raciste et sur la controverse concernant l'interdiction de ce chant demeure ambiguë.

2 Le « degré fort » comporte justement, dans la taxinomie des indices d'intentionnalité figurale proposée par Bonhomme, « la mention de la figure à découvrir » (Bonhomme 2005 : 79).

3 Dans cet article nous utilisons le couple terminologique *métalinguistique/métadiscursif* de la manière suivante : le premier mot qualifie les dénominations stabilisées en langue pour parler du langage (terminologie issue de la linguistique, de la grammaire, de la lexicographie, de la rhétorique, etc.), alors que le deuxième, qui forme l'objet de notre enquête, indique les emplois de ces mêmes mots dans le discours ordinaire ou « profane ». Comme cet article le montre, les frontières entre ces dénominations demeurent perméables, puisque le répertoire des mots métalinguistiques appartient aussi, au moins partiellement, au vocabulaire courant de tout locuteur.

et lacunaires. Cependant, elles offrent des indications précieuses sur l'imaginaire de la signification (et de la figuration), tout en fournissant des perspectives stimulantes pour la description du travail de négociation du sens qui double incessamment le dire de tout locuteur (ajustements, commentaires, hypothèses de réception, etc.). Les approches relevant de ce domaine se diversifient beaucoup entre elles ; de surcroît, elles ne se réclament pas d'une orientation épistémologique unitaire. La synthèse rapide que nous en donnons ici, suivant l'ordre chronologique, est donc de notre fait.

Après la thèse pionnière de Catherine Julia sur la « sémantique spontanée » et les « gloses de spécification du sens » (Julia 2001) s'inspirant des recherches de Jacqueline Authier-Revuz sur les non-coïncidences du dire (1995), quelques études sur la question se sont rapportées, plus ou moins ouvertement, au cadre épistémologique des « représentations métalinguistiques ordinaires » (Béacco 2004), de la « folk linguistics », ou de la « linguistique populaire » et « profane » (Paveau 2007 ; Achard-Bayle/Paveau 2008).[4] Ces études ont décrit le « sentiment rhétorique spontané » et les enjeux de la nomination, dans le discours ordinaire, de quelques figures spécifiques : ainsi a-t-on pu interroger l'emploi métadiscursif du mot *euphémisme* (Krieg-Planque 2004), de *synonyme* (Lecolle 2008), de certains termes concernant l'argumentation (Doury 2008) et du mot *litote* (Paissa 2011). La première mise au point de ces pratiques métalinguistiques des non-linguistes (y compris en contexte didactique) se doit à Michelle Lecolle, qui a dirigé en 2014 un recueil collectif (Lecolle 2014), marqué par une optique théorique unitaire, découlant de la notion de « sentiment linguistique profane ».[5] Dans ce volume il convient de signaler, entre autres, l'article consacré à l'usage de l'adjectif et substantif *sémantique* (Le Draoulec/Pery-Woodley/Rebeyrolle 2014). En revanche, se situent en dehors du domaine épistémologique de la « linguistique populaire », tout en offrant une approche pragma-énonciative des emplois de quelques dénominations métalinguistiques, deux articles récents. Le premier porte sur l'usage

---

4  Sur les enjeux de ces dénominations et pour une discussion sur les possibilités de dépassement de l'opposition binaire locuteur « non linguiste » vs linguiste, voir Brunner/Husson/Neusius (éds), 2018.

5  Sur cette notion, voir les considérations de Siouffi/Steuckardt/Wionet, 2014.

métadiscursif des termes *ironie, ironiser, ironique(ment)* et s'interroge sur la question épineuse de la définition de l'*ironie*, à partir de l'utilisation de ces marques dans le discours de la presse (Baklouti/Bres 2016) ; le deuxième concerne le mot *pléonasme,* mettant en lumière deux finalités argumentatives fondamentales du « pléonasme discursif » ou « forcé » et des procédures de « construction » de cette figure dans l'espace temporaire du discours (Gaudin-Bordes/Salvan 2017).

Si les études mentionnées ci-dessus empruntent, en général, une perspective pragmatique et fonctionnaliste – qui sera également la nôtre – les articles que Georges Kleiber consacre au nom *métaphore* et au « triple sens » qui caractériserait son usage (Kleiber 2015 ; 2016) occupent une place à part. Bien qu'ils découlent d'un point de vue différent de celui que nous adopterons ici, les travaux de Kleiber nous intéressent tout particulièrement, puisqu'ils sont, à notre connaissance, les premiers et les seuls à avoir pris comme objet le « paradoxe sémiotique » que comporte l'emploi « métaphorique du mot . . . *métaphore »* (Kleiber 2016 : 16). Adoptant une optique strictement sémantique, la réflexion de Kleiber se soucie principalement des processus de référenciation que cet usage met en place. Trois types et trois sens fondamentaux du mot *métaphore* sont ainsi reconnus qui, selon Kleiber, se ramèneraient à une matrice unitaire, issue finalement de son sens « standard » : la « métaphore de mot », la « métaphore de concept » et la « métaphore d'objet ».[6]

Dans le premier paragraphe, nous ferons donc référence à la taxinomie proposée par Kleiber (2015 ; 2016) afin de décrire, à notre tour, les formes multiples sous lesquelles le terme *métaphore* figure dans le discours de la presse et d'illustrer les fonctions qu'il y revêt. Dans le deuxième paragraphe, nous nous interrogerons, par contre, sur les

---

6  Voici les exemples que fournit Kleiber respectivement des trois types : type 1) [. . .] je savais bien qu'à chaque page il y avait ou une incorrection ou une *métaphore* manquant de justesse [. . .] (Sand, *Correspondance : 1842,* 1842) ; type 2) On remarquera l'imagerie naissante dans ces expressions : « s'appuyer sur. . . », « se fonder sur. . . » [. . .] C'est la *métaphore* de l'appui [. . .] (Ricoeur, *Philosophie de la volonté : le Volontaire et l'involontaire,* 1949) ; type 3) Le revolver, dans le roman, est une *métaphore* de la violence (entendu sur France Culture). (Kleiber 2015 ; 2016 : 15). Dans tous les exemples de notre étude, y compris les énoncés kleibériens de cette note, c'est nous qui soulignons le mot *métaphore.*

enjeux argumentatifs de ce marquage métadiscursif et sur l'imaginaire figural qui accompagne son emploi dans le discours ordinaire. Notre exploration se fonde sur un vaste corpus que nous avons constitué à partir de la base de données Europresse, consultée de janvier 2017 à avril 2019 : plus de 10.000 occurrences du mot *métaphore* composent notre corpus de travail.

## 2. Métaphore « marqueur métadiscursif » : configurations et enjeux discursifs

L'usage du nom *métaphore* dans le langage médiatique est en effet fort fréquent. Les trois types que recense Kleiber (2016) y sont largement représentés, bien qu'avec des fréquences d'emploi fort inégales.[7] Trois exemples puisés dans notre corpus font état de ces typologies :

(1) La *métaphore* produit du sens en nous épargnant la description et l'analyse [. . .]. Elle rend le lecteur créatif. L'analyse suscite l'adhésion, la *métaphore* pousse à la création. En tant que romancier, j'aime pousser le lecteur à la création. J'aime ça, oui. (*L'Express*, 18 janvier 2017)[8]

(2) La *métaphore* des « racines », référence à un passé sans lequel nous ne pourrions vivre le présent ni bâtir l'avenir, est devenue omniprésente. Tous les discours identitaires y ont recours. (*Le Nouveau magazine Littéraire*, 01 mars 2018)[9]

---

7   Les quantités sont difficilement comparables puisque, comme nous le verrons, la variété des formes attestées dépasse la division en trois types que propose Kleiber. Cependant, pour donner un ordre de grandeur, on peut considérer que le type 3 représente plus d'un tiers de l'ensemble, le reste se distribuant sur les différents avatars du type 2, qui constitue le regroupement le plus hétérogène.

8   Daniel Pennac donne cette réponse suggestive au journaliste Éric Libiot, qui lui a demandé ce qu'il entend par « écriture métaphorante ».

9   Dans cet article, il est question de la traduction française, parue en 2017, du livre de Maurizio Bettini, *Contro le radici*, 2012. Les guillemets entourent le mot « racines » car il est utilisé ici en « modalité autonymique » (Authier-Revuz 1995) renvoyant à l'emploi du philologue italien. Très fréquent dans le discours philosophique, le type 2 ne se limite pas à celui-ci, comme on pourra le constater dans d'autres exemples.

(3) Son opéra *Perela, homme de fumée*, est une *métaphore* de la figure christique.[10] (*La Croix*, 27 janvier 2018)

L'énoncé 1 relève de ce que Kleiber appelle l'emploi « standard » ou « tropologique » du nom *métaphore* (la « métaphore de mot », type 1). Le discours journalistique y a généralement recours dans des interviews avec des écrivains (c'est le cas de l'ex. 1) ou dans des articles de critique littéraire, qui traitent d'effets d'écriture ou de style. Le nombre restreint d'articles de ce genre explique la relative rareté de cette typologie dans notre corpus, où celle-ci ne représente que 10 % environ des occurrences. Tout en témoignant d'un usage discursif « spontané » du mot *métaphore*, le type 1, comme Kleiber l'a déjà souligné, est radicalement différent des deux autres, car ce mot affiche, dans ce genre d'énoncés, le sens qu'il possède en rhétorique depuis l'Antiquité : il n'acquiert donc pas le statut « métaphorique » (Kleiber 2015) qu'il possède dans les ex. 2 et 3, ne comportant aucune opacification du dire. Les énoncés du type 1 ne forment pas, par conséquent, l'objet de notre article, l'emploi « profane » du mot *métaphore* n'étant pas à lui seul un trait définitoire du phénomène dont nous entendons nous occuper.

En revanche, nous nous intéresserons ici aux énoncés 2 et 3, qui correspondent, respectivement, aux types 2 et 3 de la taxinomie de Kleiber. L'ex. 2 illustre ce que Kleiber appelle une « métaphore de concept », « conceptuelle » ou, encore, « onomasiologique » (dans cet énoncé, c'est le « concept » de « racines » qui serait, d'après le linguiste, « métaphorique »).[11] L'ex. 3, par contre, montre ce que Kleiber désigne comme une « métaphore d'objet » : ce qui est « métaphorique », dans ce cas de figure, c'est l'objet (en l'occurrence, dans notre exemple, l'ensemble de l'opéra de Dusapin et notamment son protagoniste Perela, l'« homme de fumée »), qui constituerait « une métaphore » d'un autre

---

10 Il s'agit de l'opéra *Perela*, du musicien Pascal Dusapin, s'inspirant du roman futuriste italien *Il codice di Perelà* de Aldo Palazzeschi (1911).

11 Les énoncés que rapporte Kleiber 2016 concernent, par exemple : le concept d'« appui » dans l'expression « la métaphore de l'appui » qu'utilise Ricœur, celui d'« illumination » dans « la métaphore de l'illumination » de la tradition néoplatonicienne, etc. Les affinités et les spécificités de cette typologie, par rapport aux « métaphores conceptuelles » ou « cognitives » de Lakoff et Johnson (1980) sont discutées dans l'article de Kleiber.

objet (« la figure christique »). S'appliquant, dans la plupart des cas, aux productions artistiques, le nom *métaphore,* dans le type 3, « devient en quelque sorte un concurrent, non encore stabilisé, des mots *emblème, allégorie, icône* et *symbole* » (Kleiber 2016 : 28). La « métaphore d'objet » du type 3 se différencie donc du type 2, malgré l'identité du moule syntaxique « *métaphore* de SN »[12] (« métaphore des 'racines' » en 2 ; « métaphore de la figure christique » en 3) puisque, dans l'ex. 3, « le SN régi ne correspond pas, comme c'est le cas avec les métaphores conceptuelles, au représentant, mais au représenté » (Kleiber 2016 : 29).

Compte tenu des distinctions établies par Kleiber, nous nous proposons ici d'aller au-delà de ce schéma tripartite, en poursuivant un objectif double : i) prendre en considération la dimension « méta-figurale » à laquelle la mention du mot *métaphore* donne accès, notamment dans les occurrences du type 2 et 3 ; ii) rendre compte de la multiplicité des configurations morpho-syntaxiques et des effets pragma-énonciatifs qu'il peut réaliser dans le discours médiatique, une variété dont la taxinomie kleibérienne ne rend compte que partiellement.

Quant au premier objectif, nous émettons l'hypothèse que la nomination *métaphore* joue, dans le discours, le rôle d'un « marqueur méta-discursif » (ce qui sera dorénavant indiqué comme MMM : Métaphore Marqueur Métadiscursif). En effet, en tant qu'indice d'intentionnalité figurale, opérant une orientation de la réception, destinée à « aiguiller les destinataires » (Bonhomme 2005 : 79–80), le MMM est un procédé de représentation et de mise en scène de la figuralité. Envisagé par ce biais, il possède, à notre avis, un statut « mixte » (référentiel et non référentiel), à l'instar des « gloses de spécification du sens » qu'a analysées Julia 2001. Son emploi se caractérise par des conditions fort différentes : comme nous le constaterons dans la suite, le MMM est susceptible, selon l'instance d'énonciation dont il relève – primaire ou secondaire – d'apparaître en « usage » ou en « mention » (Authier-Revuz 1995) ; il peut être plus ou moins « naturalisé » dans le discours et peut enfin s'appliquer à un élément d'ampleur variable : un mot, une séquence textuelle, une construction sémiotique complexe, comme dans l'ex. 3. Toutefois, en dépit de ces spécificités, cet indice comporte

---

12 Nous utilisons SN pour indiquer le Syntagme Nominal ; N indique le Nom. Lorsqu' il est question de plusieurs N, on a recours aux abréviations N1, N2, etc.

toujours un retour en boucle sur un signe qui, en même temps, « désigne 'normalement' et [est] opacifié par un commentaire métalinguistique » (Julia 2001 : 13).[13] Autrement dit, sa présence implique, chez l'énonciateur,[14] un mouvement de repli sur le micro – ou macro-signe auquel le MMM est incident, emmenant l'énonciataire à opérer le même déplacement.

Du point de vue morphosyntaxique et énonciatif, les formes que ce marqueur peut emprunter sont nombreuses, échappant aux moules linguistiques exemplifiés ci-dessus (ex. 1–2–3, correspondant à la tripartition kleibérienne). Ces tournures, présidant à des fonctions discursives qui s'avèrent parfois spécifiques à leur configuration formelle, se laissent ramener, de toute manière, à un nombre suffisamment réduit de constructions-type, que nous allons détailler ci-dessous. Les sous-paragraphes suivants correspondent à une première distinction, intéressant la cible de la modalisation opérée par le MMM, qui peut concerner le plan de l'énoncé ou bien regarder celui de l'énonciation, dans le cas de la métaphore filée.

### 2.1 Le MMM modalisateur d'énoncé : la prédication nominale

La configuration qui est de loin la plus fréquente dans le corpus est la prédication nominale, correspondant au schéma :

> N ÊTRE la/une (ou autre déterminant) métaphore (+ évaluation éventuelle) de N1 (+ expansion éventuelle).

---

13  Par ce biais, le MMM est comparable à un type particulier de « glose de spécification du sens » : celle qui invite le destinataire à considérer « métaphoriquement » un segment discursif ou à le saisir « au sens figuré » ou encore « au sens métaphorique » (Julia 2001 : 180 et *passim*). Dans cet article, nous n'approfondirons pas les analogies et les différences avec ce genre de gloses.

14  Par le terme *énonciateur*, nous indiquons, conformément à Rabatel 2005a : 115, « l'instance à la source d'un point de vue dans un contenu propositionnel » de l'énoncé. L'énonciateur peut coïncider ou pas avec le locuteur, qui est le producteur physique de l'énoncé. L'*énonciataire* indique, par contre, le destinataire, c'est-à-dire l'instance de réception de l'énoncé lui-même.

Dans ce schéma, nous avons représenté :

i)     les diverses possibilités de déterminants qui peuvent précéder le nom *métaphore*, selon que l'énonciateur mise sur une présupposition de notoriété (choix de l'article défini : *la* métaphore, *cf.* ci-dessous, ex. 4) ou qu'il invite l'énonciataire à « aller chercher le référent du côté du domaine construit par le nom qu'il introduit » (Cadiot 2002 : 43) (emploi de l'indéfini : *une* métaphore, ex. 5–6) ; ou encore que le locuteur-énonciateur premier (L1/E1)[15] reprenne une dénomination figurale imputable à une source énonciative seconde (l2/e2) (ex. 6–7–8);

ii)    la nature essentiellement nominale des deux pôles de la prédication (N et N1),[16] qui sont cependant susceptibles d'assumer des rôles différents : à savoir, le « représentant » ou le « représenté », pour utiliser la terminologie de Kleiber (2015 ; 2016), selon que la figure construite par le MMM se ramène au type 2 ou au type 3 de sa taxinomie ;

iii)   l'éventualité que des éléments axiologiques viennent évaluer la pertinence de la métaphore introduite par le MMM (« jugement de métaphorisation ») ;[17]

iv)    la présence (par ailleurs, très fréquente) d'une expansion, qui fonctionne comme un segment explicatif, justifiant l'interprétation métaphorique qu'on sollicite auprès de l'énonciataire.

---

15   Pour indiquer la solidarisation ou désolidarisation éventuelle du *locuteur* et de l'*énonciateur,* ainsi que la différence entre sources énonciatives (primaire ou secondaire, en cas de discours rapporté), nous adoptons ici le système de notation qu'utilise habituellement Rabatel (*cf.,* entre autres, Rabatel 2009 ; 2017). L1 et E1 indiquent ainsi l'instance énonciative primaire, alors que l2 et e2 (et, éventuellement, l3 et e3) signalent, respectivement, les locuteurs et énonciateurs cités dans le discours relevant de l'instance énonciative première. On utilisera simplement e2 en l'absence d'acte de parole rapportée nettement identifiable. Tant pour le locuteur que pour l'énonciateur, la barre (L1/E1 ; l2/e2) indique le syncrétisme des instances énonciatives. Ce système de notation nous permettra, dans les exemples pris en considération, de pointer la complexe dimension polyphonique. Cependant, la place nous manque pour illustrer la dynamique des points de vue en confrontation (Rabatel 2008), qui mériterait à elle seule une étude.

16   Les occurrences où le MMM s'applique à une partie du discours différente d'un nom sont vraiment très rares. Dans ces cas, le MMM s'applique à un verbe, comme lorsque on commente la métaphore d'Edouard Philippe « faire pivoter la France » (*Le Monde*, 21 février 2019).

17   Nous utilisons cette expression à l'instar du « jugement d'euphémisation » auquel a recours Krieg-Planque (2004) et du « jugement de litote » que nous avons proposé nous-même (Paissa 2011).

Les exemples sont nombreux pour illustrer ce schéma :

(4)    Le football est la parfaite *métaphore* d'un monde que l'on croit maîtriser quand on le dirige avec les pieds. (*Sud Ouest*, 16 juillet 2018)

(5)    L'histoire d'Ariane Group est une belle *métaphore* des succès et des faiblesses de la construction européenne. (*Le Monde*, 13 novembre 2018)

(6)    L'Everest, explique Nadir Dendoune, c'est une *métaphore*. L'idée, c'est d'aller là où les gens ne t'attendent pas. (*Midi Libre*, 29 mars 2018)

(7)    « Ce colloque est un peu la *métaphore* du colibri qui tente d'éteindre un incendie en y versant goutte d'eau par goutte d'eau. » précise Marie-Pierre Caburet [. . .] directrice artistique d'*À la lueur des contes* et conteuse. (*L'Est Républicain*, 13 mars 2019)

(8)    « Nous[18] construisons, au quotidien, un petit morceau de société. Ce que fait la Mirec (Mission Régionale pour l'Emploi Charleroi), c'est la *métaphore* de la porte à battant. Si l'on prend quelques secondes le temps de tenir la porte pour la personne qui nous suit, au lieu de la lui refermer sur le nez, on constate trois choses : la personne presse le pas, dit bonjour et va probablement, à son tour, tenir la porte pour la personne qui la suit ». (*Le D Magazine*, 10 mars 2018)

Les exemples 4–5–6 illustrent le type 3 (métaphore d'objet), puisque le segment génitif « de N1 » joue le rôle du « représenté » (c'est ce que nous appellerons le « méta-cadre » de la figure construite par le MMM : « d'un monde que. . . » de l'ex. 4 ; « des succès et des faiblesses de la construction européenne » de l'ex. 5), alors que certains éléments du monde factuel (« le football », « l'histoire d'Ariane Group », « l'Everest ») sont inscrits par le MMM au rang de « représentants » figuraux (ils en constituent donc les « méta-foyers »).[19] Les exemples 7 et 8 relèvent, en revanche, du type 2 (métaphore onomasiologique) : les fragments occupant la position « de N1 » (« du colibri . . . », ex. 7 ; « de la porte à battants », ex. 8) sont les « représentants », à savoir les « méta-foyers » de la construction métaphorique, alors que « ce colloque », (ex.

---

18  C'est le Président de la MIREC qui prend la parole ici, au nom de l'organisme qu'il représente.

19  Les termes *cadre* et *foyer* indiquent respectivement, dans l'interaction métaphorique, l'élément cohérent avec le contexte textuel ou discursif et le facteur étranger à celui-ci (Black 1954 ; Prandi 2002 ; 2016 ; 2017). Au couple classique *cadre-foyer* nous ajoutons ici le préfixe *méta-*, pour indiquer la dimension figurale de deuxième degré que détermine le MMM.

7), le « petit morceau de société » qu'on construit et « ce que fait la Mirec » (ex. 8), en forment le « représenté » ou le « méta-cadre ».

D'autres éléments présents dans ces exemples concernent, par contre, l'environnement du MMM (commentaires et expansions) et témoignent de l'importance des régimes énonciatifs dont le marqueur relève. Les exemples 4 et 5 montrent que le L1/E1 prend complètement en charge la représentation figurale promue par le MMM, puisqu'il exprime un « jugement de métaphorisation » positif (*parfaite/belle* métaphore). L'exemple 6 affiche, quant à lui, un fragment de discours rapporté : le MMM est ici le fait d'un l2/e2 (Nadir Dendoune) qui laisse le méta-cadre dans le vague (de quoi l'Everest serait la *métaphore*), s'évertuant néanmoins à justifier la figuration qu'il propose, grâce à l'expansion « L'idée, c'est d'aller chercher... », etc.). L'exemple 7 illustre la possibilité d'une modalisation subjective, de la part de l2/e2 (Marie-Pierre Cabouret, directrice artistique) de la prédication métaphorique (« *un peu* la *métaphore* du colibri ») : l2/e2 reprend ici un fragment interdiscursif à grande circulation (la célèbre histoire du colibri), tout en atténuant la portée : la modalisation « un peu », accomplit ainsi une fonction semblable à d'autres modalisateurs du degré de certitude (« enclosures ») attestés dans le corpus, tels que : « une sorte/une espèce de métaphore ». L'exemple 8, enfin, adosse également le MMM à une source énonciative seconde l2/e2 (le Président de la Mirec) qui produit une expansion en forme de micro-récit, apte à légitimer la métaphore de la « porte à battants ».

Outre les spécificités énonciatives, le schéma de la prédication nominale mérite encore quelques observations.

En premier lieu, il convient de souligner que ce patron morphosyntaxique représente la forme de MMM la plus courante, sa fréquence étant augmentée du fait qu'il présente plusieurs avatars structurels. En deuxième lieu, cette configuration possède, à notre avis, un rôle matriciel, que présupposent d'autres emplois du MMM (c'est le cas du MMM en emploi endophorique, comme nous le verrons au point suivant).[20]

---

20 Dans un commentaire métadiscursif tel que le suivant : « Comme les enfants, les investisseurs financiers aiment les histoires d'animaux. Leur *métaphore* préférée est celle du combat du taureau et de l'ours. [...] La *métaphore* (du 'bull market') proviendrait de la manière d'attaquer du bovidé du bas vers le haut, avec ses cornes, comme la courbe des indices boursiers. » (*Le Monde*, 22 décembre 2018), la construction prédicative « le combat du taureau et de l'ours est la métaphore des

Quant au premier point, il faut tenir compte que se ramènent à la prédication nominale nombre d'énoncés exhibant tout autre verbe dit « copulatif » (*devenir, résulter,* etc., *cf.* ci-dessous, ex. 9), ainsi que des tournures telles que « *apparaître/être considéré comme* », qui introduisent à leur tour un MMM situé en position prédicative (*cf.* ex. 10), ainsi que des constructions a-verbales, de type asyndétique (*cf.* ex. 11, « La narration comme métaphore ») :

(9) « En exprimant le rôle sociétal de l'entreprise, le mécénat en devient, en quelque sorte, la *métaphore* », souligne le créateur de la société de conseil en mécénat Upaya. (*Les Echos*, 07 avril 2017)

(10) Kok Tepa, sorte de Babylone élitiste et ostracisante, peut apparaître comme une *métaphore* de l'Occident riche et cultivé... et sectaire. (*Libération*, 09 février 2019, compte rendu du roman *L'autre côté*, de Léo Henry)

(11) C'est une chose intéressante à penser. La narration comme *métaphore*. Il y a un film de Milos Forman que j'aime énormément, *Au feu les pompiers,* et c'est une *métaphore* de la société communiste. « La *métaphore* révèle et elle apporte la beauté. » (*Le Figaro,* 10 janvier 2018)

Sont, en outre, assimilables à la structure de la prédication nominale les occurrences dans lesquelles le MMM constitue une apposition, se déployant selon le schéma : *N, métaphore de N1.*

Comme le montre l'exemple suivant (ex. 12), la qualification de « métaphore » prend place dans une prédication seconde (l'apposition nominale) qui, tout en faisant l'économie de la copule « être »,[21] invite le destinataire à octroyer le statut de méta-foyer à l'objet de la prédication première (« les cheveux ») :

(12) Les cheveux, *métaphore* de l'identité malmenée ? La problématique est apparue dans les années 2000 aux Etats-Unis avec le natural hair movement ou « mouvement nappy », l'acronyme de « natural » et « happy ». (*L'Obs*, 08 mars 2019)

---

phases du marché boursier » demeure sous-jacente. Cependant, c'est cette prédication nominale implicite, relevant du dire d'un énonciateur second ('les investisseurs financiers') qui permet tant la qualification par le possessif (*leur* métaphore) que l'anaphore « la métaphore (du *bull market*) », introduisant l'explication de l'origine de la figure. Sur le recours à cette métaphore animale dans le langage boursier, voir Rossi (2015).

21 Nous nous basons ici sur la conception classique de l'apposition (*cf.* Wilmet 2003). Sur la question épineuse du statut de l'apposition, *cf.* Havu/Pierrard 2008.

Quant au deuxième point, la fréquence du patron prédicatif et des constructions qui lui sont apparentées constituent déjà des éléments probatoires pour étayer l'hypothèse d'un rôle matriciel de cette configuration. En outre, notre supposition est corroborée par la constatation du statut foncièrement nominal du phénomène. Que l'équivalence *N (être) la métaphore de N1* soit prédiquée de manière explicite ou qu'elle représente une donnée implicite du discours (ce qu'on peut constater dans l'ex. 12, ainsi que dans quelques exemples des sous-paragraphes suivants, tels que les énoncés 13–14–15), le but du MMM est de faire accéder le destinataire à la dimension symbolique du langage. À cause du caractère général de cette visée, commune aux différentes formes que le MMM peut emprunter, nous renvoyons l'approfondissement de cette fonction et des enjeux argumentatifs qui en découlent au troisième paragraphe.

En revanche, nous essaierons ici de rendre compte d'autres attestations possibles du MMM. Comme cela se vérifie, par exemple, dans l'énoncé 11 (« La *métaphore* révèle... »), le MMM, présupposant l'équivalence *N (être) la métaphore de N1*, se rend disponible pour des reprises qui opèrent une sorte de « naturalisation » discursive du marquage figural. La valeur d'élément endophorique du MMM, également très fréquente dans notre corpus, nous occupera dans le sous-paragraphe suivant.

## 2.2 Le MMM en emploi endophorique

Les patrons formels auxquels correspondent ces emplois sont plus simples que celui qui a été examiné dans le sous-paragraphe précédent. Selon que le MMM invite le destinataire à un retour sur le dit ou qu'il le pousse à formuler une anticipation sur l'à-dire, le marqueur assume le rôle de l'anaphore ou de la cataphore. Dans un cas comme dans l'autre, il est régi par un déterminant, qui lui attribue la valeur référentielle d'une expression définie : selon la source énonciative dont le MMM procède et le degré de notoriété qu'il affiche, il s'agit soit de l'article défini, tel qu'on l'a vu dans les exemples 8 et 11, soit du possessif, lorsqu'on s'approprie, dans un contexte dialogal, la parole de l'autre, comme dans l'ex. 13, soit encore du démonstratif, tel qu'il se présente dans l'exemple 14, où le L1/E1 rapporte la parole « des experts » (e2), tout en introduisant, à travers le MMM, sa prise de distance de celle-ci :

(13) 'Oui, et je reprendrai *votre métaphore* du moteur. La France représente l'accélération, tandis que l'Allemagne met en jeu son expertise dans la construction de freins'... (*Le Point*, 15 mars 2019, interview à Peter Sloterdijk)

(14) On craint la « dépression », on conseille une « diète » et, parfois, on va jusqu'à prescrire une « cure d'austérité ». Dans la bouche des experts, les images médicales foisonnent lorsqu'il s'agit d'économie ... même si *cette métaphore* peut être trompeuse. (*AFP-Info mondiales*, 09 février 2017)

Comme on peut le constater dans les exemples 8, 11, 13, 14, la construction anaphorique, autant que la prédication nominale décrite dans le sous-paragraphe précédent, est souvent accompagnée d'expansions, ayant le rôle d'émettre, éventuellement, un « jugement de métaphorisation » et, en général, de justifier l'attribution figurale. Ces commentaires mesurent en effet le degré de représentativité de la métaphore introduite : dans le cas de l'exemple 14, la pertinence du méta-foyer (les « images médicales ») par rapport au méta-cadre (« l'économie ») sont évaluées sur la base d'un critère d'adéquation référentielle qui provoque ici un rejet partiel de la métaphore, jugée comme « trompeuse ».

En effet, une autre fonction caractéristique du MMM utilisé dans la reprise anaphorique est d'opérer une sorte de classification de l'imaginaire figural. Ainsi, la construction anaphorique « déterminant + *métaphore* » est-elle maintes fois suivie d'une caractérisation qui délimite la portée de la représentation figurale. Outre les exemples 13 et 14 ci-dessus, c'est ce qui se produit dans les exemples 15 et 16, où le MMM figure dans le discours rapporté et fonctionne comme une marque stylistique explicite du e2 ou du l2/e2 (soit, respectivement, Édouard Glissant dans l'ex. 15 ; le maire Jean-Pierre Giran dans l'ex. 16) :

(15) Le rhizome conteste la racine unique qui tue alentour. Chez Glissant, cette *métaphore* du rhizome emprunte à l'existence d'une racine qui ne tue pas les autres racines et évolue de manière horizontale.[22] (*L'Humanité*, 25 septembre 2018)

---

22 Dans l'article il est question de la « métaphore botanique du rhizome que Glissant a lui-même saisie chez Gilles Deleuze ».

(16) Puis le maire s'est tourné vers les récentes accusations de 'politique de l'autruche'
[...] Poursuivant la *métaphore* animalière, Jean-Pierre Giran s'est alors fait référence
à... la 'girafe'. 'Il me traite d'autruche. [...] C'est mieux qu'une tête de girafe, toujours dans les nuages, hors sol...' (*Var-Matin*, 30 janvier 2019)

Se greffant sur le type 2 de Kleiber (« métaphore conceptuelle ou
onomasiologique »), les cas sont légion dans le corpus où un adjectif relationnel remplace ce que Kleiber indique comme le « concept »
métaphorique (*cf.* la *métaphore* du rhizome *vs* la *métaphore rhizo-
matique* ; la *métaphore* des animaux *vs* la *métaphore animalière*). Le
discours de la presse décline, de cette manière, une kyrielle de *métaphores,* dont la relation adjectivale s'étend tous azimuts (*métaphores
sportives, médicales, religieuses, militaires, météorologiques, gastro-
nomiques, géologiques, science-fictives, arboricoles*, etc.). Leur reprise
anaphorique suffit à identifier un trait typique de la pratique langagière
d'un personnage public ou d'un groupe social et à classifier le positionnement idéologique qui leur est sous-jacent. Il en est ainsi, par exemple,
pour la « métaphore indienne » ou « amérindienne », dont la présence
est épinglée chez Victor Orbàn, Donald Trump, Matteo Salvini, etc.,
s'imposant comme un trait éthotique du langage de l'extrême droite :

(17) L'Europe blanche et chrétienne risquerait donc de vivre le même destin que les Amé-
rindiens : être submergée par l'arrivée d'étrangers malveillants. L'extrême droite
a trouvé dans cette *métaphore amérindienne* de quoi relayer ses obsessions. (*Le
Monde*, 21 juillet 2018)

Outre la position anaphorique, le MMM peut enfin occuper une place
cataphorique : sa fonction de jalon, susceptible de contraindre l'interprétation du destinataire, devient ici tout particulièrement patente.
Dans l'exemple 18, la figure que le MMM se charge d'introduire est
une métaphore conflictuelle d'ordre cognitif (Prandi 2002) extrêmement hasardeuse, car elle postule une correspondance entre deux paradigmes scientifiques et notionnels tout à fait étrangers l'un à l'autre (la
théorie freudienne du psychisme et celle de la séparation des pouvoirs
de Montesquieu). Face à ce rapprochement hardi, le MMM cataph-
rique se propose comme un médiateur du conflit conceptuel :

(18) L'imbrication entre les inconscients individuel et collectif m'a amené à reprendre la
*métaphore* suivante : la définition du psychisme donnée par Freud répondrait à la

séparation des pouvoirs pensée par Montesquieu. (*La Croix*, 18 février 2019, entretien avec le psychanalyste Jean-Pierre Winter)

Ce dernier exemple prouve, entre autres, que le MMM peut parfois agir sur un empan plus vaste que celui de l'énoncé isolé. Introduite par le MMM, qui favorise son installation discursive, la métaphore parvient à présider au développement thématique du discours, ainsi qu'à l'énonciation dans laquelle celui-ci s'exprime. Si, sur le plan rhétorique et discursif, l'indice MMM déploie son action sur l'*inventio*, sur le plan pragma-énonciatif, il finit ainsi par modifier les modalités de l'énonciation. Ce sont les configurations permettant au MMM d'intervenir à ce niveau que nous décrirons dans le sous-paragraphe suivant.

### 2.3 Le MMM modalisateur d'énonciation : la métaphore filée

Dans ce cas de figure, le MMM contribue à la mise en place et à la progression de la dimension métaphorique dans l'énonciation discursive. Comme nous l'avons constaté dans l'exemple précédent (ex. 18) la fonction de l'indice MMM consiste, dans un premier moment, à faciliter l'interprétation du conflit conceptuel dont la métaphore est porteuse, ce qui rend plus aisé, dans un deuxième moment, l'engendrement d'autres métaphores greffées sur la précédente, perpétuant le rendement discursif lié à l'augmentation de l'« hyperpertinence » figurale (Gaudin-Bordes/Salvan 2013). L'ex. 19 montre ainsi comment la métaphore des « baskets » jaillit de celle du « sac à dos » dans le discours du l2/e2 (le président du Medef des Hauts-de-France, Frédéric Motte). La présence du MMM cataphorique dans cet énoncé pourrait assumer aussi la fonction de prévenir une possible récusation de la construction métaphorique (*cf.* Plantin 2017).

(19) Fidèle à son sens de *la métaphore*, Frédéric Motte, le président du Medef des Hauts-de-France [. . .], n'hésite pas à affubler les chefs d'entreprises d'un bien lourd sac à dos. « . . . le sac à dos du dirigeant reste toujours fort lourd, qu'il s'agisse de fiscalité, de lourdeurs administratives, de problèmes d'embauche. Qu'au lieu de nous alourdir, en permanence, avec ce sac à dos, on nous équipe enfin de baskets. . . Et les choses iront beaucoup mieux ! » (*Journal des entreprises*, 01 avril 2017)

Ce rôle de « passeur », voire de médiateur du conflit conceptuel, ainsi que la fonction de précaution oratoire que joue le MMM, dont la visée argumentative s'accroît en boule de neige jusqu'à la conclusion, sont très évidents dans l'ex. 20. Ici, on rapporte l'opinion de Yves Lefebvre, secrétaire général du syndicat Unité SGP Police, qui se lance dans une métaphore risquée, à peine mitigée par l'avertissement préventif et auto-réflexif : « Je vais oser une *métaphore* ». Proposant, dans une sorte de monologue en discours direct, entrecoupé de commentaires métadiscursifs subjectifs, un parallèle entre la condition de condamné en sursis, grâce à la loi Taubira, de Cherif Chekkat (auteur de l'attentat aux marchés de Noël de Strasbourg, le 11 décembre 2018) et la condition des travailleurs français, titulaires d'un CDD (contrat à durée déterminée) ou d'un CDI (contrat à durée indéterminée), le l2/e2 (Yves Lefebvre), relayé par le journaliste Pascal Praud (l3/e3), parvient à la conclusion draconienne qu'il faut avaliser l'incarcération préventive de tous les suspects de terrorisme :

(20)   Yves Lefebvre prévient : « Je vais oser une *métaphore* ». Une *métaphore* policière ? Je les adore. « Je dirais que Cherif Chekkat, c'est un contrat à durée déterminée de la peine de prison ». Alors qu'il méritait un CDI. [. . .]. L'attaque de Strasbourg, c'est la faute à Taubira. . . Comment n'y ai-je pas pensé ? Ce genre d'individu que j'appelle un CDD de la prison, il n'y va jamais. Offrons-lui un CDI. « Alors qu'il paraît perdu pour la société », rappelle Pascal Praud, magnanime. (*Télérama*, jeudi 13 décembre 2018)

Se doublant, en général, d'autres mots métadiscursifs, dont le prototype est représenté par « filer » (*oser/jouer/reprendre/pousser* la métaphore », etc.) ou de périphrases qualifiant la métaphore comme un stylème individuel de l'énonciateur, telles que « X, avec son sens inné de la métaphore. . . (*cf.* ex. 19) ; Y, fidèle à son sens de la métaphore . . . ; Z, fort de la métaphore de . . . », le MMM fonctionne dans ces énoncés comme une invitation à entrer dans le vertige de la virtualité infinie du trope métaphorique (Prandi 2010 ; 2017). Concernant la *dispositio*, le MMM modificateur d'énonciation se trouve, dans la plupart des cas, en ouverture ou en clôture d'un discours. La redondance isotopique que l'indice MMM justifie peut ainsi se dérouler sur de vastes portions discursives, où l'énonciateur ne se contente plus uniquement de mettre en scène la figure, mais se complaît à ce phénomène de jubilation, d'efflorescence figurale qui a reçu à son tour, dans la réflexion rhéto-rique traditionnelle, des dénominations métaphoriques, depuis l'image classique du « filage » ou du « réseau », jusqu'à celle de l'« essaim » métaphorique (Prandi 2018). Le mécanisme peut être utilisé tant dans une dimension autodialogique que dans une dimension hétérodialo-gique, afin de commenter des pratiques langagières de nature inter-discursive, par rapport auxquelles L1/E1 opère parfois un débrayage énonciatif, prenant une distance ironique. Voici, par exemple, comment un journaliste stigmatise, tout en filant, de manière à la fois cynique et hilarante, la « métaphore médicale », certains excès de la « police de la pensée »,[23] qui interdiraient l'emploi de cette métaphore en poli-tique (notamment à l'égard du candidat LR aux présidentielles de 2017, François Fillon) :

(21)  En se défendant d'être autiste, Fillon a fait tousser quelques hypertendus constipés. Avoir le sens de la métaphore vaut pourtant mieux que d'attraper la scarlatine. [. . .]. Non, la *métaphore* médicale n'est pas un cancer pour la société, elle ne la gangrène pas et ne devrait donner de palpitations ou de l'eczéma à personne. Mieux, elle nous vaccinerait presque contre les troubles narcissiques. Traiter, par exemple, le candidat LR de schizophrène au motif qu'il prône la rigueur sans la pratiquer devrait pouvoir se faire sans risquer d'être assigné par la fédération française des dédoublés de la per-sonnalité. Et si ce point de vue vous file vraiment des aigreurs d'estomac, prenez donc un Rennie, ça vous passera. (*Atlantico*, 08 mars 2017)

## 3. L'imaginaire métadiscursif de la métaphore et ses fonctions argumentatives

Les finalités argumentatives du MMM, mises en lumière dans le para-graphe précédent, sont essentiellement liées à son rôle de balise du

---

23  L'expression est du journaliste Hugues Serraf. Bien qu'il stigmatise la référence trop facile à l'autisme (signe d'une lamentable insensibilité « aux difficultés que rencontrent les personnes qui en souffrent »), le journaliste s'insurge contre les excès du « politiquement correct », en s'exclamant : « Mais l'usage de la méta-phore médicale, et peut-être même de la métaphore tout court, est-il en passe d'être rendu illégal par la 'police de la pensée' (un concept qui doit d'ailleurs choquer policiers et penseurs, que l'on n'associe généralement pas) ? »

travail d'interprétation du destinataire. En dépit des formes différentes sous lesquelles cet indice s'affiche, ces fonctions se laissent ramener à deux enjeux argumentatifs majeurs, que nous résumons brièvement ici :

- un enjeu descriptif, puisque le MMM permet de délimiter et de comparer des fragments de l'interdiscours (ce que les spécialistes de communication appellent des EDL « éléments de langage »). Comme nous l'avons constaté pour les configurations « MMM + adjectif relationnel », telles que la « métaphore médicale » (ex. 14 et 21), « animalière » (ex. 16), « amérindienne », (ex. 17), « policière » (ex. 20), les occurrences sont nombreuses pour montrer que le MMM accomplit, dans la logosphère médiatique, un véritable rôle de démarcation et de classification des idiolectes de la parole publique.[24]

- un enjeu axiologique car, comme le prouvent quasiment tous les exemples examinés, le MMM fonctionne comme un support, permettant à l'énonciateur de proposer des commentaires sur le dit, pouvant concerner, à la fois, l'attribution méta-figurale et le fragment de la réalité extra-linguistique auquel celle-ci s'applique.

Bien évidemment, ces visées tendent souvent à coïncider, comme le prouve l'énoncé 22, où il est question, en même temps, d'identifier la métaphore macronienne mobilisée en réponse à la protestation virulente des « gilets jaunes » et d'évaluer son efficacité pragmatique, par rapport à des constructions figurales qui auraient mieux servi le Président à d'autres moments de sa carrière politique :

(22) La *métaphore* de l'« état d'urgence » translatée au social [...] était loin d'avoir (la) force (nécessaire). Il (Macron) doit trouver la *bonne métaphore* pour, comme il l'a fait en 2017, se situer résolument du côté des forces constructives, de la pulsion de vie contre la pulsion de mort. (*Le Monde*, 12 décembre 2018)

L'accumulation de plans et d'objectifs de nature différente est une caractéristique constante du recours à l'indice MMM. C'est justement l'entrelacement de dimensions multiples que nous proposons d'analyser dans ce paragraphe, nous interrogeant sur la valeur argumentative que recèle l'activité d'évaluation de la figure introduite par le MMM et sur la nature de l'imaginaire symbolique que ce marquage promeut.

---

24 Pour Macron, par exemple, il est question de la « métaphore de la lèpre nationaliste », de la métaphore « alpine » ou « montagnarde » de la « cordée », etc. Sur cette dernière métaphore, *cf.* Druetta, dans ce même volume.

En ce qui concerne l'activité évaluative, force est de constater qu'elle est tout à fait hétérogène, à la fois pour ses modalités et pour son objet. Pour ses modalités, puisque cette opération fait apparemment appel aux trois pôles de la « triade supérieure » aristotélicienne (le *beau*, présidant à l'esthétique, le *bien* relatif à l'éthique, le *vrai* propre de la logique), alors que le « jugement de métaphorisation » opère souvent une synthèse cumulative des trois plans, l'appréciation esthétique et éthique étant subordonnée à l'illusion de la vérité et de la justesse du méta-foyer figural indiqué : la « beauté », la « perfection » ou la « bonté » de la métaphore (dont il est question aux exemples 4, 5, 11, 22) traduisent en effet principalement la reconnaissance de la plénitude symbolique et de la puissance pragmatique de la figure introduite. L'évaluation est en outre hétérogène pour son objet, car la frontière est poreuse entre la stricte appréciation de la pertinence figurale et le jugement portant sur les éléments mondains susceptibles de la motiver. Plusieurs exemples du paragraphe précédent (*cf.* notamment les ex. 10, 13, 17, 19, 20) ont montré que l'environnement du MMM offre fréquemment l'occasion d'imposer au destinataire un point de vue (Rabatel 2008 ; 2017) et une vision subjectifs sur des phénomènes d'ordre mondain. De surcroît, ces deux types d'hétérogénéité peuvent coexister et cumuler. Dans l'énoncé 23, l'adjectif axiologique *terrifiante* qualifie, en même temps, la métaphore qu'est le roman *Valet de pique* et la réalité dont il offre une représentation. Le segment explicatif : « une nation schizophrène, gangrenée... etc. », fonctionne comme une justification du MMM, s'étoffant de force détails péjoratifs relatifs à l'objet, au méta-cadre de la représentation figurale :

(23) Au-delà du thriller virtuose, on peut voir ce « Valet de pique » [roman de Joyce Carol Oates] comme une terrifiante *métaphore* de l'Amérique : l'image d'une nation schizophrène, gangrenée par son côté obscur, qui passe sans crier gare d'Obama à Trump. (*Les Echos*, 04 avril 2017)

Quant à l'imaginaire que nourrit le MMM et à l'enchevêtrement du plan symbolique et du plan mondain qu'il comporte, découlant de la nature référentielle mixte du MMM, que nous avons postulée dans le paragraphe 1, deux situations d'emploi de ce marqueur nous permettront de formuler quelques hypothèses d'ensemble sur son fonctionnement.

### 3.1 Le MMM, une moderne allégorie in factis

Nous souhaitons reprendre ici la question de la concurrence synonymique du nom *métaphore* avec les mots « *emblème, allégorie, icône* et
*symbole* » à laquelle fait allusion Kleiber (2016 : 28). Comme celui-ci
le souligne, cet emploi du MMM, qui dans sa taxinomie correspond au
type 3 (métaphore d'objet), se vérifie le plus fréquemment quand le nom
*métaphore* s'applique à des ouvrages de fiction ou à des productions
artistiques (films, romans, spectacles, etc. : *cf.* nos exemples 3, 10, 11,
22), pouvant marquer également un trait ponctuel du macro-signe que
forme l'ouvrage (le titre, le décor, un personnage, un objet scénique),[25]
comme cela se vérifie dans l'exemple 24, où l'élément assumant une
valeur métaphorique est la caractéristique physique d'un personnage
(son obésité) :

(24)  Elle (la série « This Is Us ») parle de perte, de deuil, d'obésité – dont le personnage
      n'arrive pas à se débarrasser – ce qui est une *métaphore* des choses qui nous pour-
      rissent la vie. (*20 Minutes*, jeudi 06 avril 2017)

Cette intuition de Kleiber est confirmée par le fait que le cotexte phras-
tique propose souvent un des mots du paradigme « *emblème, allégorie,
icône* et *symbole* » en tant qu'équivalent interchangeable du nom *métaphore*, ce qui se produit à plusieurs reprises dans notre corpus.

Or, au-delà de la pertinence de cette synonymie – une question
d'ordre lexicologique qui se situe en dehors de nos objectifs – ce phénomène retient notre attention en tant que témoignage de la conception ordinaire et spontanée de la métaphore, qui relie cette figure à la
dimension symbolique, voire mythique de notre imaginaire langagier.
Notre hypothèse est en effet que l'indice MMM, dans ces situations
d'emploi, fait assumer à la méta-figure qu'il construit la valeur d'une
moderne allégorie *in factis* (Strubel 1975), où les éléments descriptifs
et narratifs de la fiction concourent à dessiner une corrélation entre un
plan concret textualisé A et un plan conceptualisé B, à travers une série

---

25  Kleiber parle, à ce propos, de relation de figuralité « horizontale » ou « verticale »,
    comparable à la relation lexicale hiérarchique *hyponymie-hyperonymie* (Kleiber
    2016 : 29).

de correspondances C, ce qui est le propre du mécanisme allégorique (*cf.* Bonhomme 2003 : 176).

Cependant, ce qui nous intéresse au premier chef, c'est que le recours à un MMM attribuant une valeur symbolique au méta-foyer auquel il s'applique, ne se limite pas au domaine des œuvres de l'esprit, relevant du domaine de la *fabula*. En outre – ce qui est encore plus probant – plusieurs occurrences prouvent que l'accès à une dimension symbolique, voire allégorique, s'étend à des événements possédant pleinement le statut de « faits » du monde réel (Perelman 2008 [1958] : 89). Il en est ainsi, par exemple, d'une photo témoignant de la solitude de Theresa May, qu'on propose de lire comme une métaphore de l'impasse du Brexit :

(25)  Une photo de Theresa May à Bruxelles suscite la risée des internautes : on y voit la Première ministre britannique seule à une table vide à Bruxelles. Une *métaphore* des négociations sur le Brexit. (*Sud Ouest Éco*, 21 octobre 2017)

Ce sont principalement les grandes catastrophes collectives qui se doublent d'une forte valeur emblématique, comme l'écroulement du pont de Gênes, le 14 août 2018 (ex. 26) ou l'incendie de la cathédrale de Notre-Dame de Paris, le 15 avril 2019 (ex. 27 et ex. 28, dans lesquels deux pistes interprétatives de l'événement-métaphore sont suggérées, avec deux orientations axiologiques opposées : l'apocalypse et la résurrection).

(26)  Ce que doit voir le citoyen [. . .] c'est que le pont est non seulement le moyen de communication entre les hommes, c'en est aussi le symbole. C'est autour des ponts que la civilisation s'est construite. L'effondrement de ce pont n'est-il pas la triste *métaphore* d'un monde qui s'écroule ? (*Courrier picard*, 19 septembre 2018)

(27)  On ne peut s'empêcher de voir dans cet effondrement (de la flèche de Notre-Dame), une *métaphore* de tant de pouvoirs lézardés et incendiés, d'un monde fragilisé. (*Courrier International*, 16 avril 2019)

(28)  Au milieu de ce désarroi que l'Eglise a contribué à entretenir, faute de réponses claires, bien des croyants ne peuvent voir dans l'incendie un simple accident : soit il est une *métaphore* de l'apocalypse qui fascine une partie de ses ouailles (l'effondrement de la civilisation européenne), soit un espoir de renouveau, où l'Esprit n'aurait plus besoin de se draper dans les plis d'une culture qui lui est désormais aliénée. La *métaphore* souvent explicite est bien sûr la chute de l'Empire romain. (*L'Obs*, 19 avril 2019)

Des énoncés de ce genre montrent qu'un certain penchant pour l'étiologie populaire, entendue comme la tendance à remonter à des causes métaphysiques, transcendant les événements, résiste dans la pensée moderne, où survit une forme spontanée d'allégorèse latente du quotidien.

L'imaginaire de la métaphore qui s'exprime dans le MMM serait donc lié, à notre sens, à la conception ordinaire de l'allégorie, les deux figures représentant le vestige du travail primordial d'interprétation des épiphénomènes du réel comme autant de signes d'un ordre inconnu et insaisissable de l'univers. Notre hypothèse trouve d'ailleurs une confirmation dans la réflexion rhétorique. Si la question de l'affinité de la métaphore – et notamment de la métaphore filée – avec l'allégorie mériterait une analyse scientifique approfondie, il est significatif que le sentiment d'une parenté de ces dispositifs ait surgi à plusieurs reprises dans la tradition rhétorique, depuis Fontanier (*cf.* Rastier 1987 : 175 ; Paillet 2017).

### 3.2 Le MMM, un procédé pour ajuster l'écart discours-réalité

L'hypothèse que nous venons de formuler trouve une validation *a contrario* dans l'utilisation du MMM comme d'un procédé pour régler l'écart entre le plan du discours et celui de la réalité factuelle. En effet, l'assimilation de la métaphore à une prédication allégorique, trace d'une phénoménologie transcendante, produit parfois la nécessité de désamorcer ce type d'interprétation, ce qui confirme le statut du MMM comme modalisateur de la réception discursive. Le dispositif le plus courant pour prévenir une possible lecture métaphorique du dire (de nature auto – ou hétérodialogique) consiste en la précision « *sans métaphore* », paraissant recommander au destinataire une réception « au pied de la lettre » des énoncés proférés, comme cela se vérifie dans l'ex. 29 et notamment dans le commentaire par lequel L1/E1 essaie de neutraliser l'équivalence métaphorique (*logement/machine à cash*) que l2/e2 (le président du syndicat des propriétaires de l'Aube) vient de proposer :

(29)    « Le logement est une machine à cash pour le gouvernement », ajoute même *sans métaphore* le président de la chambre syndicale des propriétaires immobiliers de l'Aube. (*L'Est éclair*, 04 décembre 2018)

Ce qui mérite attention, dans ce dernier exemple, c'est que le MMM s'applique à un énoncé qui, du point de vue rhétorique, est bel et bien métaphorique et qui n'en est pas moins métaphorique par la présence du MMM. Dès lors, le MMM « sans métaphore » se traduit non pas par une instruction qualitative (« à interpréter au pied de la lettre ») mais quantitative ou intensive d'emphase (« à prendre dans le sens fort », car le locuteur adhère intimement à ce qu'il dit), alors que le MMM « métaphore » indiquerait une adhésion faible, une façon de parler somme toute anodine.

Un autre procédé fréquent pour produire ce genre d'issue consiste en la véritable négation de la métaphore. La négation du MMM (*N n'est pas une métaphore de N1*) correspond alors à un dispositif qui emphatise la valeur de vérité d'une affirmation,[26] tout en récusant d'avance, de manière polémique, l'assignation d'une valeur figurale aux paroles proférées. C'est ce qu'on peut constater dans l'ex. 30, tiré d'un éditorial de Laurent Joffrin. Mettant à son tour « dans le même sac » des questions de nature fort différente, le journaliste, L1/E1, fournit d'abord le jugement de métaphorisation « bizarre métaphore » à l'égard du dire de Mélenchon (l2/e2) et puis, dans une nette posture de sur-énonciation (Rabatel 2005b), compare cette métaphore à la condition factuelle des victimes des bombardements chimiques en Syrie :

(30)  Mélenchon, au vrai, n'est pas en reste dans l'usage du fake. Avec Macron, Fillon et Le Pen, dit-il, 'vous allez cracher le sang'. Bizarre *métaphore* qui met dans le même sac trois programmes qui n'ont rien à voir entre eux, avec une fruste ambition polémique : placer sur le même plan nationalisme xénophobe, conservatisme thatchérien et social-libéralisme centriste, ce qui tient moins de l'analyse politique que du glou-bi-boulga 'dégagiste'. Ceux qui crachent le sang, et cette fois, *ce n'est pas une métaphore*, sont les victimes des bombardements chimiques en Syrie, niés avec énergie par ce Poutine que Mélenchon tient tant à ménager. (*Libération*, 13 avril 2017)

Enfin, dans l'espace qui s'ouvre entre la métaphore traitée comme une moderne allégorie et la négation polémique de cette valeur, le MMM peut servir à régler l'articulation des deux plans, le symbolique et le réel, pour en réduire éventuellement l'écart.

---

26  Il faut naturellement entendre ici « vérité » au sens foucaultien de « volonté de vérité » (Foucault 1971).

C'est ce que prouve l'ex. 31, dans lequel le MMM s'applique à un événement (la panne électrique au Venezuela) suivant la modalité de l'allégorie *in factis* vue au § 3.1, alors que le « jugement de métaphorisation » contenu dans l'incise, formulée par le biais d'un décrochage énonciatif (« bien réelle hélas »), réduit drastiquement la distance entre la dimension symbolique et la réalité factuelle :

(31)   La gigantesque panne électrique qui a plongé jeudi dans le noir Caracas et la moitié du pays, est la *métaphore* – bien réelle hélas – de la descente aux enfers du Venezuela. (*Sud Ouest*, 09 mars 2019)

Le MMM, dans ce rôle argumentatif de régulateur du jeu métaphore-vérité, peut enfin être exploité comme une échappatoire rhétorique.

À travers le MMM, on peut ainsi essayer de remplir « les failles entre les discours et la réalité » : dans l'ex. 32, la qualification de « métaphore » appliquée à l'expression *Day One,* utilisée pendant la campagne présidentielle de Donald Trump, s'efforce d'atténuer l'impact d'une nomination trop engageante, sa signification littérale s'étant bien vite cognée contre les difficultés concrètes de la réalisation des promesses électorales :

(32)   On comprend donc que les failles entre les discours et la réalité sont très nombreuses. La promesse de frapper fort et vite, dès le Premier Jour (Day One), s'est bien entendu heurtée d'emblée à la réalité. Il a été possible alors de contourner toute mauvaise impression, en expliquant que Day One était une *métaphore* pour « début de mandat ». Mais l'attente est très forte et l'impatience grandit parmi les plus fervents supporters de Trump. (*Atlantico*, 06 avril 2017)

De manière analogue, on peut avoir recours à l'indice MMM pour revenir à rebours sur une maladresse d'expression. L'énonciateur l2/e2 mentionné dans l'ex. 33 (Karl Lagerfeld) essaie ici de rattraper une grosse bourde, en réduisant la valeur de vérité de son dit et en essayant de le ramener aux proportions, apparemment plus acceptables, d'une simple « *métaphore* » :

(33)   Dans un entretien publié en décembre 2017 par *Die Zeit* et le magazine *Vogue*, il (Karl Lagerfeld) était revenu sur les propos antiréfugiés et islamophobes qu'il avait tenus peu de temps auparavant lors de l'émission *Salut les Terriens,* dans laquelle il avait affirmé, au sujet de l'accueil en Allemagne de près d'un million de demandeurs d'asile en 2015 : 'On ne peut pas [. . .] tuer des millions de juifs pour faire venir des

millions de leurs pires ennemis après'. Face aux questions des journalistes, il avait nuancé ensuite ses propos en parlant de « *métaphore* », tout en persistant à parler d'« ennemis jurés (des Juifs) ». (*Libération*, 20 février 2019)

## 4. Conclusion

Le phénomène de la « métaphore déclarée » que nous avons décrit dans cet article nous a permis de mettre en lumière des aspects divers d'une question très complexe.

Sur le plan discursif, nous avons montré que le MMM, en tant qu'instruction d'interprétation, fonctionne comme un embrayeur énonciatif, mobilisant un savoir commun sur le monde et essayant d'amener l'énonciataire à partager le point de vue de l'énonciateur.

Sur le plan argumentatif, nous avons pu constater que le MMM contribue à orienter vers une visée prédéterminée, via le jeu du méta-cadre et du méta-foyer qu'il pointe.

Sur le plan rhétorique, le MMM se comporte comme un multiplicateur des propriétés, déjà bien nombreuses et connues, de la métaphore. En effet, ce dispositif : i) accroît la propriété de la métaphore d'être une figure de l'entre-deux lexical-discursif (Cadiot 2002) ; ii) augmente sa capacité de construire des mécanismes sémantiques et cognitifs conflictuels à l'issue projective (Prandi 2010 ; 2016 ; 2017) ; iii) exalte l'aptitude de la métaphore d'être un trope révélateur d'une virtualité signifiante infinie (Détrie 2001).

Sur le plan métadiscursif, enfin, l'observation du MMM a confirmé l'intérêt que peut représenter, pour les linguistes, le fait de prendre en considération les conceptions spontanées et auto-réflexives du langage et notamment du langage figural. On a effectivement pu constater que la « métaphore déclarée » traduit l'existence d'un imaginaire dont il convient de tenir compte pour décrire, de manière aussi complète que possible, le fonctionnement langagier, y compris dans une visée scientifique. En premier lieu, le MMM est l'indice de l'effort que fait constamment l'énonciateur, à la fois pour stipuler convenablement le sens qu'il est en train de produire et pour en rehausser l'efficacité. Deuxièmement, il témoigne d'une sorte de nostalgie cratylienne pour une coïncidence primordiale des mots et des choses, susceptible de rapprocher la « vérité » ontologique et la réalité empirique. Les études portant sur les conceptions ordinaires du langage, auxquelles nous avons fait allusion dans l'introduction, ont souvent constaté la permanence, chez les non linguistes, d'un idéal spontané d'orthonymie (Julia 2001 ; Paissa 2011 ; Le Draoulec 2015). En troisième lieu, enfin, le MMM est la trace de l'illusion de pouvoir saisir les correspondances (au sens swedenborgien) qui gouvernent, en même temps, le monde physique, les événements et le langage. Tout naïf qu'il peut sembler, ce mirage conditionne notre activité langagière et la visée argumentative qui lui est inhérente, dans ce leurre de logomancie qui habite sans cesse notre for intérieur.

## Références bibliographiques

Achard-Bayle, Guy / Paveau, Marie Anne (éds) 2008. *La linguistique hors du temple. Pratiques* 139/140.

Authier-Revuz, Jacqueline 1995. *Ces mots qui ne vont pas de soi. Boucles réflexives et non coïncidences du dire.* Paris : Larousse.

Baklouti, Elodie / Bres, Jacques 2016. Ce qu'ironiser veut dire… De l'usage métadiscursif des termes ironie, ironiser, ironique(ment) dans le texte théâtral et dans le texte journalistique. In Biglari, Amir / Salvan, Geneviève *Figures en discours*. Paris : L'Harmattan, 135–158.

Beacco, Jean-Claude (éd.) 2004. *Représentations métalinguistiques ordinaires et discours. Langages* 154.

Black, Max 1954–1955. Metaphor, *Proceedings of the Aristotelian Society*. New Series 55, 273–294.

Bonhomme, Marc 2003. Pour une approche pragmatico-cognitive des discours figuraux : l'exemple de l'allégorie. In Amossy, Ruth / Maingueneau, Dominique (éds) *L'analyse du discours dans les études littéraires*. Toulouse : Presses Universitaires Mirail, 175–186.

Bonhomme, Marc 2005. *Pragmatique des figures du discours*. Paris : Champion.

Brunner, Pascale / Husson, Anne-Charlotte / Neusius, Vera (éds) 2018. *Les métadiscours des non-linguistes. Les Carnets du Cediscor* 14. <http://journals.openedition.org/cediscor/1096>

Cadiot, Pierre 2002. Métaphore prédicative nominale et motifs lexicaux. *Langue Française* 134, 38–57.

Détrie, Catherine. 2001. *Du sens dans le processus métaphorique*. Paris : Champion.

Doury, Marianne 2008. « Ce n'est pas un argument ! » Sur quelques aspects des théorisations spontanées de l'argumentation. *Pratiques* 139/140, 111–128.

Foucault, Michel 1971. *L'ordre du discours*. Paris : Gallimard.

Gaudin-Bordes, Lucile / Salvan, Geneviève 2013. Contextualisation et hyperpertinence figurale. *Le discours et la langue* 4/2, 17–24.

Gaudin-Bordes, Lucile / Salvan, Geneviève 2017. Le pléonasme, simplement redondant ? In Stolz, Claire / Paillet, Anne-Marie / Jollin-Bertocchi, Sophie / Kurts-Wöste, Lia *La simplicité. Manifestations et enjeux culturels du simple en art*. Paris : Champion, 373–388.

Groupe μ 1970. *Rhétorique générale*. Paris : Larousse.

Havu, Eva / Pierrard, Michel 2008. Prédication seconde et liens appositifs : intégration de prédicats et points d'ancrage. *Faits de langues* 31–32, 357–368.

Jaubert, Anna 2012. Le processus énonciatif du fait figural. In Calas, Frédéric / Fromilhague, Catherine / Garagnon, Anne-Marie / Susini, Laurent (éds) *Les figures à l'épreuve du discours – Dialogisme et polyphonie*. Paris : Presses de l'Université Paris-Sorbonne, 31–52.

Julia, Catherine 2001. *Fixer le sens ? La sémantique spontanée des gloses de spécification du sens*. Paris : Presses de la Sorbonne Nouvelle.

Kleiber, Georges 2015. Quand le nom *métaphore* se met à être lui-même…métaphorique. In Masseron, Caroline / Privat, Jeane Marie / Reuter, Yves *Littérature, linguistique et didactique du français. Les travaux Pratiques d'André Petitjean*. Villeneuve d'Ascq : Presses Universitaires du Septentrion, 67–76.

Kleiber, Georges 2016. Du triple sens de « métaphore ». *Langue Française* 189/1, 15–34.

Krieg-Planque, Alice 2004. Souligner l'euphémisme : opération savante ou acte d'engagement ? Analyse du ‹jugement d'euphémisation› dans le discours politique. *Semen* 17, 59–79.

Lakoff, Georges / Johnson, Mark 1980. *Metaphors we Live by.* Chicago/London : The University of Chicago Press.

Le Draoulec, Anne / Pery-Woodley, Marie-Paule / Rebeyrolle, Josette 2014. Glissements progressifs de « sémantique ». In Lecolle, Michelle (éd.) *Métalangage et expression du sentiment linguistique « profane ». Le discours et la langue. Revue de linguistique française* 6/1, 109–126.

Lecolle, Michelle 2008. De la synonymie, vue à travers les emplois des mots *synonyme, synonymie* et *synonymique* dans les textes. *Pratiques* 141–142, 121–137.

Lecolle, Michelle 2014. (éd.) Métalangage et expression du sentiment linguistique « profane ». *Le discours et la langue. Revue de linguistique française* 6/1.

Paillet, Anne-Marie 2017. Métaphore, narration et argumentation. In Bonhomme, Marc / Paillet, Anne-Marie / Wahl, Philippe (éds) *Métaphore et argumentation.* Louvain-la-Neuve : Academia-L'Harmattan, 243–259.

Paissa, Paola 2011. Pour (ne pas) noyer le poisson : la litote en tant que marqueur métadiscursif et indice d'un 'sentiment rhétorique spontané'. In Horak, André (éd.) *La Litote. Hommage à Marc Bonhomme.* Bern : Peter Lang, 199–223.

Paveau, Marie-Anne 2007. Les normes perceptives de la linguistique populaire. *Langage et société* 119, 93–109.

Perelman, Chaïm / Olbrechts-Tyteca, Lucie 2008 [1958]. *Traité de l'argumentation. La nouvelle rhétorique.* Bruxelles : Éditions de l'Université de Bruxelles.

Plantin, Christian 2017. Contre les métaphores : une approche par la réfutation de la métaphore argumentative. In Bonhomme, Marc / Paillet, Anne-Marie / Wahl, Philippe (éds) *Métaphore et argumentation.* Louvain-la-Neuve : Academia-L'Harmattan, 169–185.

Prandi, Michele 2002. La métaphore : de la définition à la typologie. In Balibar-Mbrabti, Antoinette / Conenna, Mirella (éds) *Nouvelles approches de la métaphore. Langue Française* 134, 6–20.

Prandi, Michele 2010. L'interaction métaphorique : une grandeur algébrique. *Le Groupe μ entre rhétorique et sémiotique. Protée* 18/1, 75–84.

Prandi, Michele 2016. Les métaphores conflictuelles dans la création des concepts et des termes. *Langue Française* 189, 35–47.

Prandi, Michele 2017 *Conceptual Conflicts in Metaphors and Figurative Language*. New York/London : Routledge.

Prandi, Michele 2018. Un outil linguistique pour l'analyse des textes littéraires : l'idée d'essaim métaphorique. *Le discours et la langue* 10/2, 63–84.

Rabatel, Alain 2005a. La part de l'énonciateur dans la construction interactionnelle des points de vue. *Marges Linguistiques*, M.L.M.S. Publisher, 115–136.

Rabatel, Alain 2005b. Les postures énonciatives dans la co-construction dialogique des points de vue : coénonciation, surénonciation, sousénonciation. In Bres, Jacques / Haillet, Pierre / Mellet, Patrick Sylvie / Nølke, Henning / Rosier, Laurence (éds) *Dialogisme, polyphonie : approches linguistiques*. Bruxelles : Duculot, 95–110.

Rabatel, Alain (éd.) 2008. *Figures et point de vue en confrontation. Langue Française* 160/4.

Rabatel, Alain 2009. Prise en charge et imputation, ou la prise en charge à responsabilité limitée. *Langue française*, 71–87.

Rabatel, Alain 2017. *Pour une lecture linguistique et critique des médias : Empathie, éthique, point(s) de vue*. Limoges : Éditions Lambert-Lucas.

Rastier, François 1987. *Sémantique interprétative*. Paris : PUF.

Rossi, Micaela 2015. Des ours et des taureaux : les métaphores dans les terminologies de spécialité sont-elles traduisibles ? In Paissa, Paola / Rigat, Françoise / Vittoz, Marie-Berthe (éds) *Dans l'amour des mots. Chorale(s) pour Mariagrazia*. Alessandria : Ed. Dell'Orso, 109–122.

Siouffi, Gilles / Steuckardt, Agnès / Wionet, Chantal 2014. Le mot à la mode : usages et enjeux d'une expression métalinguistique profane.

In Lecolle, Michelle (éd.) *Métalangue et expression du sentiment linguistique profane. Le discours et la langue* 6/1, 127–142.

Strubel, Armand 1975. Allegoria *in factis* et allegoria *in verbis. Poétique*, 23, 342–357.

Wilmet, Marc 2003 [1997]. *Grammaire critique du français.* Paris/ Bruxelles : Hachette Duculot.

Elisabetta Zurru

# Multimodal and Visual Metaphors in Social Media: a Case Study in Political Discourse

## 1. Introduction: research questions and aims

The body of research about computer-mediated communication (CMC) has increased exponentially in the last few decades (Demata/Heaney/ Herring 2018; Erickson 2000; Gruber 1998). The invention and progressively common use by the general public of the internet at the end of the twentieth century gave rise to new text-types and communication forms, such as emails or blogs, which, in turn, required established disciplines, such as linguistics, to start investigating their features and functions. The creation and instant success of new devices, such as smart phones, tablets, and new media, like social media (SoMe), in the 2000s forced the academic world to appreciate that CMC had turned into an even more multifaceted aspect of everyday life, and an array of additional definitions, such as technology-mediated communication (TMC), digital discourse or electronic discourse (Bou-Franch/Garcés-Conejos Blitvich 2019; Chovanec 2018: 9) were suggested. What all these definitions have in common is the awareness that the developments in the information technology world have inevitably caused a proliferation, in number and use, of new text-types and communicative forms and platforms. From Facebook posts, to Instagram posts, to WhatsApp messages, to tweets to the more recent Tik Tok videos, the possibility to communicate with people from all over the world at any time knows no bounds. As a result, the number of participants in online conversations is potentially unlimited and constitutes a form of "mass interpersonal communication" where opinions are influenced (Neubaum/Krämer: 2017), and news are disseminated and evaluated in terms of "newsworthiness" and "shareworthiness" (Trilling et al.: 2017). TMC is, therefore, a site of engagement (Scollon 2001; see also Jones 2005) where information is accessed, spread, challenged or supported on a regular basis – a phenomenon that has attracted the attention and prompted the investigation of many scholars in the humanities, and in the media and communication fields in particular (Kelsey 2010; Page et al. 2014; Russell 2011; Scott 2000). Undoubtedly, SoMe are highly interactive in nature, the possibility of liking/commenting/reacting/replying to what someone posts being a necessary requirement for a platform to be considered as 'social'. This allows argumentative interactions to take place which are sometimes almost dialogic in nature: what is in theory a non-synchronous communicative interaction easily becoming synchronous when the interactants are both 'online' (Erickson 2000). Tweeting and retweeting have been studied as computer-mediated conversation (Honeycutt/Herring, 2009; Boyd et al. 2010), retweeting and quoting have been investigated as communicative practices (Gruber 2017), and as a practice showing many similarities with oral culture and whose social use can be seen as a "predictor of community structure" (Puschmann 2015).

The obvious difference with face-to-face interaction, the absence of non-verbal communication (NVC) such as gestures, body language and facial expressions, has also been addressed and overcome to a certain extent, thanks to the invention of a number of graphic symbols meant to replicate NVC, such as emojis or the hashtag character "#". The latter, in particular, has undergone a functional shift from a means to categorise and facilitate the search for posts related to specific topics to a communicative strategy useful to indicate stance and identity (Evans 2016), to convey the user's attitude towards the content of the post in the form of a meta-commentary (Heyd/Puschmann 2017), and to mark experiential topics, manage interpersonal relationships, and organise text (Zappavigna 2015). This being the premise, SoMe have been approached as both an area of support and communion, and as one of aggression and conflict (see Gearhart/Zhang 2014; Seargeant/Tagg 2014; Zappavigna 2012).

This article will focus on the latter, by investigating the use of SoMe, and of Twitter in particular, as a means to engage in political discourse, which is, in turn, a prototypically conflictual space. Through the analysis of a thread of tweets replying to Donald Trump's 2017 tweet about his inauguration speech after the 2016 USA presidential election, the aim will be to explore how many of these tweets make use of visual or multimodal metaphors (Forceville 2009; Forceville/ Urious-Aparisi 2009a Forceville 2016; Steen 2018), to categorise the communicative functions these metaphors are meant to serve, and to shed light on their use as a prototypical stylistic trait of the communicative practices people expect to be engaged in in this particular SoMe. Section 2 addresses the theoretical and methodological issues connected with the study, Section 3 focuses on the analytical data and their investigation, while Section 4 offers a discussion of the results of the analysis and of the limitations of the study, and outlines a number of possible future research paths.

## 2. Theory and methods

The theoretical and methodological scaffolding of the study is represented by genre analysis and visual and multimodal metaphor studies. Swales (1990: 45–58) defines genre as a group of communicative events which share a number of communicative purposes, even though specimens of a genre can be more or less prototypical. This narrows down the contributions to the genre that can be considered as acceptable and appropriate in terms of their "content, positioning and form". The acceptance and sharing of these contributions takes place in a discourse community or socio-cultural group whose members are experts, to varying degrees, in the field to which the genre belongs (Swales 1990: 45–58).

Although genre analysis is usually adopted within a language for specific purposes framework, its application can be extended and fruitfully applied to the analysis of SoMe. Lomborg (2013), for example, investigated three different SoMe – blogs, Facebook and Twitter – as genres and, quite importantly for the purpose of the present article, concluded that Twitter is a space where ordinary exchanges allow an augmentation of everyday life events through their representation and sharing via texts. This allows us to underline a first aspect of primary importance: not every social medium is the same. Facebook posts cannot be analysed in the same way as tweets, lest the fundamental influence of the wider genre on the specific text be ignored. Therefore, if we consider SoMe as a whole as a genre family (Swales 1990), and each specific social medium as a genre with its own social and communicative purpose (e.g. Facebook is meant to allow the interaction between "friends" while Twitter between "followers"), we can expect the texts produced within each genre to share many similarities with those produced in the other genres belonging to the family, while also showing genre-related differences.

This brings us to a second aspect that needs to be foregrounded before proceeding any further: the very definition of what is considered as text, or unit of analysis, in this study. Given that what used to be the "territorial integrity" of genres before CMC has in time been replaced by an "invasion of territorial integrity" (Bhatia 2005: 219), which makes it difficult to recognise clear-cut boundaries between genres most of the time, most texts in digital discourse are hybrid, or multimodal, by nature. In consideration of this, the present study will adopt the extended notion of text proposed by Nørgaard (2018), which suggests that not only the verbal aspect, but also other modes, such as the visual (e.g. typography, pictures, covers), be integrated in the analysis of literary works, if they are to be appreciated within a social semiotics approach as examples of communicative texts in specific social, historical and cultural contexts.

The emphasis on the communicative purpose and the broader context of texts is a clear point of contact between this notion and the overarching definition of genre proposed by Swales, making the two working definitions aligned rather than in opposition, and thus allowing them to be profitably used in combination. For our specific purposes, we consider the whole tweet as our text or unit of analysis, namely any verbal part it might entail, including hashtags, *and* any non-verbal means (gifs, memes, pictures, videos) that might be used and that contribute to the creation of the overall intended meaning of the text. Furthermore, if we recall the notions of interaction and online conversation outlined in Section 1 above, any initiation-reply pattern between tweets will also be taken into account as the co-text necessary to fully understand the meaning-making processes of the texts examined.

Based on this, it is reasonable to claim that the texts produced in different SoMe need to display certain specific features, to be recognized as belonging to that specific genre, e.g. an Instagram post needs to contain an image while a tweet needs to respect the 280 characters limit. In the case of tweets, in addition, multimodality seems to be a trait of the genre, as statistics show that tweets including hashtags are 33 % and those with images 34 % more likely to get retweeted than those without (<https://postcron.com/en/blog/8-surprising-twitter-statistics-get-more-engagement/>; see also Suh et al. 2010).

This is one of the reasons why the choice of focusing on visual and multimodal metaphors was made: in consideration of the genre under scrutiny. Based on the definitions and methodologies presented by Forceville and Urious-Aparisi (2009a), visual metaphors are intended as a monomodal type of metaphor in which both target and source domain are cued visually, through an image. Multimodal metaphors are instead those in which more than one mode, e.g. a picture and a written text (as in the case of memes), is used, and the target and source domains are represented "exclusively, predominantly or *partially* in different modes" (El Rafaie 2009, emphasis in original). Taking the made-up CAT IS ELEPHANT example suggested by Forceville (2009: 25), the following are a visual and a multimodal realization of it, respectively, obtained by looking for "Cat is elephant" and "Cat is elephant meme" on Google images:

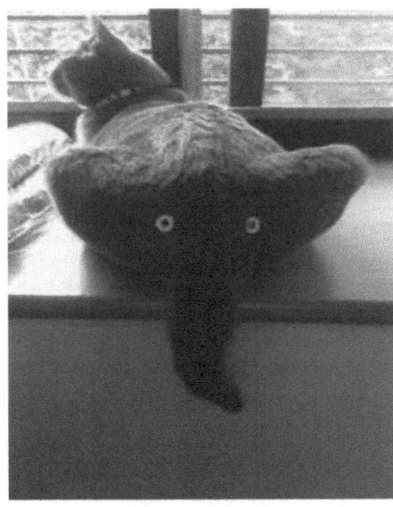 

My cat is also an elephant

**Fig 1.** CAT IS ELEPHANT     **Fig 2.** CAT IS ELEPHANT

185

In Fig. 1, the cross-mapping between the target CAT and the Source EL-EPHANT is triggered exclusively through visual means: the colour of the cat, the position of the cat on the desk, making its tail look like the trunk of an elephant and its hind legs resemble the ears of an elephant, the artificial addition of a pair of eyes where the tail of the cat departs from its body. In Fig. 2, the cross-domain mapping is triggered by both visual means (the colour and position of the cat, artificial eyes and an artificially outlined pair of elephant ears) and verbal means (the words "My cat is also an elephant").

Another reason to focus on visual and multimodal metaphors, rather than on verbal ones, is the direct link traced between the study of these types of metaphors and genre. Forceville (2009, 2016) points out how genre inevitably influences and constrains the production and reception of both mono- and multimodal metaphors of the non-verbal kind. In advertising, for example, the target usually corresponds to the product promoted, so the features mapped to elicit the cross-domain mapping are usually positive ones, unless they are meant to belittle a competitor's product (Forceville 2009: 33), while science fiction tends to allow for greater freedom to produce metaphorical hybrids, such as the "Bearsharktopus" analysed in his 2016 article. This claim is supported, among others, by Spooren (2018). Drawing on Steen's 2011 article on genre while analysing the visual metaphors in static cartoons, Spooren points out that genre is one of the first aspects influencing the processing of visual metaphors, since our schematic genre knowledge (Steen 2011) is activated as soon as we recognize the image as belonging to the genre static cartoon, which, in turn, activates the knowledge that caricature is generally used to mock events in the news. While a more detailed discussion of the methodological and analytical aspects of visual and multimodal metaphor analysis will be provided in Section 3, in conjunction with the analysis of our case study, this brief introduction aims at setting the parameters of the investigation, by stressing that the verbalization of the metaphors analysed will be functional to the interpretation of their non-verbal aspects, rather than constituting the main aim of the study. The analysis and interpretation of the metaphors in Section 3 will also benefit from the application of deliberate metaphor theory (DMT), in consideration of the highly interactive dynamics and communicative intent of social media.

Steen's (2015: 315–328) three-dimensional approach to metaphor distinguishes between "expression" or "metaphor in language", namely the lexical, semantic and syntactic realisation of metaphor; "conceptualisation" or "metaphor in thought", namely the representation of the target domain by means of the source domain and their cross-domain mapping; and "communication" or "metaphor in interaction", the deliberate or non-deliberate figurative function of metaphor. While most metaphors are not remarkable from a stylistic point of view or in terms of communicative interaction, being non-deliberate and a part of language-expression and thought-conceptualisation, "deliberate metaphor is the intentional use of metaphor as metaphor, and its function is to offer an 'alien' perspective [. . .] on some target domain [. . .]" (Steen 2014: 316). Steen's 2014 article, in particular, underlines the link between metaphor studies and genre, pointing out that deliberate and non-deliberate metaphors are deployed differently in different genres. The last point is further strengthened in a recent publication about visual metaphor (Steen 2018b), in which Steen underlines that, while deliberateness does not seem to be the most typical case of metaphor use in language, it seems to be so in the case for visual metaphors, especially in those genres, such as advertising, where the producer of the metaphor needs to draw attention to the incongruities presented in the image in order for them to trigger the online comparison between source and target. Finally, the interest in political discourse as a case study for the present research stems from both sociological and academic considerations.

From a sociological point of view, it is clear to every person reading or watching the news how social media are more and more commonly used by political figures to engage the general public in the political debate, and to gain to their support. Kreis (2017: 607), for example, argues that "U.S. President Donald Trump employs Twitter as a strategic instrument of power politics to disseminate his right-wing populist discourse", while Sterling and Jost (2018) focus on the link between politics and moral discourse in the "twitterverse". On the other hand, it is undeniable that, while maintaining social relationship is a macro-function of SoMe related to the private sphere of their users' lives, public engagement is another macro-function SoMe have acquired over time, and that is shared by people in positions of power and common people alike. To put it differently, each and every one of us logs into our SoMe accounts to both engage in conversations with our friends or contacts, and to read/share/like/comment on/tweet/retweet journal articles or links to the topics pertaining to civic engagement which interest us the most – politics, the ecological crisis, new findings in the medical field, and so on. Notably, many publications (Bäck et al. 2019; Ho/McLeod 2008; Liu et al. 2017; Porten-Cheé/Eilders, 2015; Yun et al. 2016) apply the Spiral of Science theory (Noelle-Neumann 1977), which postulates that people tend to privilege silence when they realize speaking up would put them into the minority group within a certain opinion climate, to the analysis of public engagement in SoMe, suggesting they represent a space where engagement in civic and public matters is in fact extremely common. Unsurprisingly, many of these studies investigate the sharing of people's political opinions.

From an academic point of view, the scientific literature demonstrating the extensive use of metaphors in political discourse is quantitatively and qualitatively impressive and grounded; for example, the volume on the *Metaphors of Brexit* (Charteris-Black 2019), which focuses on a political decision that is bound to have consequences on a large scale and an impact on international relations as well as on the life of millions of people, is a most recent example. However, while the link between social media and political discourse, as well the link between metaphors and politics, have been the subject of much academic consideration (Karlsson/Åström 2018; Krzyżanowski/Tucker 2018; Musolff 2016), the investigation of the role of visual and multimodal metaphors in political discourse remains largely limited to political cartoons (Đurović/Silaški 2016; El Rafaie 2009; Negro 2016; Conoscenti, this volume). More specifically, even though, as mentioned above, the constant use of Twitter by President Trump has been explored by Kreis and others (Hoffmann 2018) through a variety of approaches, such as critical discourse analysis, appraisal theory or corpus pragmatics, none of these studies focuses on the use of visual and multimodal metaphor either by the President himself or in reply to his tweets. The following section will be devoted to providing insights precisely on this particular issue.

## 3. Analytical investigation

On 18 January 2017, Donald Trump (DT) tweeted about writing his inauguration speech as the 45th President of the United States of America:

Donald J. Trump ✓
@realDonaldTrump

Writing my inaugural address at the Winter White House, Mar-a-Lago, three weeks ago. Looking forward to Friday. #Inauguration

**Fig. 3** Tweet by President Trump about his inauguration speech.

The tweet is composed of a verbal part "Writing my inaugural address at the Winter White House, Mar-a-Lago, three weeks ago. Looking forward to Friday. #Inauguration" and a visual part, a picture of President Trump sitting at a desk, looking at the camera and holding a notepad in his left hand and a pen in his right hand. To date, the tweet has 96.5 thousand likes, 17.8 thousand retweets and more than 34 thousand replies, and can, therefore, be safely regarded as a tweet which has started a conversation many people were invited to join and took part in. For the purpose of this investigation, the main thread of tweets still visible on 31 January 2020 was taken into account. This choice was made in consideration of the recent update to Twitter's privacy policy which became effective on 01 January 2020, and which allows people to monitor who can see their tweets even when their account is public. Therefore, all the tweets which are publicly available have been considered as analysable data and subjected to a qualitative analysis. The second- and third-order replies, namely those replies to tweets in the main thread which reply to President Trump's tweet directly, were not taken into account, due to the limitations of space of an academic article. Therefore, only those tweets whose addressee is the account @ realDonaldTrump were analysed. This specific procedural point will be addressed further in Section 4 below. Out of the 155 tweets analysed, 5 are from suspended accounts and 1 from a limited account. These were not considered, and the percentages were calculated out of 149. The results can be summarized as follows:

**Table 1** Summary of analytical results.

| Text-type | No. of tweets | % out of 149 |
|---|---|---|
| Verbal texts only; unsupportive | 25 | 16.7 % |
| (Verbal text) + other mode; no metaphor; unsupportive | 42 | 28.1 % |
| (Verbal text) + other mode; metaphor; unsupportive | 61 | 40.9 % |
| Verbal texts only; supportive | 11 | 7.3 % |
| (Verbal text) + other mode; no metaphor; supportive | 7 | 4.6 % |
| (Verbal text) + other mode; metaphor; supportive | 1 | 0.6 % |
| (Verbal text) + other mode; unclear | 2 | 1.3 % |

In consideration of the research questions posed in Section 1, the tweets were categorized based on their modality (verbal only or including visual/multimodal elements) and communicative function (in support of or in opposition to the President). A number of general conclusions can be immediately drawn. In the corpus of tweets analysed, multimodality is the prevalent mode, with 75.5 % of the tweets containing elements other than verbal. Of these, 43.3 % do not present visual or multimodal metaphors, while 54.8 % do. In terms of communicative functions, the oppositional one (85.9 %) is far more common than the supportive one (12.7 %). Two tweets are unclear in terms of interpretation: they both show a combination of verbal text + image. The interpretation of the verbal text suggests an oppositional communicative function. However, based on the definition of unit of analysis used in the present study, they were labelled as unclear[1] due to the impossibility of interpreting the relationship between the verbal and visual part of the tweets, hence their overall intended meaning. If we focus on the 41.5 % (40.9 % in opposition and 0.6 % in support of the President) of tweets showing visual or multimodal metaphors, we find that they convey the following metaphors:

**Table 2** Visual and multimodal metaphors in the corpus.

| Category | METAPHOR | No. of tweets | % out of 62 |
|---|---|---|---|
| 1 | DT IS A CHILD | 18 | 29 % |
| 2 | DT IS AN INCOMPETENT WRITER | 18 | 29 % |
| 3 | DT IS PUTIN'S MAN | 13 | 20.9 % |
| 4 | DT IS A JESTER/DT IS NOT A PRESIDENT | 1 | 1.6 % |
| 5 | DT IS SPONGEBOB/DT IS AN INCOMPETENT CARTOON CHARACTER | 1 | 1.6 % |
| 6 | DT IS VOLDEMORT | 1 | 1.6 % |
| 7 | DT IS MR. BURNS | 1 | 1.6 % |
| 8 | DT IS A CHARACTER IN AN DISASTER FILM | 1 | 1.6 % |
| 9 | DT IS A THIEF | 1 | 1.6 % |
| 10 | DT IS AMERICAN PRESIDENTS' SHAME | 1 | 1.6 % |
| 11 | DT IS A MONKEY | 1 | 1.6 % |
| 12 | DT IS A WOMAN | 1 | 1.6 % |
| 13 | DT IS A CRACKER | 1 | 1.6 % |
| 14 | DT IS A LOSER | 1 | 1.6 % |
| 15 | DT IS A PAINTED ARTIFACT | 1 | 1.6 % |
| 16 | DT IS AMERICA'S PRESIDENT | 1 | 1.6 % |

The space limitations of the present publication prevent us from analysing the 62 tweets presenting visual or multimodal metaphors in detail. Therefore, a selection of tweets from categories 1, 2, 4 and 5 will be analysed in this Section. This choice is based on categories 1–2 being the most salient from a statistical point of view, and categories

---

1 The lack of a clear interpretation is likely due to a lack of the information necessary to activate the cross-domain mapping in the background knowledge of the analyst. The importance of this specific aspect will be addressed in Section 3.

4 and 5 being particularly interesting from an analytical point of view, having two possible source domains rather than one.

## 3.1 *DT is a child*

Category 1 is made up of 18 tweets which express the visual or multi-modal metaphor DT IS A CHILD.

**Fig. 4** DT IS A CHILD. The links to the tweets have not been indicated for reasons of space. However, they can be retrieved from the thread of replies following the link for Fig. 3 listed in the References below.

**Fig. 5** DT IS A CHILD.

A first observation must be made that applies to all the metaphors analysed in this section. Unlike verbal metaphors, which generally allow an abstract target to be understood in terms of a concrete source (e.g. LIFE IS A JOURNEY), the targets of non-verbal metaphors are generally as concrete as their source, since they need to be represented through non-verbal modes, such as the visual mode (Forceville 2009: 27; Forceville/Urious-Aparisi 2009b: 11). Donald Trump is the target of all the 62 non-verbal metaphors investigated in our corpus.

Two more observations can be made based on Figures 4 and 5 above that will be relevant for many of the analyses to follow: metonymy is often a fundamental part of the creation and interpretation of non-verbal metaphors (Forceville/Urious-Aparisi 2009a: 12) and (cultural, social, historical) connotations are often fundamental to be able to interpret the metonymical relations necessary to activate the cross-mapping between source and target domain (Forceville 2009: 28). In the Figures above, for example, we have a multimodal (Fig. 4) and a visual (Fig. 5) metaphor. The overall meaning of Fig. 4 is obtained by combining the words "well done" in the verbal part of the tweet with the picture. The latter, in particular, is the same picture tweeted by the President, but it has been artificially modified to replace the pen in the original picture with a green crayon. A very similar procedure can be identified in Fig. 5, the main differences being in the colour and size of the crayon. In this case, however, no verbal signs can be found and the metaphor is a visual one. In both Figures, the cross-mapping between the target DT and the source CHILD is activated thanks to the metonymical relationship between "crayon" and "child", which, however, is only understood if we take into consideration the cultural connotations of crayons as typically used by kindergarten and primary school children in the North-American culture. By the same token, the phrase "well done" is usually used by adults to compliment children on any of their achievements, however small.

**Fig. 6** DT IS A CHILD.    **Fig. 7** DT IS A CHILD.

Figures 6 and 7 are a visual and multimodal metaphor, respectively. Fig. 6 only contains a picture, while Fig. 7 shows the combination of the verbal part "I'm getting unconfirmed reports that this is the only thing on the notepad" and of a picture. In both pictures a drawing is presented, which, once again, is only able to trigger the cross-domain mapping if we consider its typically childish style, both in terms of technique – note that the first picture was clearly drawn using crayons – and in terms of content. Fig. 6 presents a stick drawing of a female body with the words "My First Day", reminiscent of children's "first day of school", at the top of the piece of paper. Fig. 7 contains a stick drawing of a male body with the addition of the words "me" and "big hands", which are connected with the stick figure thanks to two arrows. In both cases the words in the pictures represent a case of what Forceville (2016: 228), drawing from Barthes, defines as "anchor": they attract the viewer's attention to the salient elements.

It is worth noting that the considerations above all pertain to the wider background context about what and how children usually draw.[2] Furthermore, while the verbal information in the tweet in Fig. 7 undoubtedly offers some co-textual information in itself, in both cases the mapping between target and source is only activated if President Trump's tweet is taken into account as co-textual information, especially with regard to the detail of the notepad. In other words, while Fig. 4 and 5 are enough in themselves to convey the metaphor DT IS A CHILD, Fig. 6 and 7 only do that if they are analysed in reply to the President's tweet, thus confirming the highly dialogic nature of some SoMe exchanges mentioned in Section 1 above.

## 3.2 *DT is an incompetent writer*

Category 2 is also made up of 18 tweets which express the visual or multimodal metaphor DT IS AN INCOMPETENT WRITER.

---

2 More and more studies are taking into close consideration the importance of the wider context in the analysis of metaphors. This is true for both non-verbal (Forceville 2009: 28) and verbal metaphors (Kövecses 2015).

Figures 8–11 are an example of a very interesting phenomenon observed in the course of this study: the use and reuse of the same visual means in the same thread of replies. In this specific case, the same visual referent – a screenshot from the *Shrek* series of film – is utilised multiple times. What is particularly interesting is how this same visual content is appropriated by these users.[3]

**Fig. 8** DT IS AN INCOMPETENT WRITER.

**Fig. 9** DT IS AN INCOMPETENT WRITER.

**Fig. 10** DT IS AN INCOMPETENT WRITER.

**Fig. 11** DT IS AN INCOMPETENT WRITER.

---

3 Strategical appropriation is indeed how sites of engagement are opened up (Jones 2005: 152).

In Fig. 8, it is part of a multimodal metaphor which exploits both visual cues (the picture tweeted by Trump himself), the screenshot from *Shrek* and a picture with a flowery background and the words "three days later" in the foreground. Note that, in this case, the words are not only anchoring the picture: they are a narrative element meant to indicate the passing of time between the event in the first picture (the President writing) and the event in the third picture (a piece of paper still blank but for the article "The" written in a complicated, and clearly medieval, style).

In Fig. 9, it is juxtaposed to the picture tweeted by the President in a visual metaphor. In Fig. 10 – another visual metaphor – it is used on its own in reply to Trump's tweet. Notably, this last strategy has been used by two other users in our corpus, making this specific communicative choice the most used one. Fig. 11 is a multimodal metaphor where the screenshot from *Shrek* is used in combination with the verbal information "live look at the inaugural address", in a very similar fashion to what has already been observed in Fig. 7.

This being the premise, it is important to point out two issues. The first one is, again, connotation: the passing of time indicated by the second picture in Fig. 8 is the one that is more clearly related to the associations we usually make with an incompetent writer – "speed" and "competence" being often associated in this specific case. The other figures lack this specific element, only exploiting the screenshot with a blank page and a complicatedly written single word on it. If we add to this that the image is taken from an animated feature film – namely we consider the wider background context again – it is easy to see how this picture also contains an infantilizing side, even though not as explicit as those analysed in Section 3.1 above. I maintain, however, that the lack of content on the page besides the single word is connotatively closer to the lack of competence and/or productivity than to a childish behaviour. Finally, as already observed in Figures 4–7 above, Figures 8 and 9 are enough on their own to activate the cross-domain mapping, while Figures 10 and 11 necessitate the combination with the tweet that has initiated the communicative exchange, that of President Trump, for the metaphor to be interpretable.

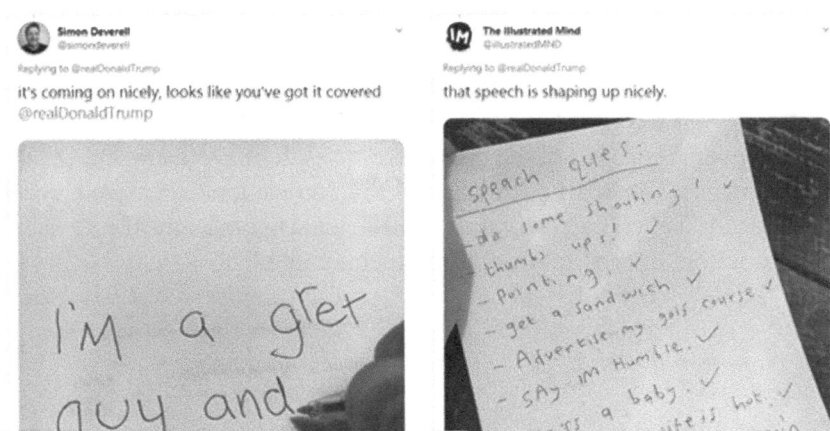

**Fig. 12** DT IS AN INCOMPETENT WRITER    **Fig. 13** DT IS AN INCOMPETENT WRITER

The latter statement is true also in the case of Figures 12 and 13: both multimodal metaphors realize the metaphor DT IS AN INCOMPETENT WRITER if seen in the co-text of the exchange initiated by Trump's tweet, even though the verbal parts of the tweets ("it's coming on nicely, looks like you've got it covered" in Fig. 12 and "that speech is shaping up nicely" in Fig. 13) trace a more direct connection with the communicative context at hand. In these two cases, however, the incompetence of the writer is referred to at the very denotative level, with two pictures showing a verbal text containing clear grammatical mistakes (e.g. "gret" for "great" in Fig. 12 and "speach" for "speech" in Fig. 13). Figure 13, however, provides enough information to also cue another possible interpretation – the possibility of multiple interpretations in metaphor, and in non-verbal metaphors in particular, having already been postulated (El Rafaie 2009: 182; Forceville 2016: 228). Indeed, we can see a list of points which, considering the overarching communicative purpose "talk about the inauguration speech", we are automatically led to interpret as the outline of the speech President Trump is writing. From the point of view of their content, however, those are not content and behaviour we generally associate with the context "presidential election": "do some shouting", "thumbs up!", "pointing", "get a sandwich", "advertise my golf course", "say im humble", "kiss a baby", "[. . .] wife is hot". Again, all of these pieces of information can only be fully decoded by making a reference to different levels of background context knowledge; namely that related to what usually happens during presidential events (e.g. "kiss a baby"), that related to the person Donald Trump (e.g. "advertise my golf course", "[. . .] wife is hot"), and that related to what is *not* a conventional part of the procedure "presidential election" (e.g. "get a sandwich"). When all of this is taken into consideration more closely, it is reasonable to suggest that DT IS AN INCOMPETENT PRESIDENT is another possible interpretation for this specific metaphor.

## 3.3 Non-verbal metaphors with two source domains

This last sub-section will be devoted to the analysis of two last examples, from Categories 4 and 5 (see Table 2 above.)

**Fig. 14** DT IS SPONGEBOB/DT IS AN INCOMPETENT CARTOON CHARACTER.

Fig. 14 is a visual metaphor. It consists of a gif containing four pictures that are juxtaposed and tweeted in reply to President Trump's tweet. No verbal information is used, with the exception of the word "The" written on the blank page shown in the fourth picture which, incidentally, is the one analysed in Section 3.2 above.

As already noted in Fig. 8, the possibility offered by the social medium Twitter to tweet up to four pictures at the same time, allows users to create mini-narratives, a definition which Forceville and Urious-Apparisi

(2009b: 11) use also in connection with metaphors. In this specific case, we see a cartoon character, that we easily recognise as Spongebob from the popular American animated comedy TV series *Spongebob Squarepants*, sitting at a desk (picture 1 at the top left-hand side), holding a pencil placed on a blank page which, due to the angle of the picture, appears to be bigger than Spongebob himself (picture 2 at the top right-hand side), and sitting at the desk holding the pencil in the air (picture 3 at the bottom left-hand side). The fourth picture at the bottom right-hand side is the screenshot from *Shrek* described above. The four juxtaposed images tell the narrative of a character that spends some time (the events depicted in the first three pictures) only to obtain the result shown in picture four, which, once again, points to a lack of competence and/or effectiveness.

If we consider this in combination with the tweet by President Trump, the communicative intent of the user can be interpreted in two ways: DT IS SPONGEBOB or DT IS AN INCOMPETENT CARTOON CHARACTER. Drawing from Forceville's 2016 article, I suggest these interpretations are not mutually exclusive, but make this a highly creative "multiple source domain metaphor" (Forceville 2016: 236) with a target domain and two source domains. Activating them both does not make the metaphor any less understandable, or, to use Forceville's words "we do not miss any essential information" (Forceville 2016: 235).

**Fig. 15** DT IS A JESTER/DT IS NOT A PRESIDENT.

The same analysis applies to Fig. 15, which, however, is particularly interesting for a number of reasons. First of all, it is the only one, among those analysed in Section 3, that does not provide an immediately "relevant" reply: it does not respect the overarching communicate purpose "talk about the inauguration speech", as it does not contain any kind of reference to the topic of speech-writing. Secondly, it is a political cartoon, an artistic production people are very familiar with and that cannot but immediately frame their interpretation to a certain extent, by raising expectations connected to satire and irony as general communicative purposes of the artistic genre "political cartoon". The tweet is made up of a verbal/nonverbal part typically connected with the social medium Twitter, namely the hashtag #NotMyPresident, which, as mentioned in Section 1 above, is clearly meant to indicate an attitudinal stance more than an organisational choice, and a visual part (the cartoon). With regard to the visual content, we can see the White House in the background; the path leading to the building occupies the central part of the frame, while two men occupy the foreground. The man on the left hand-side is clearly recognisable as Donald Trump, and he is just as clearly wearing an outfit people associate with medieval jesters. His body language (his back is to the viewer while is face is angled towards the other man in the picture) indicates that he is saying something to the other person while walking towards the building. The man on the right-hand side is clearly Barack Obama, the 44th President of the USA, who is wearing a dark suit, holding a suitcase in his left hand and, from his body language (his body faces the viewer while his face is angled towards the other man), he is telling Trump something while walking away from the building. If we activate the metonymic relationships (the outfit for the jester, the suit for the serious politician) and consider the historical context (Trump has been elected as the US President at the end of Obama's Presidency), we can conclude this is another multiple source domain metaphor that can be simultaneously interpreted as DT IS A JESTER and/or DT IS NOT A PRESIDENT, the latter interpretation is strengthened by the hashtag and the physical opposition of two men with completely different dress-codes, of whom the one on the right is easily recognisable as someone who has worked as the US President for 8 years.

## 4. Concluding remarks: discussion of results and future research

A corpus of 155 tweets regarding a majorly important political event of the recent past, Donald Trump's inauguration speech as the 45th President of the USA, has been analysed to investigate whether any visual or multimodal metaphors were used in the main thread started by Donald Trump himself, and, if so, with what communicative purpose(s). The analysis has yielded some interesting results. Multimodality is clearly statistically more salient than monomodality, and the tweets creating visual or multimodal metaphors were indeed the bigger group (40.9 % of the total). Their communicative functions were clearly deliberate, as all the tweets presenting non-verbal metaphors exploit metonymy and/or contextual information to activate a cross-domain mapping between the target Donald Trump and a number of sources. More specifically, the vast majority of the visual and multimodal metaphors were used to convey opposition to the election of the President, with intended meanings ranging from accusation (e.g. DT IS A THIEF; DT IS PUTIN'S MAN; DT IS AMERICAN PRESIDENTS' SHAME) to satire (e.g. DT IS A CHILD; DT IS AN INCOMPETENT WRITER). In many cases, however, it would be impossible to interpret the non-verbal metaphors without the broader context of the communicative interaction (tweet/reply) they are part of.

These preliminary results seem to indicate that not only multimodality in general, but visual and multimodal metaphors in particular, are extensively used in the social medium Twitter, and are a stylistic element, if not a constraint, of this kind of communicative interaction. Further research and more data, possibly collected and analysed through quantitative methods, are necessary though, in order to obtain conclusive results with regard to the possibility of analysing communication on Twitter as a genre and visual and multimodal metaphors as a stylistic trait of the genre.

The extension to areas other than political discourse, including communication in a private rather than in a public sphere, might offer valuable insights. The consideration of the orders of communication beyond the first one, namely of the threads that start between people within the context of a communicative exchange initiated by a third party, are also worth investigating. In our specific case, a stimulating aspect would be to explore whether the use of visual and/or multimodal metaphors differs, quantitatively or qualitatively, in the debates which commence between supporters and opponents starting from the main thread. Social reach – or the 'popularity' of tweets in terms of likes, retweets and replies – is another aspect that might shed light on the most effective communicative strategies, including the role of non-verbal metaphors, used in the interactions in this social medium. The intersection between political discourse, social media analysis and non-verbal metaphor studies is a site which offers many opportunity for research, and we believe this study has offered a number of preliminary theoretical, methodological and analytical insights to begin this exploration.

# References

Bäck, Emma / Bäck, Hanna / Fredén, Annika / Gustafsson, Nils 2019. A social safety net? Rejection sensitivity and political opinion sharing among young people in social media. *New Media & Society* 21/2, 298–316.

Bhatia, Vijay 2005. Generic Patterns in Promotional Discourse. In Halmari, Helena / Virtanen, Tujia (eds) *Persuasion Across Genres. A linguistic Approach.* Amsterdam: John Benjamins Publishing Company, 213–225.

Bou-Franch, Patricia / Garcés-Conejos Blitvich, Pilar (eds) 2019. *Analyzing Digital Discourse. New Insights and Future Directions.* London: Palgrave Macmillan.

Boyd, Danah / Golder, Scott / Lotan, Gilad 2010. Tweet, Tweet, Retweet: Conversational Aspects of Retweeting on Twitter. *Proceedings of the 43rd Hawaii International Conference on System Sciences*, 1–10.

Charteris-Black, Jonathan 2019. *Metaphors of Brexit. No Cherries on the Cake?* London: Palgrave Macmillan.

Chovanec, Jan 2018. *The Discourse of Online Sportscasting: Constructing meaning and interaction in live text commentary.* Amsterdam: John Benjamins Publishing Company.

Demata, Massimiliano / Dermot, Heaney / Herring, Susan (eds) 2018. Language and Discourse in Social Media: New Challenges, New Approaches. *Altre Modernità* 10, 23–47. ISSN-e: 2035–7680.

Đurović, Tatjana / Silaški, Nadežda 2016. Multimodality and the Construal of Reality in Political Cartoons. The Case of Serbia-EU Relationship. *FACTA UNIVERSITATIS,* 117–128.

El Rafaie, Elizabeth 2009. Metaphor in Political Cartoons: Exploring Audience Responses. Forceville, Charles / Urious-Aparisi, Eduardo (eds) *Multimodal Metaphor.* Berlin: Mouton De Gruyter, 173–196.

Erickson, Thomas 2000. Making Sense of Computer-Mediated Communication (CMC): Conversations as Genres, CMC Systems as Genre Ecologies. *Proceedings of the 33rd Hawaii International Conference on System Sciences,* 1–10.

Evans, Ash 2016. Stance and Identity in Twitter Hashtags, *Language @internet 13,* <https://www.languageatinternet.org/articles/2016/evans>

Forceville, Charles 2009. Non-Verbal and multimodal metaphor in a cognitivist framework: Agendas for research. In Forceville, Charles / Urious-Aparisi, Eduardo (eds) *Multimodal Metaphor,* Berlin: Mouton De Gruyter, 19–42.

Forceville,Charles 2016. Mixing in pictorial and multimodal metaphor? In Gibbs, Raymond (ed.) *Mixing Metaphor.* Amsterdam: John Benjamins Publishing Company, 223–239.

Forceville, Charles / Urious-Aparisi, Eduardo (eds) 2009a. *Multimodal Metaphor.* Berlin: Mouton De Gruyter.

Forceville, Charles / Urious-Aparisi, Eduardo 2009b. Introduction. In Forceville, Charles / Urious-Aparisi, Eduardo (eds), *Multimodal Metaphor,* Berlin: Mouton De Gruyter, 3–17.

Gearhart, Sherice / Zhang, Weiwu 2014. Gay Bullying and Online Opinion Expression: Testing Spiral of Silence in the Social Media Environment. *Social Science Computer Review* 32/1, 18–36.

Gruber, Helmut 1998. Computer-Mediated Communication And Scholarly Discourse: Forms Of Topic-Initiation And Thematic Development. *Pragmatics* 8/1, 21–45.

Gruber, Helmut 2017. Quoting and retweeting as communicative practices in computer mediated discourse. *Discourse, Context & Media* 20, 1–9.

Heyd, Theresa / Puschmann, Cornelius 2017. Hashtagging and functional shift: Adaptation and appropriation of the #. *Journal of Pragmatics* 116, 51–63.

Ho, Shirley / McLeod, Douglas 2008. Social-Psychological Influences on Opinion Expression in Face-to-Face and Computer-Mediated Communication. *Communication Research* 35/2, 190–20.

Hoffmann, Christian 2018. Crooked Hillary and Dumb Trump. The strategic use and effect of negative evaluations in US election campaign tweets. *Internet Pragmatics* 1/1, 55–87.

Honeycutt, Courtenay / Herring, Susan 2009. Beyond Microblogging: Conversation and Collaboration via Twitter. *Proceedings of the 42nd Hawaii International Conference on System Sciences*, 1–10.

Jones, Rodney 2005. Sites of engagement as sites of attention: time, space and culture in electronic discourse. In Norris, Sigrid / Jones, Rodney (eds) *Discourse in Action Introducing Mediated Discourse Analysis*. London: Routledge, 142–154.

Karlsson, Martin / Åström, Joachim 2018. Social media and political communication. Innovation and normalisation in parallel. *Journal of Language and Politics* 17/2, 305–323.

Kelsey, Todd 2010. *Social Networking Spaces. From Facebook to Twitter and Everything in Between*. New York: Springer.

Kövecses, Zoltán 2015. *Where Metaphors Come From. Reconsidering Context in Metaphor*. Oxford: Oxford University Press.

Kreis, Ramona 2017. The "Tweet Politics" of President Trump. *Journal of Language and Politics* 16/4, 607–618.

Krzyżanowski, Michael / Tucker, Joshua 2018. Re/constructing politics through social & online media. Discourses, ideologies, and mediated political practices. *Journal of Language and Politics* 17/2, 141–154.

Liu, Yu / Rui Jian, Raymond / Cui, Xi 2017. Are people willing to share their political opinions on Facebook? Exploring roles of self-presentational concern in spiral of silence. *Computers in Human Behavior* 76, 294–302.

Lomborg, Stine 2013. *Social Media, Social Genres. Making Sense of the Ordinary.* London: Routledge.

Musolff, Andreas 2016. *Political Metaphor Analysis. Discourse and Scenarios.* London: Bloomsbury Academic.

Negro, Isabel 2016. The Role of Visual Metaphor in Visual Genres. In Vargas-Sierra, Chelo (ed.) *AESLA 2016*, 119–126.

Neubaum, German / Krämer, Nicole 2017. Opinion Climates in Social Media: Blending Mass and Interpersonal Communication. *Human Communication Research* 43, 464–476.

Noelle-Neumann, Elisabeth 1977. Turbulences in the Climate of Opinion: Methodological Applications of the Spiral of Silence Theory. *The Public Opinion Quarterly* 41/2, 143–158.

Nørgaard, Nina 2018. *Multimodal Stylistics of the Novel: More than Words.* London: Routledge.

Page, Ruth / Barton, David/ Unger, Johann/ Zappavigna, Michele 2014. *Researching Language and Social Media.* London/New York: Routledge.

Porten-Cheé, Pablo / Eilders, Christiane 2015. Spiral of silence online: How online communication affects opinion climate perception and opinion expression regarding the climate change debate. *Studies in Communication Sciences* 15, 143–150.

Puschmann, Cornelius 2015. The form and function of quoting in digital media. *Discourse, Context & Media.* 7, 28–36.

Russell, Matthew 2011. *Mining the Social Web.* Sebastopol: O'Reilly Media.

Scollon, Ron 2001. *Mediated Discourse: the nexus of practice.* London: Routledge.

Scott, John 2000. *Social Network Analysis.* London: Sage.

Seargeant, Philip / Tagg, Caroline (eds) 2014. *The Language of Social Media. Identity and Community on the Internet.* London: Palgrave Macmillan.

Spooren, Wilbert 2018. Introduction. In Steen, Gerard (ed.) *Visual Metaphor: Structure and Process.* Amsterdam: John Benjamins Publishing Company, 185–196.

Steen, Gerard 2011. Genre between the Humanities and the Sciences. In Callies, Marcus / Keller, Wolfram / Lohöfer, Astrid (eds) *Bi-directionality in the cognitive Sciences: Avenues, Challenges and Limitations*. Amsterdam: John Benjamins Publishing Company, 21–42.

Steen, Gerard 2014. Metaphor and style. In Stockwell, Peter / Whiteley, Sara (eds) *The Cambridge Handbook of Stylistics*. Cambridge: Cambridge University Press, 315–328.

Steen, Gerard 2015. Metaphor and style through genre, with illustrations from Carol Ann Duffy's Rapture. In Sotirova, Violeta (ed.) *The Bloomsbury Companion to Stylistics*. London: Bloomsbury, 308–324.

Steen, Gerard (ed.) 2018a. *Visual Metaphor: Structure and Process*. Amsterdam: John Benjamins Publishing Company.

Steen, Gerard 2018b. Conclusion. In Steen, Gerard (ed.) *Visual Metaphor: Structure and Process*. Amsterdam: John Benjamins Publishing Company, 185–196.

Sterling, Joanna / Jost, John 2018. Moral discourse in the Twitterverse. Effects of ideology and political sophistication on language use among U.S. citizens and members of Congress. *Journal of Language and Politics* 17/2, 195–221.

Suh, Bongwon / Hong, Lichan / Pirolli, Peter / Chi, Ed 2010. Want to be Retweeted? Large Scale Analytics on Factors Impacting Retweet in Twitter Network. *Proceedings of IEEE, International Conference on Social Computing*, 177–184.

Swales, John 1990. *Genre Analysis: English in Academic and Research Settings*. Cambridge: Cambridge University Press

Trilling, Damian / Tolochko, Petro / Burscher, Björn 2017. From Newsworthiness to Shareworthiness: How to Predict News Sharing Based on Article Characteristics. *Journalism & Mass Communication Quarterly* 94/1, 38–60.

Yun, Gi Woong / Park, Sung-Yeong / Lee, Sooyoung 2016. Inside the spiral: Hostile media, minority perception, and willingness to speak out on a weblog. *Computers in Human Behavior* 62, 236–243.

Zappavigna, Michele 2012. *Discourse of Twitter and Social Media. How We Use Language to Create Affiliation on the Web*, London: Continuum.

Zappavigna, Michele 2015. Searchable talk: the linguistic functions of hashtags. *Social Semiotics* 25/3, 274–291.

## Links to figures:

Fig. 1:  <https://www.google.com/search?q=cat+is+elephant&sxsrf=A
CYBGNQiilTSzm_cxjLJoDDxaFzRGc9mWA:1580583583403
&source=lnms&tbm=isch&sa=X&ved=2ahUKEwj48JrYhLH
nAhVQ_aQKHTQeBGQQ_AUoAXoECAoQAw&biw=1366&
bih=625#imgrc=_dgzAZEUHihA5M:> (last accessed 31 January 2020)

Fig. 2:  <https://www.google.com/search?biw=1366&bih=625&tbm
=isch&sxsrf=ACYBGNTULT3E_aV65CkmOv3dx_0B7P0S
ag%3A1580583867426&sa=1&ei=u8s1XsbXGbOx8gK7y72g
BQ&q=cat+is+elephant+meme&oq=cat+is+elephant+mem
e&gs_l=img.3...31822.40897..41273...10.0..0.85.2140.31......0...
.1..gws-wiz-img.....10..35i39j0i67j0j0i131j0i19j0i10i19j35i362
i39j0i30j0i8i30i19.iJGGN1OZgGw&ved=0ahUKEwiGodLf
hbHnAhWzmFwKHbtlD1QQ4dUDCAc&uact=5#imgrc=I_
Qz5Pw3q9ZG8M:> (last accessed 31 January 2020)

Fig. 3:  <https://twitter.com/realdonaldtrump/status/821772494864580
614> (last accessed 31 January 2020)

Ruggero Druetta

# Le conflit argumentatif au prisme de la métaphore : l'interview d'Emmanuel Macron du 15 octobre 2017

## 1. Introduction

L'un des domaines où se déploie au mieux le potentiel argumentatif de la rhétorique c'est la politique, notamment dans le discours délibératif. Dans sa pratique, toutefois, la dimension agonale de cette activité, qui voit s'affronter, dans l'espace public, des personnes aux visions différentes, fait en sorte que le délibératif s'entrelace souvent avec l'épidictique, comme manière pour le politique de régler leur compte aux adversaires, tout en défendant sa propre vision et les mesures qu'il prône. Cette forme particulière de conflit, qui peut à l'occasion se transformer en attaque physique entre les partisans de deux camps opposés, se manifeste en revanche le plus souvent sur le plan symbolique du discours, pouvant aller de l'argumentation serrée jusqu'à l'insulte *ad personam*. C'est ce qu'on vérifie dans les débats médiatiques et, *mutatis mutandis*, dans les situations d'entretien auxquelles nous nous intéressons ici, le journaliste assumant le rôle de contradicteur du politique, aux arguments duquel il oppose les contre-arguments et les critiques des adversaires ou de l'opinion publique. Dans tous les cas, le recours aux figures – et notamment à la métaphore – occupe une place centrale dans ces discours, car celles-ci accroissent considérablement l'efficacité des discours et rejaillissent positivement sur l'ethos du locuteur politique, qui donne de lui une image de maîtrise et de sagacité, faisant preuve de la ruse habile (*mètis*)[1] qui lui permet de l'emporter sur son adversaire.

---

1 La notion grecque de *mètis* correspond à l'habileté toute pratique du héros de se tirer d'affaire ou de l'emporter sur l'adversaire en toute circonstance. Celle-ci fait référence à un savoir-faire qui échappe le plus souvent au raisonnement rigoureux. *Cf.* Detienne/Vernant (1974).

Dans la suite de cet article, après avoir approfondi les notions de conflit argumentatif et de conflit nominatif, nous nous pencherons sur l'utilisation de la métaphore dans un contexte de conflit nominatif, en nous appuyant, en tant qu'étude de cas, sur un passage de l'interview présidentielle du 15 octobre 2017, où la métaphore des *premiers de cordée*, destinée à faire florès dans les semaines suivantes en tant qu'objet d'un vif débat, fait sa première apparition. L'étude de cette métaphore nous permettra aussi d'avancer quelques considérations sur les propriétés argumentatives de la métaphore, d'autant plus que, dans ce cas, le conflit politique se noue et se poursuit autour de la métaphore, reprise ou déformée, dans une intention polémique, par les adversaires (c'est le cas de Mélenchon, avec ses *premiers de corvée*) ou par les humoristes (comme dans le cas d'Anne Roumanoff qui, filant la métaphore, positionne tout le panorama politique par rapport à la cordée et conclut, de manière cohérente, que Macron n'est désormais plus *en marche* mais bien *en randonnée*).

## 2. L'interview politique, le conflit et la langue

L'entretien politique n'est pas une interview comme les autres : en effet la personnalité politique, surtout lorsqu'elle est en poste, ne peut pas dévoiler tous les aspects des dossiers qu'elle est amenée à étudier et à traiter, quitte à en compromettre l'issue. Plus généralement, il y a des sujets qui « fâchent », qui risquent de mettre à mal les faces du locuteur et/ou de son parti.[2] On a ainsi l'impression que le sujet interviewé, tout en répondant, se dérobe. Cet aspect de l'entretien politique a été théorisé par Léon (1999) sous le terme de *biais :*

> Le biais correspond à l'impression généralement partagée selon laquelle les personnalités publiques, surtout politiques, ne répondent pas aux questions que leur posent les journalistes, lors des débats publics. Plus précisément, on dira que le biais repose sur une discordance entre la réponse attendue construite par la question, ou la demande d'information, et la position de la personnalité publique, qui empêche qu'une réponse soit fournie.

---

2  Pour la notion de *faces*, *cf.* Brown/Levinson (1987).

À ces questions biaisées, il est impossible de répondre. Or dans les entretiens publics, les personnalités publiques sont obligées à répondre, ce qui les amène à développer des stratégies visant à fournir une réponse tout en contournant le biais. Ainsi la réponse peut aller jusqu'à ignorer l'interrogation, portée par le tour question, et à se développer de façon quasi autonome. Seul le thème de la question est retenu, auquel la réponse apporte un commentaire. (Léon 1999 : 13–14)

En raison de ce biais, l'interview et l'entretien politique sont traversés par une tension, voire un conflit, plus ou moins patent entre les locuteurs en présence. Nous proposons ici de préciser ultérieurement cette notion de biais en nous focalisant sur le contraste entre le plan lexical et le plan discursif : le biais correspond, pour nous, à une opposition entre des projets de parole et des discours divergents, mettant cependant en œuvre des mots-sujets convergents. La tension résultant de ce conflit aboutit très souvent à des discours tantôt allusifs tantôt élusifs – donc peu compréhensibles – bref, à ce qu'on a coutume d'appeler la « langue de bois ».

C'est précisément dans l'espace symbolique de la langue que se joue ce conflit et c'est donc au niveau des productions langagières qu'il faut rechercher les traces de cet affrontement. L'activité verbale est, en effet, à la fois : une composante intérieure essentielle de la politique (en tant qu'activité de choix et d'orientation, sous la forme de représentations, d'axiologies, de mots d'ordre etc.) et une expression extérieure de l'engagement politique vis-à-vis des citoyens auxquels on s'adresse par l'intermédiaire des médias.

## 2.1 Conflit argumentatif et conflit nominatif

Dans l'interview, le rôle du journaliste est de rappeler l'existence de visions alternatives par rapport à celles de son interlocuteur et de les représenter dans son propre discours face au politicien, qui est mis en demeure de réagir par un discours de positionnement. Les argumentations qui structurent ces discours réactifs visent, d'une part, à justifier ce positionnement et, d'autre part, à persuader, voire à séduire l'interlocuteur-journaliste et le public – *in praesentia* dans la salle et *in absentia* devant son poste.[3] Globalement, nous pouvons dire que ces

---

3  Il s'agit du mécanisme de la double adresse et de l'emboîtement énonciatif qui a souvent été étudié dans le cas de l'énonciation théâtrale.

argumentations sont sous-tendues par la volonté de mettre en exergue une identité politique. Cette démarche est intrinsèquement conflictuelle, car elle comporte la différenciation par rapport à d'autres identités possibles : il faut marquer des frontières, s'appuyer sur l'altérité et mettre de la distance, afin de maximiser l'impression d'un écart. Dès lors, il n'est pas étonnant que deux au moins des métaphores conceptuelles (Lakoff/Johnson 1980) de la politique fassent référence au conflit : la métaphore guerrière (LA POLITIQUE EST UNE GUERRE) et la métaphore sportive (LA POLITIQUE EST UNE COMPÉTITION). Par conséquent et de manière cohérente, parmi les différentes modalités du clavier argumentatif, les politiques s'orientent de préférence vers trois types fondamentaux : la modalité de la réfutation (démonstration de la fausseté d'un argument et réponse aux objections), de la polémique (argumentation contre la conclusion adverse) et de la contre-argumentation (argumentation en faveur d'une conclusion différente de celle défendue par son adversaire), autant de modalités qui peuvent déclencher une dispute verbale qui s'auto-entretient et qu'il revient à un tiers (le modérateur du débat) d'arrêter.

Le conflit nominatif (Druetta 2020)[4] est un format particulier de condensation de cet affrontement de positions, qui se met en place à travers la proposition paradigmatique interactive de nominations alternatives pour désigner une même réalité. Celles-ci sont considérées comme des pivots argumentatifs par les interactants, sinon ils ne prendraient pas le risque de s'exposer à une séquence de négociation lexicale mettant en péril leur ethos. Dans le cas d'une interview, ces séquences ont généralement la forme de rectifications proposées par l'un des locuteurs au sujet d'un mot utilisé par l'autre. Révélateur du biais, le conflit nominatif se met en place lorsque le journaliste introduit une nomination (Siblot 2001) à valeur de désignation (Kleiber 1984) pour indiquer tel ou tel événement, tandis que l'homme politique récuse cette nomination et propose une nomination plus adéquate. Au lieu de donner la réponse attendue, le politique conteste donc la formulation de la question et

---

4 Pour un récent état des lieux sur la vaste problématique de la nomination, nous renvoyons au dossier thématique de la revue *Argumentation et Analyse du Discours* 17 (2016) « La nomination et ses enjeux socio-politiques » et notamment à l'article de cadrage de Roselyne Koren (Koren 2016).

notamment les connotations ou les contenus implicites des mots utilisés par le journaliste. D'un point de vue interactionnel, il s'agit d'une séquence de reformulation hétéro-initiée, alors que, du point de vue pragmatique, nous avons affaire à une rectification, à savoir la contestation de la légitimité de la désignation proposée, voire du locuteur ayant utilisé précédemment telle désignation. Le conflit nominatif correspond donc à la négociation sociale (consensuelle ou agonale) des points de vue, avec un positionnement surplombant du locuteur ayant initié le conflit, et dont les propos sont dès lors sur-énoncés (*cf.* Rabatel 2012), dans l'intention d'imposer une « meilleure » nomination permettant d'aboutir à du sens partagé et d'orienter, par la nomination effectuée, son argumentation successive. On comprend alors que ce conflit nominatif est l'un des lieux de la manifestation de désignations politiquement correctes, impliquant éventuellement le recours aux tropes. Il s'agit typiquement de métaphores euphémiques, dont l'intérêt éthotique ne fait pas de doute : un homme politique sachant montrer de la modération dans toutes les situations, même les plus tendues – le véritable *phronimos* – fait conclure à sa capacité à traiter les problèmes sans se laisser décontenancer par ceux-ci. Ceci reste valable même lorsque le conflit nominatif est destiné à imposer une nomination dysphémique, car celle-ci correspond alors, au niveau symbolique, à la volonté de montrer l'urgence politique absolue de telle ou telle situation, qui doit être traitée en priorité, afin d'annuler rapidement cet aspect dysphémique et de revenir à une forme de « normalité » nominative (on est ici sur le versant de l'empathie avec l'assistance et de la détermination à agir qui prouvent l'efficacité de l'homme politique).

Les exemples qui suivent, tirés d'interviews radio et télédiffusées, illustrent le format du conflit nominatif : en (1) il y a une simple négation et la mise en paradigme d'une structure attributive assortie d'une restriction (« c'est pas … » – « il y a juste … »), alors qu'en (2) la rectification, explicite, passe par un verbe performatif métadiscursif (« je refuse/réfute ce terme ») :

(1)    J    Nicolas Sarkozy est-ce qu'il ne paye pas finalement sa surenchère constante

        P    *c'est pas une surenchère constante* le le monde est, euh totalement euh euh –fin, il il y a suffisamment de difficultés partout pour dire que

        J    il y a pas de surenchère vous dites

P  *il y a pas il y a pas de surenchère il y a juste des propos qui sont parfois considérés comme clivants*[5]

(2)  J  il manque au moins huit milliards d'euros dans les caisses de l'état. C'est ce
        que dit la Cour des Comptes : budget insincère. Ce budget c'est vous qui l'avez
        préparé

     P  *je je je refuse je je refuse* [. . .] *je réfute totalement ce terme d'insincérité.* Qu'i-
        qu'il y ait des difficultés pour boucler le budget c'est incontestable [. . .] il y a
        un certain nombre de difficultés, mais il faut pas dire n'importe quoi. [. . .] *Je
        n'accepte pas moi le terme d'insincérité* [. . .] *c'est de bonne guerre.* [. . .] *Mon
        expérience m'amène à penser que c'est bien joué.*[6]


## 2.2 Et la métaphore dans tout ça ?

Du point de vue sémantico-pragmatique, l'allotopie introduite par la
médiation figurale opère une sorte d'abstraction par rapport au domaine
notionnel de la politique politicienne, dans la mesure où les contenus
sont reformulés dans les termes d'un domaine extérieur à celle-ci. En
effet, à travers la figure, le conflit idéologique se joue sur le plan symbolique de la langue. Reformuler une opposition idéologique dans les
termes métaphoriques d'une compétition sportive, par exemple, revient
à interpréter la contingence de l'actualité selon des schématisations très
générales, à l'axiologie stabilisée et facilement accessible pour tous les
membres d'une communauté linguistique, à ramener la complexité singulière de l'histoire à la simplicité générale du prototype. Dès lors, on
comprend que l'efficacité de bien des métaphores – et notamment de
la métaphore analogique – ne se trouve pas tant dans le caractère inat-
tendu du phore ni dans le conflit conceptuel (Prandi 1992, 2017) entre
les sèmes du thème et du phore, mais plutôt dans la simplicité relative
des schèmes conceptuels sous-jacents, dans leur caractère indiscutable
et immémorial. Pour donner un exemple lié à l'actualité, nous avons
par exemple parcouru les messages twitter au sujet du mouvement des

---

5 Interview d'Eric Woerth – *On n'est pas couché*, 8 octobre 2016. Nous utilisons
  une transcription orthographique avec ponctuation pour faciliter la lecture. Les
  initiales conventionnelles J (journaliste) et P (politique) désignent les locuteurs.
6 Interview de Manuel Valls par Jean-Jacques Bourdin, le 4 juillet 2017, BFM
  et RMC.

gilets jaunes. On y trouve, de manière très récurrente, des métaphores liées au spectacle, généralement à connotation négative : *spectacle, clowns, guignols, zouaves, pitres*[7]... Le recours à la métaphore permet ici de réaliser une argumentation enthymématique, car le phore est prototypiquement associé au manque de sérieux, au caractère facétieux de certains spectacles, tel celui des clowns, guignols et autres pitres (prémisse majeure), d'où la conclusion qu'« il ne faut pas prendre les gilets jaunes au sérieux », même en l'absence explicite de la prémisse mineure et de la conclusion.

(3) Restons optimistes ! Le spectacle hebdomadaire des Gilets Jaunes devient tellement folklo que ça finira par attirer le touriste ... enfin pas sûr ... (Francis Back 11 mars 2019)

(4) Il faut que tous les gilets jaunes montent une liste ... les pitres en marche. (Peuple Tu Es Trahi 24 janvier 2019)

(5) C'est jamais des gilets jaunes : casse, violences, insultes, racisme, ce n'est jamais de leur faute. Ils sont de moins en moins nombreux mais il y a toujours des problèmes. Alors si ce ne sont jamais ces guignols jaunes, c'est que le mouvement est enfin mort #œillères. (JackPeralTroyes 11 mars 2019)

(6) Quelle bande de zouaves ces porteurs de gilets jaunes ! Aux States ils se seraient fait taser tous et placé en taule !!!! (Babylon A.D. 18 janvier 2019)

(7) Voilà ce qui reste des revendications initiales des Gilets Jaunes ... Les #GogosJaunes ne sont plus que des clowns, des abrutis, des factieux, des casseurs ... la lie de la société ! (SM974 10 mars 2019)

Dans le cas qui nous occupe ici, à savoir la métaphore comme lieu de condensation du conflit argumentatif lors de l'interaction verbale, il faut remarquer que, lorsque l'un des locuteurs parvient à déplacer le conflit argumentatif du plan du thème à celui du phore, le bénéfice qu'il obtient est généralement d'atténuer la véhémence de l'interlocuteur, pour peu que cela éveille sa curiosité ou le désarme pour un temps du fait d'avoir été pris au dépourvu. La seule manière, pour l'interlocuteur, de continuer sur un conflit dur est en revanche de dénoncer le bien-fondé ou l'à-propos de la métaphore elle-même, ce qui peut toutefois

---

7 Dans le dernier exemple, la connotation négative est explicitée par une autre métaphore, celle de la « lie de la société », qu'on retrouve tout aussi souvent dans les messages twitter relatifs au Gilets Jaunes.

s'avérer dangereux pour son propre ethos. Par contre, lorsque l'adversaire accepte la nouvelle règle du jeu, qui consiste à poursuivre l'interaction par métaphore interposée, cela peut tourner à son avantage, comme c'est le cas de J.-L. Mélenchon et des *premiers de corvée* (*cf. infra*, § 3.5.).

On perçoit donc les avantages liés à l'emploi des métaphores dans une situation agonale telle que la politique : tout d'abord, cela met en évidence les vertus de la langue comme instrument de composition des conflits, en particulier grâce au pouvoir de séduction de l'argumentation métaphorique (*cf.* Bonhomme 2017), qui permet à la fois d'assurer l'œuvre de persuasion visée par le politicien et de désarmer les objections éventuelles de l'adversaire par le déplacement de l'argumentation de la dimension strictement rationnelle du logos vers une dimension plus largement analogique et évocatrice, où dominent les composantes du pathos et de l'ethos. Ensuite, le caractère perçu de la « normalité » de la métaphore (Druetta 2017), comme procédé rhétorique de haute fréquence, intégré dans la culture des locuteurs, favorise et accroît l'acceptation de cette figure à des fins argumentatives. Celle-ci n'est que rarement considérée comme « non appropriée » dans l'argumentation, ce qui autorise par conséquent un recours fréquent à ce procédé et aux ruses persuasives qu'elle permet (la *mètis* que nous avons évoquée *supra*). En outre, grâce à la prédisposition de la métaphore à réaliser un enthymème, son emploi permet au locuteur d'élaguer considérablement les éléments de complexité inhérents à la réalité thématisée : le phore offre un équivalent analogique abrégé, simplifié, un squelette argumentatif tout fait, avec une axiologie et une orientation généralement stabilisées et partagées par l'ensemble de la communauté langagière, ayant quasiment la force d'une loi. Ce phore remplace un thème souvent ambivalent, autour duquel les opinions peuvent diverger ou en tout cas ne pas être définitivement arrêtées. Enfin, la métaphore s'adapte parfaitement à la caractérisation du « biais » décrit par Léon (1999), dans la mesure où l'indirection de la figure par rapport à l'acte d'argumentation rationnelle qu'elle remplace n'est pas sans évoquer une autre figure, celle de l'euphémisme, ainsi que la catégorie pragmatique de la politesse qui la sous-tend : dans les deux cas, il y a un acte qui est accompli de manière indirecte, ce qui renvoie à la dimension foncièrement pragmatique des figures.

Concrètement, la trouvaille métaphorique constitue une issue possible et particulièrement heureuse du conflit nominatif, une sortie par le haut d'une impasse discursive potentiellement dangereuse pour l'ethos du locuteur politique, ainsi qu'une stratégie argumentative astucieuse pour emporter l'adhésion de l'assistance sans s'embarrasser de la concaténation logique qu'exigerait une argumentation rationnelle rigoureuse.

## 3. Etude de cas : l'interview de Macron du 15 octobre 2017

Le cas sur lequel nous proposons de nous attarder est constitué par la première interview présidentielle officielle accordée par Emmanuel Macron aux médias nationaux cinq mois après son élection. Celle-ci est réalisée en direct depuis le bureau du Président de la République à l'Élysée en présence de trois journalistes (Gilles Bouleau, Anne-Claire Coudray et David Pujadas) représentant les différentes chaînes publiques et privées en gage de pluralisme. Les questions ont été communiquées, voire concordées à l'avance et en effet l'interviewé ne manifeste aucune surprise lors de l'entretien. Nous avons choisi de ne pas réaliser une enquête longitudinale sur les métaphores dans cette interview, mais de nous concentrer sur son point d'orgue, les *premiers de cordée*. Cette métaphore concentre en effet à elle seule la plupart des enjeux de cette interview. Avant de nous consacrer à l'étude de cette métaphore (§ 3.2), toutefois, nous allons d'abord préciser le contexte éthotique dans lequel elle surgit.

### 3.1 Ethos préalable et ethos discursif montré et dit. Manifestations linguistiques

Même s'il s'agit de sa première interview en tant que président, le locuteur Macron est déjà connu des spectateurs : il est notamment porteur d'un ethos préalable qui s'est progressivement lesté de bien des aspects négatifs qui nuisent à son image. Cette prise de parole inaugurale, en tant que président interviewé, vise donc, entre autres choses, à réparer son ethos. De ce point de vue, on peut affirmer que, par-delà le contenu ponctuel des questions et des réponses, le macro-acte de Macron consiste en la « réparation d'image »,[8] par rapport aux accusations et aux soupçons qui l'entourent d'être le « président des riches ». Si ce dernier élément provient essentiellement des connaissances encyclopédiques autour de Macron en tant qu'être du monde (il a été banquier d'affaires chez Rothschild, avant de devenir ministre de l'économie sous François Hollande), auxquelles s'ajoute un élément plus circonstancié, concernant son action politique en faveur de la suppression de l'ISF (Impôt Sur la Fortune) dans les premiers mois de sa présidence, toujours est-il que l'ethos discursif macronien découle plutôt de ses différentes prises de parole, ainsi que des réactions et reprises médiatiques dont elles ont fait l'objet. D'un point de vue rhétorique, on peut dire que ces aspects se sont manifestés surtout au niveau de l'*elocutio* et de l'*actio* du locuteur Macron et qu'ils ont toujours un caractère ambivalent, ce qui rend le jugement éthotique controversé. Au niveau de l'*elocutio*, les choix lexicaux macroniens portent souvent sur des termes désuets ou rares, ce qui peut indiquer deux *ethe* discordants : d'une part la noblesse d'âme, d'autre part la présomption, voire la morgue. Voici une liste de quelques-uns de ces mots, épinglés par les journalistes : *poudre de perlimpinpin, galimatias, croquignolesque, impéritie, chicayas, palinodie*. Certains dysphémismes accidentels renvoient, par contre, à un ethos de dédain, ouvertement négatif, que les journalistes rapprochent de celui de l'un de ses prédécesseurs, Nicolas Sarkozy :

(8)   Une gare, c'est un lieu où l'on croise les gens qui réussissent et les gens qui ne sont rien. (29 juin 2017, Halle Freyssinet, Station F, Paris)

(9)   Je serai d'une détermination absolue et je ne céderai rien, ni aux fainéants, ni aux cyniques, ni aux extrêmes. Et je vous demande d'avoir, chaque jour, la même détermination. (08 septembre 2017, Athènes)

(10)  Certains, au lieu de foutre le bordel, feraient mieux d'aller regarder s'ils ne peuvent pas avoir des postes là-bas. (04 octobre 2017, usine GM&S)

---

8   *Cf.* le numéro 164 de *Langage et Société* consacré à la réparation d'image (Amossy 2018).

Au niveau de l'*actio*, nous retrouvons des indices pareillement ambivalents, concernant la production de liaisons facultatives (ex. 11–12)[9] et de liaisons sans enchaînement (ex. 13–14, *cf.* Encrevé 1983, 1988), à côté de prononciations « conservatrices » (ex. 15, *exact* prononcé [ɛgzɑ] sans le groupe consonantique [kt] désormais généralisé par l'« effet Buben ») :

(11) Paritaire aussi dans le sens où des *femmes=et* des hommes qui le composent.

(12) Ce que j'ai dénoncé dans les discours auxquels vous faites référence, ce sont *celles=et* ceux qui, élites économiques ou politiques, considèrent que ça ne vaut plus la peine de rien faire.

(13) *C'esT* ce pourquoi nous sommes ensemble ce soir.

(14) Les mots de cyniques et de fainéants *sonT* d'un registre ou normal ou soutenu.

(15) C'est le sens *EXAct* de nos institutions.

Toujours au niveau de l'*actio*, on peut encore signaler la mauvaise gestion du souffle, qui l'a mené à l'extinction de voix lors du meeting inaugural de sa candidature à la présidentielle, tandis qu'au niveau syntaxique, on remarque des incises (16) ou des adverbes (17–18) venant interrompre de manière étonnante des syntagmes nominaux ou verbaux, ce qui peut, encore une fois, être considéré comme un signe de « littérarité » et de distinction ou comme la maladresse d'un locuteur politique qui ne maîtrise pas encore assez ses moyens :

(16) Il était nécessaire de, *JE CROIS, revenir* à certains usages.

(17) Ne pas vouloir parler comme nous le faisons ce soir tous les jours *ne veut POUR AUTANT pas dire* qu'on ne parlera plus jamais.

(18) Parce que le président *n'avait CONSTITUTIONNELLEMENT pas* la possibilité d'être devant le Parlement.

## 3.2 La métaphore des premiers de cordée et le conflit nominatif

C'est dans ce contexte traversé de multiples tensions, qui surdéterminent la réception du discours présidentiel, que la métaphore des « premiers de cordée » est produite, en réponse à une question du journaliste,

---

9  Les exemples de (11) à (19) sont tirés de l'interview du 15 octobre 2017.

comme issue possible d'un premier conflit nominatif local (celui avec *ruissellement*), tout en en déclenchant un deuxième, à distance, avec ses adversaires politiques (*cf.* § 3.5). Le contexte est celui de la suppression de l'ISF et de ses effets sur l'économie française. Macron taxe les opposants de « jalousie » vis-à-vis des « gens qui réussissent », périphrase euphémique remplaçant ici « les riches », et met en relation la présence des « gens qui réussissent » avec le développement de toute l'économie sous leur impulsion. C'est à ce moment que le journaliste David Pujadas propose d'expliciter la pensée de Macron à travers la métaphore du *ruissellement* (« trickle-down »), pseudo-théorie économique arguant que la réduction des impôts aux classes aisées favoriserait les investissements.[10] Macron rejette le terme et le remplace par celui de *cordée*, qu'il explicite par la suite. C'est au cours de cette explication que les *premiers de cordée* apparaissent :

(19)  M   ce que je veux que vous compreniez c'est que pour que notre société aille mieux, il faut des gens qui *réussissent*. Il ne faut pas être *jaloux* d'eux. Il faut dire c'est formidable

   J   c'est le fameux ruissellement ?

   M   Non je ne crois pas au ruissellement pour ma part mais *je crois à la cordée*. Il y a des femmes et des hommes qui *réussissent* dans la société parce qu'ils ont des talents. La *réussite* n'est d'ailleurs pas que monétaire ou financière, il y a des gens qui *réussissent* dans les arts, dans l'association, dans leur vie familiale. Je veux qu'on célèbre toutes ces *réussites* chacune et chacun. Il y en a d'autres pour qui la vie est plus dure. Je veux les aider par leur travail à *réussir*. Et d'autres qui sont fragiles : nous les protégerons. Mais si on commence à jeter des cailloux sur *les premiers de cordée* c'est toute la cordée qui dégringole. [. . .] Mais je veux qu'il y ait des femmes et des hommes qui *réussissent* pour tirer les autres. *Par contre ce que je leur demande c'est d'être des premiers de cordée.*

On peut remarquer tout d'abord le conflit nominatif, le locuteur politique corrigeant l'expression « ruissellement » par « cordée », dont la valeur idéologique est soulignée par le verbe *croire*. Ce conflit n'a pas seulement une valeur locale, mais fait émerger la polyphonie des voix énonciatives : d'une part, la doxa ambiante, dont le journaliste se fait le porte-parole ; d'autre part, la voix singulière du locuteur politique, avec une posture de sur-énonciation, qui vient mettre de l'ordre dans le

---

10  Le terme aurait été utilisé pour la première fois par l'humoriste américain Will Rogers dans les années 1930.

domaine politique comme dans le domaine langagier par l'introduction de l'orthonymie perdue. Sur le plan symbolique et éthotique, en effet, rétablir la bonne nomination des choses est une qualité primordiale de l'homme politique, la droiture du jugement étant la condition indispensable pour la droiture de l'action.

La proposition de la *cordée* présente aussi des avantages pragmatico-argumentatifs de taille : il s'agit en effet d'une matrice métaphorique globale, qui ne vise pas seulement l'aspect financier, mais la société dans tous ses aspects, permettant d'attribuer ainsi un rôle cohérent à tous les éléments du thème (la société) par rapport au nouveau phore de la *cordée*.[11] On peut donc considérer cette métaphore, qui reste une métaphore originale, fondée sur un conflit conceptuel, comme une candidate à remplacer la métaphore conceptuelle de l'argent comme liquide, sous-jacente à la figure du « ruissellement ». Par ailleurs, il faut souligner que la *cordée*, avec ses connotations de solidarité et de compagnonnage, présente également les caractéristiques d'une métaphore euphémique, par rapport à la conflictualité inhérente au rapport riches-pauvres dans une société. Comme pour tout euphémisme, la *cordée* réalise les deux caractéristiques de cette figure (*cf.* Bonhomme 2005) : d'une part, la dé-nomination opacifiante, le remplacement du nom de base, considéré comme trop cru, par un autre qui l'occulte, ce qui permet de désamorcer son caractère conflictuel simplement en évitant de l'utiliser. D'autre part, la re-nomination re-axiologisante (méliorative) pouvant viser à simplement lénifier ou allant jusqu'à euphoriser le référent, comme c'est le cas ici.

## 3.3 Bénéfices argumentatifs

### 3.3.1 La mémoire discursive de « premiers de cordée »

Le phore choisi par Macron présente l'avantage majeur de n'avoir encore jamais servi de base, du moins dans le domaine public, pour un emploi figural, comme le montre son absence de la presse avant le 15 octobre

---

11  *Cf.*, à ce sujet, la notion de « projection » que Prandi fait contraster avec celle d'analogie et son aptitude à établir un réseau de relations cohérentes (Prandi 2010).

2017 (diagramme réalisé à partir des données Europresse d'avril 2017 à mars 2018 pour l'expression *premiers de cordée*).

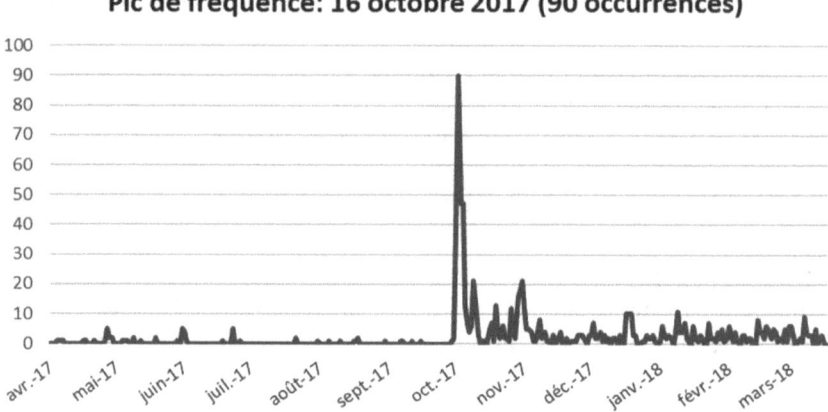

**Figure 1:** fréquence de « premier de cordée » dans la presse d'avril 2017 à mars 2018

Ce phore est donc assez souple pour se plier aux exigences argumentatives de son utilisateur. Il ne faut pas croire, pour autant, que l'expression *premier de cordée* soit totalement dépourvue de connotations : celles-ci lui viennent de ses usages antérieurs, de sa mémoire discursive.[12] En effet, le syntagme *premier de cordée* jouit d'une notoriété interdiscursive certaine, en France, à cause d'un roman célèbre de Roger Frison-Roche consacré à l'alpinisme (1941), ainsi que de deux films inspirés du roman : le film éponyme de Louis Daquin (1944) et l'adaptation télévisée de Pierre-Antoine Hiroz et Édouard Niermans (1989). Ces antécédents remarquables ont chargé le syntagme de connotations positives, à tel point que, plus récemment (1999), une association sportive a été créée qui porte ce nom. Basée au Stade de France et bénéficiant du parrainage de nombreux sportifs professionnels, elle se propose d'offrir des initiations sportives aux enfants hospitalisés et/ou

---

12 Nous renvoyons à la notion de mémoire discursive de Courtine (1981), qui s'articule à celle d'interdiscours de Michel Pêcheux. Voir également Paveau (2013) pour ses avatars successifs.

handicapés. L'emploi métaphorique de Macron se situe dans le droit-fil de ces emplois antérieurs et bénéficie de la connotation positive qui est attachée à ceux-ci. Cette filiation est importante pour assurer l'efficacité argumentative et pour prévenir les risques de discordance quant à la valeur axiologique de la métaphore.

### 3.3.2 Les connotations des deux termes en compétition

Si nous nous penchons maintenant sur les deux termes qui font l'objet du conflit nominatif, et notamment sur leurs connotations, on pourra mieux comprendre pourquoi Macron considère le deuxième comme plus approprié.

Le mot *ruissellement* est cohérent avec la métaphore conceptuelle L'ARGENT EST UN LIQUIDE, qu'il ne remet pas en discussion. Son principal défaut réside donc dans une excessive transparence, le rapprochement entre le ruissellement, le liquide et l'argent étant immédiat. Or, comme le locuteur essaie d'argumenter pour prouver qu'il n'est pas « le président des riches », il est important pour lui de tenir un discours qui évite le plus possible le terme tabou d'« argent ». Le fonctionnement de *ruissellement* comme substitut euphémique est donc très mauvais dans ce contexte, d'autant plus qu'il présuppose, d'une part, une hiérarchie verticale immuable (correspondant à l'immobilisme des rapports de classe dans la société, sans laquelle il n'y aurait pas de ruissellement) et, d'autre part, le caractère naturel, presque involontaire du phénomène, car c'est la gravité (ou la loi du marché) qui est à l'origine du ruissellement, et pas un acte volontaire et constructif.

Le mot *cordée* apparaît donc nettement préférable. N'ayant aucun rapport avec la métaphore conceptuelle du liquide, l'emploi de la métaphore de la cordée assure le brouillage de la piste référentielle vers l'argent et ses connotations négatives pour l'ethos présidentiel. En même temps, la métaphore de la cordée est cohérente avec la métaphore conceptuelle qui fonde l'action politique de Macron et qu'on peut retrouver jusque dans le nom de son mouvement politique *(La République) En Marche* (LA POLITIQUE EST UNE MARCHE). Les présupposés de cette métaphore sont aussi plus avantageux que ceux du ruissellement : la hiérarchie verticale est toujours présente, mais elle est réversible, modifiable par la réussite individuelle. Par ailleurs, la métaphore de la cordée souligne la dimension volontaire de lier son destin à celui des autres et valorise ainsi les personnes qui décident de partager leur réussite : tandis que le ruissellement est inéluctable, la cordée est toujours un choix libre qui crée du lien social. Il y a une dimension axiologique euphorisante dans la cordée : on participe à une entreprise commune, dynamique et solidaire (tout le monde se déplace ensemble), avec un but commun à atteindre (le sommet), alors que dans le ruissellement c'est seulement l'argent (l'eau) qui circule, tandis que les acteurs sociaux semblent demeurer immobiles, assignés à leur condition et à leur place.

### 3.3.3 Brouillage référentiel

Un autre avantage pragmatique de la métaphore des *premiers de cordée* réside dans le brouillage de la référenciation qu'effectue l'expression linguistique, ce qui correspond à une intention euphémique de la part du locuteur. Cette intention se réalise par un double mouvement d'hyperonymie et de synonymie par changement de vecteur orienté : on passe ainsi d'un vecteur domanial orienté négativement (celui de la richesse, dont le jugement axiologique peut être aussi bien positif que négatif, mais qui se trouve ici conditionné négativement aussi bien par l'influence doxale que par le cotexte lexical renvoyant à la jalousie : *il ne faut pas être jaloux d'eux*) à un vecteur générique orienté positivement (les *premiers*). Cet hyperonyme joue ici le rôle d'un synonyme contextuel (*premiers = riches*) qui est apte à recevoir une connotation positive (*ré-axiologisation*), à la fois par une action sur l'intension du terme (qui est constitué de sèmes plus abstraits, qui ne font pas référence immédiate à l'argent) et sur l'extension de celui-ci (le référent visé « riches » se trouve ainsi noyé dans un ensemble plus vaste, celui des « gens qui réussissent »).

De surcroît, le brouillage référentiel est facilité par l'absence cotextuelle du thème au moment où le phore est introduit (*cf.* ex. 19) : il s'agit en effet d'une métaphore *in absentia* et on ne trouve pas, dans le discours de Macron, un énoncé attributif définitoire réunissant le thème et le phore, du genre « les gens qui réussissent sont des premiers de cordée ».

La première occurrence des *premiers de cordées*, qui file la métaphore de la *cordée* introduite précédemment (métaphore filée ou « essaim » métaphorique, dans les termes de Prandi 2012), se trouve dans un énoncé où ceux-ci se font attaquer par « les jaloux » (*si on commence à jeter des cailloux sur les premiers de cordée, c'est toute la cordée qui dégringole*). Cette désignation figurale se trouve en position référentielle, bénéficiant donc d'une présupposition de notoriété. Pour la trouver en position prédicative (attributive), il faut progresser dans l'argumentation (*par contre ce que je leur demande c'est d'être des premiers de cordée*) : ici, le locuteur sous-entend la différence entre « réussir », qui pourrait être involontaire, et « être un premier de cordée », qui est obligatoirement un acte volontaire. Le caractère implicite de cette dernière inférence contribue lui aussi au brouillage référentiel.

Signalons enfin que la sous-exploitation de la métaphore cause elle aussi une forme de brouillage référentiel : en effet le locuteur se concentre sur la matrice métaphorique globale (la *cordée*) et focalise l'un des actants seulement : les *premiers*, sans se prononcer sur les autres. Les autres rôles, présentés sous la forme de piles paradigmatiques (Kahane-Gerdes 2009), sont basés sur des indéfinis sans référence à la métaphore (*des femmes et des hommes, des gens, d'autres*). On peut le voir clairement grâce à la disposition en grille (Blanche-Benveniste *et alii* 1979) de ce passage :

| | | | | | | |
|---|---|---|---|---|---|---|
| | il y | | a | des femmes et des hommes | qui réussissent | dans la société |
| | il y | | a | des gens | qui réussissent | dans les arts |
| | | | | | | dans l' association |
| | | | | | | dans leur vie familiale |
| | il y | en | a | d' autres | pour qui la vie est plus dure | |
| et | | | | d' autres | qui sont fragiles | |

**Figure 2:** mise en grille d'un passage de l'interview de Macron

Quid alors des classes sociales, des clivages politiques et professionnels ? La métaphore laisse tous ces rôles dans l'indétermination et le destinataire ne sait même pas lesquels il faut considérer comme pertinents. C'est dans cette béance dans la représentation métaphorique de la société en tant que cordée que peut s'insérer la parole des commentateurs, des opposants ou des humoristes, comme c'est le cas d'Anne Roumanoff, qui, dans un sketch comique joué une semaine après l'interview de Macron, parvient à l'effet comique souhaité en continuant de filer la métaphore et en abondant dans l'attribution de rôles dans la cordée pour les différentes instances de la société qu'elle représente dans son sketch, y compris pour les opposants politiques :

(20) Ah je vous explique, parce que je ne sais pas si vous avez bien compris : en haut de la montagne, t'as les premiers de cordée, qui tirent vers le haut tous ceux qui sont en bas [. . .] Alors, au milieu de la montagne, t'as les jaloux ; alors eux ils aime-raient grimper mais ils n'arrivent pas à s'élever, alors ils disent : « pourquoi ils sont en haut alors que nous on fait du surplace ? » ; et puis en bas, t'as les fainéants. Alors, eux, ils n'essaient même pas d'escalader la montagne ; alors, eux, ils disent « ah non c'est trop dur . . . pff. De toute façon, l'ascenseur social est en panne . . . » Les fainéants, ils n'essaient même pas de s'élever à la force du poignet. Alors, en bas du bas du bas, dans le gouffre, t'as ceux qui foutent le bordel ; alors, eux, ils tirent carrément sur la corde pour faire tomber les premiers de cordée. C'est Mélen-chon, vous voyez, il tire il tire il tire . . . En fait Macron maintenant il n'est plus en marche, il est en randonnée.

## 3.4 Prosodie et gestes : la saillance

Les aspects coverbaux affectant l'énonciation de la métaphore argu-mentative des *premiers de cordée* concourent à sa mise en saillance, ce qui lui garantit à la fois de ne pas passer inaperçue – sans quoi l'effet rhétorique risquerait de tomber à plat – et de signaler aux destinataires l'importance de ce passage argumentatif par rapport à la conclusion maintes fois répétée « il ne faut pas être jaloux (à travers l'ISF) de celles et ceux qui réussissent ». Remarquable en soi, car inattendue, cette métaphore reçoit cependant aussi l'appui de la prosodie et de la gestuelle du locuteur Macron : la mise en saillance prosodique s'appuie sur le plan segmental, où les métaphores du *ruissellement* (proposée par le journaliste) et de la *cordée* sont opposées par la répétition, sous modalité négative d'abord, puis assertive, de la même structure verbale (*non, je ne crois pas au ruissellement pour ma part – mais je crois à la cordée*). Le segment contenant le mot *cordée* est doublement sin-gularisé par des pauses l'entourant : une courte pause (30 cs) avant le SN *à la cordée* et deux pauses moyennes isochrones avant (63 cs) et après (65 cs) la construction verbale *mais je crois à la cordée*. Le début du SN *à la cordée* est introduit par un coup de glotte et l'on remarque une forte intensité articulatoire sur l'occlusive initiale de *cordée*, ce qui permet de détacher le mot -phore par rapport au reste de l'énoncé. La première syllabe de *cordée* est d'ailleurs affectée d'un accent emphatique, ce qui lui donne un contour prosodique légèrement en cloche (montée-descente) contrairement au mot *ruissellement*, qui présente une pente descendante uniforme. Du point de vue gestuel, en plus d'une fonction rythmique de scansion de l'argumentation par le mouvement des mains, on remarque l'usage des deux poings fermés, geste habituel chez Macron, qui l'associe à l'expression de contenus importants, essentiels, qui lui tiennent à cœur. On peut estimer que ce code gestuel, abondamment utilisé lors des meetings de campagne du candidat Macron, a désormais été « appris » par le public. Sur le segment « mais je crois à la cordée », on remarque un cumul gestuel destiné à attirer l'attention des destinataires. Le mouvement simultané de plusieurs segments corporels visibles souligne la production de la métaphore ainsi que son importance pour l'argumentation, en même temps qu'elle essaie de solliciter l'approbation du destinataire pour cette proposition nominative : le regard, précédemment détourné dans une phase de recherche lexicale, s'adresse maintenant directement au journaliste, pendant que les sourcils se soulèvent et que le buste se penche vers lui. L'une des deux mains s'ouvre et se referme dans un geste explicatif qui accompagne de manière redondante l'argumentation. La grille prosodique-gestuelle ci-après, réalisée sous Praat et Prosogram,[13] illustre les moyens de saillance additionnelle mis en œuvre dans cet énoncé au moment de sa production :

---

13  <www.praat.org> et <https://sites.google.com/site/prosogram/home> respective-
    ment. *Cf.* Mertens (2004). La partie haute du tableau contient le tracé prosodique
    avec la modélisation prosogram (traits plus épais), tandis que les lignes inférieures
    contiennent respectivement la transcription phonétique en syllabes, la trans-
    cription orthographique en mots et l'annotation gestuelle, avec une ligne pour
    chaque segment corporel considéré : le groupe yeux-tête, les sourcils, le buste et
    les mains.

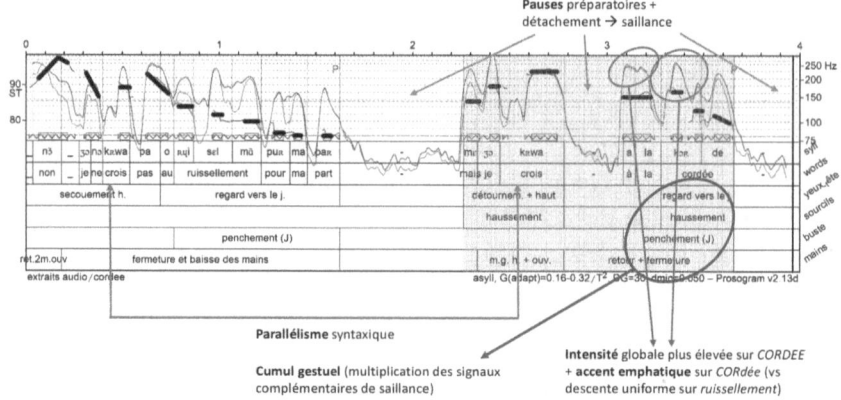

**Figure 3:** tracé prosodique et mimogestuel – métaphore de la cordée

Il apparaît clairement que ces éléments de l'*Actio* rhétorique jouent un rôle auxiliaire pour permettre à la métaphore de déployer son potentiel argumentatif,[14] ce qui, dans le cas qui nous occupe, aboutit aussi à remporter la victoire du conflit nominatif avec l'interlocuteur-journaliste.

### 3.5 Contre-nomination et annulation du bénéfice argumentatif

La force argumentative de la métaphore émerge de façon tout aussi spectaculaire si l'on envisage un autre conflit nominatif qui se joue, à distance cette fois, autour des *premiers de cordée*. En effet, au lendemain de l'interview de Macron, l'un de ses opposants politiques, Jean-Luc Mélenchon, est l'invité du journal télévisé de 20h de TF1, présenté par Gilles Bouleau, l'un des intervieweurs de Macron. À cette occasion,

---

14  Comme nous l'avons montré dans un article précédent (Druetta 2017), la production d'une métaphore ne s'accompagne généralement pas d'une saillance prosodique et/ou gestuelle, à moins que des enjeux argumentatifs ou d'autres figures, telles que l'ironie, ne viennent se greffer sur elle. Ce cas, où le mot *cordée* constitue le pivot argumentatif de la prise de parole de Macron ainsi que le coup de force dans le conflit nominatif qui l'oppose au journaliste, ne fait donc que confirmer nos conclusions de l'époque.

Mélenchon se livre à un résumé de l'interview de la veille, dans lequel il oppose *premiers de cordée* et *premiers de corvée :*

(21)  Alors, dans la vie, il y a *les premiers de cordée*, c'est ceux qu(i) ont des sous ; il faut pas leur jeter des pierres, parce que sinon c'est qu'on est jaloux. Et puis il y a *les premiers de corvée*, c'est tous les autres. Ils sont au chômage, il faut vérifier qu'ils ne sont pas des multirécidivistes du refus ; ils luttent, à ce moment-là ils deviennent des activistes de la surlégale et puis, même quand il y a le harcèlement, ben c'est dans les quartiers.

Dans ce cas, nous ne sommes plus en présence d'un conflit nominatif, puisque ce qui est en compétition ce ne sont pas deux désignations concurrentes du même référent : il est tout à fait évident que les *premiers de cordée* et les *premiers de corvée* désignent deux classes d'individus situées aux extrémités opposées de la cordée.[15] Il s'agit plutôt de faire accéder à l'existence, à travers l'attribution d'un phore métaphorique spécifique, cohérent avec celui mis en place par son adversaire, le groupe laissé dans l'ombre par Macron (ceux qu'il désigne par l'indéfini « d'autres ») : ceux-ci deviennent, par parallélisme, des *premiers de corvée*, ce qui met l'accent sur la dureté des conditions de vie de ces citoyens des classes populaires. La contestation est totale,[16] mais elle ne remet pas directement en cause le procédé métaphorique. Bien au contraire : la confrontation se joue sur le même terrain et se double d'un procédé bien connu des Français : le jeu de mots de l'à-peu-près, c'est-à-dire la paronymie, proche du calembour. La réutilisation, à une consonne près, du même syntagme aboutit à un effet intéressant, puisque les deux expressions, mises côte à côte, constituent les deux faces de la même médaille : côté pile, les *premiers de cordée*, leurs réussites et leur monde lissé, côté face, les *premiers de corvée*, les gens qui ont du mal à s'en sortir, dans un monde réel souvent laid, et qui assurent néanmoins le bien-être des autres. Le procédé met donc en jeu la polyphonie énonciative, car *premier de corvée* n'a pas d'existence langagière indépendamment de *premier de cordée* (le SN *premier de corvée* ne veut pas

---

15  Dans le discours de Mélenchon, la représentation métaphorique est considérablement simplifiée, voire manichéenne. La société est réduite à deux catégories : les *premiers de cordée versus* tous les autres.

16  *Cf.* Plantin, dans ce même volume, à propos de la réfutation de la métaphore.

dire grand-chose en lui-même et on l'interprète par rapport à *premier de cordée*). Réciproquement, après cette prise de parole, abondamment répercutée par les médias, toute énonciation ultérieure de la métaphore macronienne activera immédiatement, en filigrane, la mémoire de la contre-métaphore de Mélenchon, ce qui aboutit virtuellement à annuler ou, tout au moins, à réduire considérablement le bénéfice argumentatif de la trouvaille de la *cordée*. Nous soulignons également la posture de sur-énonciation adoptée par Mélenchon, qui reprend la métaphore de la *cordée*, apparemment sans la contester, mais qui la subordonne en fait à sa propre visée argumentative et à sa pratique nominative, ce qui a pour effet de l'anéantir. La sur-énonciation est aussi la posture qui caractérise le sketch d'Anne Roumanoff, dont il a été question *supra* (§ 3.3.3, ex. 20). Ce sketch contribue aussi, à sa manière, à relativiser l'avantage argumentatif de la métaphore avancée par Macron.

## 4. Conclusion

L'étude de cas que nous avons réalisée concerne un épisode certes circonscrit mais prototypique, en vertu du statut du personnage interviewé, qui confirme le rôle central de la métaphore dans la gestion de la dimension agonale de l'argumentation politique, dans la mesure où celle-ci permet de déplacer le conflit dans un autre univers référentiel et, plus généralement, dans la dimension symbolique de la langue. À travers les analyses effectuées, nous avons pu démontrer que le format du conflit nominatif constitue une modalité spécifique de l'interaction argumentative politique, où la métaphore est fréquente (*cf.* aussi la « bonne guerre » de l'ex. 2, *supra*), car elle permet de désamorcer la conflictualité qui pourrait se manifester autour de l'aspect phémique du mot initialement introduit dans le discours tout en ayant des retombées positives sur l'ethos montré du locuteur. Cette fonction de désamorçage du conflit rapproche nettement la métaphore de l'euphémisme, du moins de son côté opacifiant, dé-tensif et dé-nominatif et permet de comprendre pourquoi les euphémismes s'appuient parfois sur une base métaphorique.

Dans le cas particulier des *premiers de cordée*, cela permet aussi d'observer la fonction néologique de la métaphore, permettant de renouveler tout un champ lexical considéré comme problématique. En effet, l'arrivée sur la scène politique du mouvement *En Marche* d'abord et du parti LREM ensuite, a bousculé les codes langagiers de la politique : se voulant « ni de droite, ni de gauche », le parti d'Emmanuel Macron récuse en même temps une large partie des catégories interprétatives de ces deux traditions politiques et, par conséquent, les métaphores fondatrices de leurs théories et de leur vocabulaire. « Ni droite, ni gauche » égale « pas de vocabulaire », donc un langage à inventer. La *cordée* et les *premiers de cordée* sont donc une métaphore fondatrice et l'un des éléments de langage de ce parti. De ce point de vue, la métaphore, décriée tantôt comme un pur ornement superflu, tantôt comme un obstacle à la compréhension, ne cesse de montrer sa vitalité et son potentiel.

## Références bibliographiques

Amossy, Ruth (éd.) 2018. *La réparation d'image dans le discours de campagne : perspectives discursives et argumentatives. Langage et Société* 164.

Blanche-Benveniste, Claire / Borel, Bernard / Deulofeu, José / Durand, Jacques / Giacomi, Alain / Loufrani, Claude / Meziane, Boudjema / Pazery, Nelly 1979. Des grilles pour le français parlé. *Recherches sur le français parlé* 2, 163–206.

Bonhomme, Marc 2005. *Pragmatique des figures du discours*. Paris : H. Champion.

Bonhomme, Marc 2017. La métaphore comme argumentation par séduction. In Bonhomme, Marc / Paillet, Anne-Marie / Wahl, Philippe (éds) *Métaphore et Argumentation*. Louvain-la-Neuve : Academia-L'Harmattan, 135–152.

Brown, Penelope / Levinson, Stephen C. 1987. *Politeness : Some universals in language usage*. Cambridge : Cambridge University Press.

Courtine, Jean-Jacques 1981. Quelques problèmes théoriques et méthodologiques en analyse du discours. À propos du discours communiste adressé aux chrétiens. *Langages* 62, 9–128.

Detienne, Marcel / Vernant, Jean-Pierre 1974. *Les ruses de l'intelligence. La mètis des Grecs.* Paris : Flammarion.

Druetta, Ruggero 2017. Une métaphore sans qualités ? Exploration de l'usage argumentatif de la métaphore dans le discours politique oral. In Bonhomme, Marc / Paillet, Anne-Marie / Wahl, Philippe (éds) *Métaphore et Argumentation.* Louvain-la-Neuve : Academia-L'Harmattan, 335–354.

Druetta, Ruggero 2020. Euphémisation, conflit nominatif et ethos dans les entretiens politiques médiatiques. *Çédille. Revista de Estudios Franceses* 17. <https://doi.org/10.25145/j.cedille.2020.17.06>

Encrevé, Pierre 1983. La liaison sans enchaînement. *Actes de la recherche en sciences sociales* 46, 39–66.

Encrevé, Pierre 1988. *La liaison avec et sans enchaînement : phonologie tridimensionnelle et usage du français.* Paris : Seuil.

Gerdes, Kim / Kahane, Sylvain 2009. Speaking in piles. Paradigmatic Annotation of a French Spoken Corpus. *Proceedings of Corpus Linguistics.* Liverpool. <https://halshs.archives-ouvertes.fr/halshs-00649798/document>

Kleiber, Georges 1984. Dénomination et relations dénominatives. *Langages* 76, 77–94.

Koren, Roselyne 2016. Introduction. *Argumentation et Analyse du Discours* 17. <http://journals.openedition.org/aad/2295>

Lakoff, George / Johnson, Mark 1980. *Metaphors we live by.* Chicago : University of Chicago Press.

Léon, Jacqueline 1999. *Les entretiens publics en France. Analyse conversationnelle et prosodique.* Paris : CNRS.

Mertens, Piet 2004. Le prosogramme : une transcription semi-automatique de la prosodie. *Cahiers de l'Institut de Linguistique de Louvain* 30, 1–3, 7–25.

Paveau, Marie-Anne 2013. Mémoire, démémoire, amémoire. Quand le discours se penche sur son passé. Version française d'un article publié en portugais du Brésil dans la revue *EID*. <https://hal.archives-ouvertes.fr/hal-00990033/document>

Prandi, Michele 1992. *Grammaire philosophique des tropes*. Paris : Minuit.

Prandi, Michele 2010. L'interaction métaphorique : une grandeur algébrique. *Protée* 38/1, 75–84. <https://doi.org/10.7202/039704ar>

Prandi, Michele 2012. A Plea for Living Metaphors : Conflictual Metaphors and Metaphorical Swarms. *Metaphor and Symbol* 27/2, 148–170.

Prandi, Michele 2017. *Conceptual Conflicts in Metaphors and Figurative Language*. New York-London : Routledge.

Rabatel, Alain 2012. Positions, positionnements et postures de l'énonciateur. *TRANEL, Travaux Neuchâtelois de Linguistique* 56, 23–42.

Siblot, Paul 2001. De la dénomination à la nomination. *Cahiers de praxématique* 36, 189–214.

Michelangelo Conoscenti

# Visual Metaphor vs. Verbal Metaphor. Trump and the International Relations Conceptual Metaphors in the Financial Times Editorial Cartoons

## 1. Introduction

This work stems from a previous research (Caffarena/Conoscenti 2017), whose aim was to show how the discourse in the press and expert media had developed since Trump's appearance on the stage of the presidential campaign, in the spring of 2016, representing a tipping point. The goal of the press was to lead a wider readership to perceive that, because of Mr. Trump's candidacy and the possible consequent election as POTUS, the liberal order could in fact come to an end soon. A return to a competition, and possibly conflict, among the great powers was at first presented as the most probable scenario. Within this interpretative framework Mr. Trump was presented as an unreliable actor and the media started considering that the international (liberal) order, American leadership and the West as a key player in world affairs, might not survive his election. To strengthen the message, this discourse, which at the time was clearly meant to influence American voters, also hinted at emerging countries as candidates eager to fill the vacuum that might possibly be created by an isolationist America under a Trump presidency. A strategy of discursive accommodation has later been enacted by the press and expert knowledge media so that public opinion could adjust to China's new role as the newly-emerging responsible power upholding order. These findings were revealed by adopting a discourse analysis methodology which integrates and complements the perspectives of International Relations (IR) and Linguistics. In fact, both consider discourses as 'resources' used by producers of texts to give meaning to the world, thus influencing their receivers' worldview. The linguistic text analysis in Caffarena and Conoscenti (2017) indicated an intensive use of Conceptual Metaphors

(CMs) to communicate a new 'accommodating' interpretative frame. This work investigates how the use of Editorial Cartoons (ECs) may have contributed to reinforce an interpretative framework instantiated in the articles on the readership by the authorship, namely the Financial Times (FT) editorial board. The same methodology is also used here, with appropriate adjustments to analyse ECs and to explain their visual metaphoric conceptualisation (Schilperoord/Maes 2009).

Barker (2016: 3) has discussed the importance of the term 'editorial cartoon' rather than 'newspaper cartoon' or 'political cartoon':

> Whilst similar to the political cartoon, editorial cartooning is more applicable when such images are situated within the section of newspaper designated for editorial opinion where the two realms share a similar viewpoint. In preferring the term 'editorial', this thesis asserts how the medium of publication is not the cartoon's defining adjective. Rather, its expression of argument or opinion becomes its primary descriptor. It is through comedic conventions that editorial cartoons reinforce communal consensus, enabling audiences to actively classify, organise and interpret what they see or experience about the world at a given moment in meaningful ways.

Bush (2013: 63–64) maintains that "an 'editorial cartoon' is a political cartoon that is drawn contemporaneously to the issue that it examines." This 'immediacy' of the EC, compared to political cartoons, that can be a regular feature of a newspaper, has implications for the way the featured graphical elements are interpreted by readers and the way their judgment on the topic of the editorial is created and is discussed throughout the paper. Morris (1989: 3) describes the difficult task of defining a cartoon reader: "We expect to skim or glance at [the cartoon], grasp its message, laugh or groan, and move on". Since then, 'skimmer' has become the conventional term to describe someone who peruses cartoons not merely looking at the picture, or just reading the text. Skimmer thus refers to someone who reads cartoons, while 'reader' refers to someone who is literate. Morris (1995: 4) in a note within the section *Editorial Cartoons as Social Documents* gives a refined definition:

> The words "skimmer" and "glancer" are used interchangeably, as they convey better than "reader" or "viewer" the almost instantaneous manner in which readers seek to "get the point" of a cartoon. Essentially, the drawing presents the skimmer with a daily puzzle: what is funny about this picture? The cartoonist assumes that the reader is willing to spend about three seconds looking for the answer. The puzzle must be soluble within this time, or skimmers will turn their attention elsewhere.

236

Thus, Critical Discourse and Metaphor Analysis, complemented by data mined with corpus linguistics techniques from the previous research, will document how the communicative strategies and the discourse on Mr. Trump are enacted. In particular, it will be shown that a specific concern is evident in all the considered articles: the authorship, in this case the editor and the cartoonist are considered co-authors of the informative unit, is aligned with an agenda that shows an evaluative intent, defined and reinforced by the ECs. Since "most cartoons are a combination of illustration and text and are best understood by the person who skims the entire piece in order to grasp its meaning" (Bush 2013: 63), the paper then relies on the same methodological apparatus as Caffarena and Conoscenti (2017), but is more 'experimental' in documenting the way ECs interact and generate synergies with other fundamental parts of the newspaper article, namely [Title], [Summary] and [Text].[1]

## 2. Research questions

As for the previous research, CMs are considered an important element to realise and enact the making of IR Theory and Media Discourse. Throughout the work I will discuss the following research questions:

(1)  Do the ECs of the FT resort to CMs that are coherent with those previously detected in the corpus-based analysis of the articles?

(2)  Do these ECs show, require or elicit a critical stance towards the specific political situation/person?

(3)  Does the interpretation of ECs rely and trigger schema-based reasoning?

(4)  To what extent do ECs act as an isotopy activator?

---

1 In this work the parts of a news article, Title, Summary and Text, are written in square brackets to emphasise their functional role in the making-sense process when considered, or skimmed by the skimmer/glancer, as suggested by Morris (1989, 1995). What the combination of this decoding activities generates is discussed in the sections *Corpus Analysis* and *Conclusions, or the relationship between ECs, CMs and Cognitive Mechanisms*.

To discuss these research questions, besides the specific case-studies indicated in the *Methodology* section, I will refer to the theoretical framework set out by Charteris-Black in *Corpus Approaches to Critical Metaphor Analysis* (2004) and (2014). Another fundamental study is that of Musolff (2016), *Political Metaphor Analysis: Discourse and Scenarios*. To identify and investigate the corpus in terms of IR theory Marks' (2011 and 2018) seminal works are fundamental, namely, *Metaphors in International Relations Theory* and *Revisiting Metaphors in International Relations Theory*.

Part of the taxonomy for this visual rhetorical analysis comes from DeSousa and Medhurst's (1982) identification of four major *inventional topoi*:[2]

(1)  political commonplaces (tying the campaign to other current events or the political process),

(2)  personal character traits (physical or psychological exaggeration),

(3)  situational themes (short-term situations that appear unexpectedly during a campaign),

(4)  literary/cultural allusions.


## 3. Methodology

The analysis is carried out on a corpus of 42 articles from the FT. The time span is from 23 March 2016 to 04 May 2017. The corpus contains the following items:

| | |
|---|---|
| Cartoon | 18 |
| Photo | 18 |
| Mixed technique | 4 |
| Absence of cartoon or image | 2 |

**Table 1:**  Typologies of items in the ECs.

2  Their analysis was carried out on the political cartoons of the 1980 presidential election.

Although technically this is a so-called specialized or 'small' corpus,[3] i.e. one with a limited time span and with a specific area of investigation, in this case the anticipated impact of Trump's election on world order, the present corpus is richer than those used in similar studies. In fact, as far as the investigation of editorial cartoons is concerned, few researches are available, given that an investigation on this area immediately faces copyright issues and ECs are rarer than political cartoons. These studies indicate that this corpus is a coherent, relatively small corpus for two reasons. The first is that all the data are extracted from a single newspaper and information is specifically contextualised and focused on a single topic. The second is the number of ECs analysed. In fact, the reference studies in this area, covering a larger time span (Issa 2016; Bounegru/Forceville 2011; and Schilperoord/Maes 2009) respectively analyse 11, 25 and 27 cartoons. The researchers who have investigated in a similar way the use of cartoons are: 1) Issa (2016), who scrutinises the way the Charlie Hebdo Incident was portrayed in Arab political cartoons; 2) Bounegru and Forceville (2011) who analyse the use of metaphors in editorial cartoons to represent the global financial crisis; 3) Schilperoord and Maes (2009) who consider the visual metaphoric conceptualization in editorial cartoons; and 4) Yus (2009), who attempts a unified account of the visual metaphor versus verbal metaphor. Yus' work, although carried out on a different basis and set of data, is particularly useful to address some of the issues discussed in the section *Conclusions, or the relationship between ECs, CMs and Cognitive Mechanisms.* Another interesting contribution, because of its specific focus on the ECs drawn during the 2004 American presidential election, is that of Conners (2007). Unfortunately, the author refers to the analysed ECs in terms of percentages and not with specific absolute figures. A recent doctoral study (Lopez Lopez 2019) must be referred to, since it analyses a large corpus of 246 editorial cartoons published during the British general elections from 1997 to 2015 and a corpus made up of the Conservatives' manifestos in the same years. Lopez Lopez in the only one to share the same methodology and research approach of this paper and Caffarena and Conoscenti (2017), i.e. a blend of text corpus linguistics analysis and multimodal analysis.

---

3  In the previous research, based on the text analysis of the articles, the corpus consisted of 122,081 tokens (running words) and 9,898 types (distinct words, i.e. its vocabulary) extracted from 82 articles within the same time span used for this study.

**Figure 1:** Miniatures of the ECs selected from the FT corpus. The FT. Source: Various Authors, 2015–2017, FT.com. Used under licence from the Financial Times. All Rights Reserved.

## 4. Corpus Analysis

Nicholas Garland, political cartoonist at the Daily Telegraph, has clarified the nature and characteristics of an EC in different informal publications:

> The force of an editorial cartoon is derived from the vehicle itself which, besides caricature, requires some or all of a mixture of caricature, metaphor, distortion, surrealism, deliberate misunderstanding and mockery (Garland 1991: 2) [...] They [ECs] merely tell people what they already know in a highly simplified form. (Garland 2005a and 2005b)

This is the reason why a first taxonomy of the corpus needs to identify, as we have seen in the *Methodology* section, the typology of the ECs. 18 are cartoons *strictu sensu*, 18 are photos and 4 are realised with a mixed technique. All of them characterise the subject with those elements and/or details identified by Garland and DeSousa and Medhurst's (1982) *inventional topoi* (2).

The following images illustrate the three typologies:

© Ingram Pinn

**Figure 2:** EC by Ingram Pinn ©. The FT Source: Ingram Pinn, 2016, "Donald Trump stands to lose from a break with Europe", FT.com, 24 November. Used under licence from the Financial Times. All Rights Reserved.

**Figure 3:** Editorial Photo by FT. The FT. Source: Author not credited, 2016, "US against the world? Trump's America and the new global order, FT.com, 11 November. Used under licence from the Financial Times. All Rights Reserved.

**Figure 4:** EC by Kari-Ruth Pedersen. The FT. Source: Kari-Ruth Pedersen, 2017, "Donald Trump has promised big changes in trade and foreign policy", FT.com, 09 January. Used under licence from the Financial Times. All Rights Reserved.

Setting aside the cartoons, that will be discussed extensively later, Figure 3 shows how a cropped photo can convey and suggest a specific interpretative path to the skimmer. In this case the mouth's close-up immediately directs the glancer's attention to a specific characteristic of the subject, i.e. his aggressive verbosity. The absence of the eyes from the face stresses the need to focus on the performative function of the body part realising the "deliberate distortion" Garland refers to. Together with Figure 2, and most of the ECs present in the corpus, this figure also confirms Schilperoord and Maes' (2009: 232) observation that: "Bodily expressions and scaling of objects are pictorial devices that can be interpreted in terms of point of view". Furthermore, it fits in with DeSousa and Medhurst's (1982) *inventional topoi* (2), personal character traits (physical or psychological exaggeration). Thus, it can be said that the figure (surreptitiously?) suggests/conveys a negative judgment on the subject. The importance of the semiotic synergy between all the linguistic resources activated to frame Mr. Trump in a specific isotopic interpretation, is better appreciated considering that the image was preceded by this [Title] and [Summary]:

> US against the world? Trump's America and the new global order [Title]
> FIGURE 3
> In 1989, the political scientist (Francis Fukuyama, author of the article) said liberal democracy signalled 'the end of history'. He looks at the nationalist politics now reshaping the west. [Summary]

> Donald Trump's stunning electoral defeat of Hillary Clinton marks a watershed not just for American politics, but for the entire world order. We appear to be entering a new age of populist nationalism, in which the dominant liberal order that has been constructed since the 1950s has come under attack from angry and energised democratic majorities. The risk of sliding into a world of competitive and equally angry nationalisms is huge, and if this happens it would mark as momentous a juncture as the fall of the Berlin Wall in 1989. [Text][4]

It is at this stage, when the EC is perceived and decoded together with the [Title], [Summary] and [Text] that the skimmer/glancer turns into a 'literate' reader.

Figure 4 depicts an example of a mixed technique EC. The edited photo in the foreground portrays Mr. Trump in one of his plastic and signature-like physical poses. The U.S. flag is backgrounded and drawn in a way that summarises the editorial stance. Stripes are patterned out by barbed wire, while the stars are substituted by the Twitter logo. Two simple graphic elements, together with a photo, summarise the essence of Mr. Trump's political vision and the way to spread it. In this case the mixed technique EC is framed between:

> Trump Presidency: America First or America Alone? [Title]
> The new president may find his goals are out of reach for an isolationist super-power [Summary]
> FIGURE 4
> We have no eternal allies, and we have no perpetual enemies. Our interests are eternal and perpetual, and those interests it is our duty to follow. [Text], [Opening statement, a quote from Henry Temple, the third Viscount Palmerston, describing British foreign policy in 1848].

These examples show how ECs contribute to organise background knowledge through "metaphoric entrapment", obscuring anything else which makes sense (Mumby/Spitzack 1983: 166). Such an ability to be selective in terms of cognitive mechanisms points to the properties these images possess: namely, an ability to signpost preferred meanings,

---

4 Same article and credits as in Figure 3.

outcomes or consequences which the cartoonist believes may result from the activity, issue or event being depicted, thereby fulfilling a myriad of roles (Wittebols 1991: 263). Barker (2016) argues that:

> used in tandem with editorial commentary, the cartoon supplies additional discourse functions: contextualising timely topics (Greenberg 2002: 181), elaborating and commenting upon current events, or "articulating specific political messages from an ideological perspective". (Steuter/Wills 2008: 11)

In the corpus, 13 cartoons explicitly portray Mr. Trump with caricatural traits. His hair is always drawn with an exaggerated, oversized quiff. His face and body show an aggressive attitude as if he were shouting at or going to punch someone. Five of the 18 photos in the corpus implicitly highlight some of Mr. Trump's 'negative' characteristics. On the contrary, Mr. Xi Jinping, the Chinese Prime Minister, is portrayed in five photos and three ECs in a positive or 'respectful' way, thus reinforcing the isotopy and narrative 'China is a valid alternative to lead the new world order'.

Figure 5 is a good example of what has been discussed so far. It is inspired by an international event, the meeting in Davos, and thus falls into DeSousa and Medhurst's (1982) *inventional topoi* (1), political commonplaces (tying the campaign to other current events or the political process). Mr. Xi Jinping is represented, but not caricaturized, while smoothly slaloming, in an orderly way, to the Davos meeting 'finishing line' following the track on the assigned, groomed slope. On the contrary, Mr. Trump is going to cross the finishing line like an avalanche, using an ungroomed ski slope (the equivalent of another CM NAVIGATING THROUGH UNCHARTED WATERS IS DANGEROUS).[5] His face and body's pose are represented along the canons previously discussed, while the mobile phone with the Twitter logo hints at Mr. Trump's favourite means of communication. The expressions of the reporters at the finishing line are also meaningful. Those on the left, observing Mr. Xi Jinping, look focused, relaxed and ready to take notes. Those on the right look worried and even scared by the coming of the avalanche. The EC is thus able to convey a specific source domain for the CM,

---

5  It is a convention that CMs are indicated in small capital letters.

i.e. INTERNATIONAL RELATIONS ARE A SLALOM, while the EC represents the target domain TRUMP IS A (DANGEROUS) AVALANCHE, reinforcing and mirroring another constituent CM identified in Caffarena and Conoscenti (2017): TRUMP IS CHAOS.

Also in this case the EC is framed, or we could say it reinforces, within textual information that echoes its visual and symbolic meaning.

> Xi Jinping, Davos and the world in 2017. [TITLE]
> There is a tidiness that disappears when rules are replaced by competing powers. [SUMMARY]
> FIGURE 5
> Xi Jinping is heading to the World Economic Forum in Davos. Perhaps his trip tells us only that the Chinese president has succumbed to the vanity that compels global elites to parade their wisdom over champagne and canapés in a small Swiss ski resort. And yet Mr Xi's top billing at next month's gathering also says something about the world. President-elect Donald Trump wants the US to shrug off its global responsibilities. China may grab the opening to move centre stage. [Text]

In Caffarena and Conoscenti (2017) it was observed that:

> Given the frequencies of the two conceptual metaphors (ORDER and ANARCHY), and that of their constituents, one can say that there is a general preoccupation among all the authors in the corpus that Trump can destroy this *order*. Thus, rather than describing the characteristics of this possible 'new chaos' that is statistically not meaningful, the 'establishment' is preoccupied to stress and reiterate in different ways the concept of *order*, 2130 times, to suggest where the pivot of this order will be, i.e. China.

Figure 5 is thus further evidence that the FT's cartoonists are aligned with this general preoccupation about Mr. Trump and consequently draw ECs that are mirroring the content of the editorials. It must be said that out of the 23 ECs considered in this study, ten are by Ingram Pinn, six are by James Ferguson and the others are uncredited or by other cartoonists. The prevalence of Mr. Pinn's and Mr. Ferguson's ECs in the corpus is meaningful as it reflects the close relationship between the editor and the cartoonist as co-authors of a complex informative unit, whose goals are shared, discussed below in the section *Conclusions, or the relationship between ECs, CMs and Cognitive Mechanisms.*

## 5. Conceptual Metaphors of IR and ECs.

The first research question asks: do the ECs of the FT resort to CMs that are coherent with those previously detected in the corpus-based analysis of the articles? In Caffarena and Conoscenti (2017) one of the goals was to document how the communicative strategies and the discourse on Mr. Trump were enacted, while confirming the evaluative intent of the articles present in the corpus. The first part of the analysis showed the adoption of the IR terminology, concepts and thematic contexts[6] by journalists in the attempt to define the new evidence they are observing, i.e. the tipping point generated by the rise of *Trump the candidate.* Marks (2011: 55) states that "No matter what an or the international world, or global society is, scholars think about it and communicate about it metaphorically". The text corpus analysis demonstrated that scholars express their theories by means of terminologies and CMs. Then, journalists memetically replicate them, showing the acceptance of the theoretical assumptions made by the scholars themselves. The six most frequent constituent metaphors of IR discourse present in the corpus are considered here again to check if they have been replicated

---

6 Thematic contexts are used in content analysis to determine the narratives that are dealt with through regular patterns, i.e. the 'themes' that are observed across data sets that are important to the description of a phenomenon and are associated to a specific research question. It is a way of dealing with data focusing on the content of communicated material.

in the ECs. Three belong to the Superordinate CM WORLD POLITICS IS ORDER: *order* (574),[7] *institution*\* (386), *system*\* (231). Three belong to the Superordinate CM WORLD POLITICS IS ANARCHY/CHAOS: *challenge*\* (99), *danger*\* (55), *conflict*\* (45). It must be said that the constituents were firstly identified from the frequency list of the corpus and then validated as meaningful terms reflecting the metaphorical theorization of IR by the specialist co-author.

As was previously mentioned, the corpus also showed another Superordinate CM, resulting from the general isotopy activated by all the articles: TRUMP IS CHAOS. The collective authorship is thus aligned along a specific agenda realized through the latter CM by means of frequent repetitions. In this way it solicits a specific proactive response from the readership.[8] In fact, the constant and even distribution of these terms suggests that we are observing a discursive activity that is enacting, by means of metaphoric statements, "a value system [that] is unlikely to take into account the feelings of the addressee: it is likely to count as an imposition of a set of values" (Charteris-Black 2004: 12). Given the frequencies of the two Superordinate CMs observed in the text corpus, and that of their constituents, one can say that there is a general preoccupation among all the authors that Trump might destroy this *order*. This preoccupation is evident and reflected in the ECs as well. In fact, all the three main verbal CMs have equivalents in the ECs, although the latter resort to several constituent metaphors of the source domain and realise them with specific graphic/symbolic elements, namely:

1)   IR/STATES ARE A BUILDING;

2)   IR/INSTITUTIONS ARE LIVING BODIES;

3)   IR ARE TUG OF WAR;

---

7   It is a convention of corpus linguistics that type-words are written in *italics* with their frequency following in parenthesis. When a type-word ends with an \* it means that all the inflecting forms for that word are considered in the frequency count.

8   This is in line with the emphasis put on Mr. Trump's personality and problematic character by journalists and commentators and displayed in the body's characterization in the ECs.

The CM IR/STATES ARE A BUILDING is represented, although with some variants, in Figure 6 to 9. It may be useful to remember that here several graphic elements work as symbols: namely, they represent something else. In the case of the selected ECs it is often a material object that represents something abstract or invisible that is the source or target domain of the CM. Since a metaphor uses an object to note a similarity to something else, these ECs show how one element reinforces the other, generating a kind of 'polysemic echo' forcing the skimmer to share the cartoonist's cultural coding key (*inventional topoi* (4) of DeSousa/Medhurst 1982).

Figure 6 refers to the classic iconic representation of the building, the columns, a frequent constituent CM in IR theory and specific graphic element in ECs, that support the building itself, in this case the world. It can be seen that the U.S. flag is emerging from the columns and that, because of the breaking of the columns, the world is sliding towards those flags that represent states in the Eastern hemisphere. The 'world', its institutions and the 'West' are assimilated to the U.S. and the responsibility of this destabilising effect, the 'loss', is attributed to the U.S.. In fact, the [Title] says: "How the west has lost the world".

**Figure 6:** EC by Ingram Pinn ©. The FT. Source: Ingram Pinn, 2016, "How the west has lost the world", FT.com, 13 October. Used under licence from the Financial Times. All Rights Reserved.

**Figure 7:** EC by Ingram Pinn ©. The FT. Source: Ingram Pinn, 2016, "Donald Trump would tear up the Pax Americana", FT.com, 05 May. Used under licence from the Financial Times. All Rights Reserved.

Figure 7 assimilates once again the world and the IR to a building, in the shape of a globe, which is fixed on its supporting stand. Once again,

Mr. Trump is represented in an aggressive pose, while 'shouting' and busy destroying the building with a hatchet. Figure 8 represents a variant since the building here is the living body *par excellence*, a tree, thus realizing the CM IR/INSTITUTIONS ARE LIVING BODIES. Here the living body contains all the IR major institutions and Mr. Trump, always portrayed in an aggressive stance, shakes IR to their foundations (roots). The [Titles] of the articles for these two ECs explicitly consider Trump as a negative agent of change: "Donald Trump would tear up the Pax Americana" (Figure 7) and "Donald Trump and the dangers of America First" (Figure 8 below).

Figure 9 is another kind of variant. The building in the foreground is one of the Trump towers; it is in fact labelled as such and recalls the previous business activity of the President-elect, while the Pigeon Box, instead of standard steel-gates, has hashtags. Since the pigeons are easily identifiable with the Twitter logo, here two CMs are blended, the LIVING BODY and the BUILDING one. Together they generate a new Superordinate CM MODERN IR ARE BUILT ON SOCIAL MEDIA COMMUNICATION. In fact the pigeons are delivering letters with the Chinese, German, European, Russian and Iranian flags and reinforce the [Title] of the article: "Donald Trump faces five fateful foreign policy choices". The [Summary] stresses, once more, the negative attitude towards the President-elect: "His attitude smacks more of chaotic improvisation than strategic thinking".

**Figure 8:** EC by Ingram Pinn ©. The FT. Source: Ingram Pinn, 2016, "Donald Trump and the dangers of America First", FT.com, 09 November. Used under licence from the Financial Times. All Rights Reserved.

**Figure 9:** EC by FT. The FT. Source: Author not credited, 2016, "Donald Trump faces five fateful foreign policy choices", FT.com, 12 December. Used under licence from the Financial Times. All Rights Reserved.

Always in terms of variation Figure 10 represents a restatement, to reinforce the negative attitude towards Mr. Trump, of the CM IR/STATES ARE A BUILDING as depicted in Figure 7. IR are represented again as a globe and Mr. Trump, now President-elect, is pulling the stand, i.e. the balance, topped with a U.S. flag, away from it. The [Title]: "Trumps marks the end of America as world's 'indispensable nation'" and the [Summary]: "President-elect has little interest in shouldering the burden of global order" clearly state and reinforce the visual effect of the EC and the editorial stance which was previously discussed and emerged from the textual corpus analysis in Caffarena and Conoscenti (2017). Figures 8 to 12 also represent DeSousa and Medhurst's (1982) identification of *inventional topoi* (4) literary/cultural allusions.

The last CM analysed in the ECs is IR ARE TUG OF WAR.

Figure 11 and 12 illustrate the CM IR ARE TUG OF WAR in a direct way. Figure 11 adopts a particular point of view. In fact, the perspective of the cartoonist is from the North, as if he were at the North Pole or from somewhere in the U.K.. The sizes of the characters imply the power of the U.S. compared to the dwarf size of the E.U. and reflect Schilperoord and Maes' (2009: 232) observations on bodily expressions and the scaling of objects. The two torn flags narrate Mr. Trump's negative effect on IR. Furthermore, the American flag's mast is a missile, implying the military power used to protect/promote American interests. Figure 12 refers again to the globe, this time depicted as a ball of yarn. Mr. Trump pulls it as if it were a rope and thus activating again the CM IR ARE TUG OF WAR and implying 'Mr Trump goes to war involving the whole world'. The people on the globe/yarn, attempting to maintain their position or balance on it, suggest the negative effect of Trump's foreign policy and 'America First' attitude.

 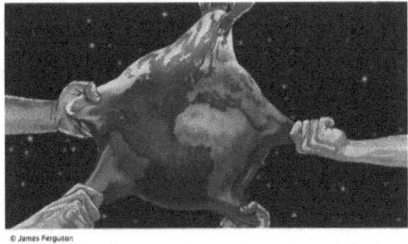

**Figure 13:** EC by Ingram Pinn ©. The FT. Source: Ingram Pinn, 2016, "The Trumpian threat to the global order", FT.com, 22 September. Used under licence from the Financial Times. All Rights Reserved.

**Figure 14:** EC by James Ferguson©. The FT Logo. Source: James Ferguson, 2016, "Global disorder from Donald Trump to the South China Sea", FT.com, 21 July. Used under licence from the Financial Times. All Rights Reserved.

Figures 13, 14 and 15 allow us to observe a variant of the CM IR ARE TUG OF WAR. According to the Oxford English Dictionary "tug of war" originally meant "the decisive contest; the real struggle or tussle; a severe contest for supremacy". This definition encapsulates the concept of 'tearing'.

**Figure 15:** EC by Ingram Pinn ©. The FT. Source: Ingram Pinn, 2017, "Peace and prosperity: it is worth saving the liberal order", FT.com, 09 February. Used under licence from the Financial Times. All Rights Reserved.

This is the Oxford Learner's Dictionaries[9] definition of the verb: "To Tear: 1 [transitive, intransitive] to damage sth by pulling it apart or into pieces or by cutting it on sth sharp; to become damaged in this way." The three figures, together with Figure 10, confirm the negative effect the vision of the ECs, associated with the caricatural representation of Mr. Trump, can have on the skimmer. The ECs thus contribute to amplify and embed a negative evaluation towards the subject in the reader of the editorial.

In Caffarena and Conoscenti (2017) we maintained that:

> We are dealing with a number of texts that, in spite of the two discourse communities that generated them, concede a lot to negative emotional writing and give up a function of knowledgeable expertise and detachment that should be manifested by complex and articulated cognitive mechanisms typical of the academic and quality press genres. It can be said that the corpus mirrors, in terms of semantic networks, the language of Trump.

It is possible to affirm that not only the texts, but also the ECs resort to an emotional set of 'linguistic' devices that frame Mr. Trump in a negative way. It is also evident that the choice of specific metaphoric scenarios, together with the pictorial details, account for the ECs' critical stance. The ECs analysed so far show that three processes, identified by Schilperoord and Maes (2009: 222–224), namely as a case of 1) replacement, 2) fusion and 3) juxtaposition, are present. These point

---

9 Last accessed: 21 January 2020. <https://www.oxfordlearnersdictionaries.com/definition/american_english/tear1_1>.

to the cognitive dimension, rather than the pragmatic one, of the interpretative processes of the ECs that embed CMs. This presupposes the position of a fully informed skimmer to understand the gist of the cartoon. In the next section we discuss the implications of this finding.

## 6. Conclusions, or the relationship between ECs, CMs and Cognitive Mechanisms

Several studies have already observed that metaphors are a recurrent device used in political cartooning (Edwards 1997; Philippe 1982; Morrison 1992; Templin 1999). As Schilperoord and Maes (2009: 214–215) remark, "editorial cartoons are a metaphor-rich communicative area". The previous discussion has demonstrated that, in order to be understood and properly contextualised, the ECs trigger an entire conceptual domain that generates a scenario, in this case that of IR. The latter serves as a supplier of various metaphorical relations and implies the skimmer's and, at a later stage the reader's, ability to make sense of the critical stance taken by the EC in the specific source domain with interpretative effects on the target domain. This reflects Schilperoord and Maes (2009: 233) finding that:

> Categorical reasoning can be used successfully as a heuristic in finding the critical stance in editorial cartoons. Categorical source domain interpretation is common in editorial cartoons and explains the critical stance expressed in them.

This would also confirm the second research question: "Do ECs show, require or elicit a critical stance towards the specific political situation/person?" The CMs are thus activated relying on the skimmer's background knowledge and, as Morris (1995: 4) pointed out, a limited time of attention. This implies and requires a shared knowledge between the skimmer/glancer and the cartoonist. Furthermore, CMs, as instantiated in ECs, leverage on the skimmer's ability to make sense of certain graphical elements; these elements work as 'clues' guiding the skimmer towards the desired interpretation designed by the cartoonist in coordination with the editor. This evidence would suggest it is possible to answer in a positive way the third research question: "Does the interpretation of ECs rely and trigger schema-based reasoning?" Shen's *schematic source domain* (1999) explains why certain features are mapped from source to targets in preference to others. The mapping of relations, as for the majority of semiotic activities, is preferred over the mapping of isolated attributes. This is necessary in order to make the isotopic projection meaningful and consistent with the scenario generated from the conceptual domain, source and target. The CM TRUMP IS A BAD WOODMAN entailing TRUMP IS A DESTROYER OF IR coded in Figure 8 is possible only if we treat, from a cognitive point of view, the domains (source and target) as a single category, or Superordinate CM. To do so, it is necessary to activate a 'polysemic' interpretation of the elements that realise the graphic rendering of the EC. It seems possible to say that factual and shared pragmatic knowledge is then an essential condition to come up with these fine-grained interpretations of ECs. This is made clear by Figure 16.

**Figure 16:** EC by James Ferguson©. The FT. Source: James Ferguson, 2016, "A distracted America in a dangerous world", FT.com, 17 October. Used under licence from the Financial Times. All Rights Reserved.

How do we make sense of this EC? Are the [Title] "A distracted America in a dangerous world" and the [Summary] "The next three months will be a perilous time from Mosul to the South China Sea" enough to let us correctly interpret the graphic representation? Will they trigger a specific schema in the skimmer letting them pass to the reader's stage? What if we do not know the symbolic relationship between these animals and the nations they represent, namely, Panda = China, Bear = Russia and Eagle = the U.S.A.? If we ignore these symbolic associations we will miss the most important graphic element in the EC, that is to say, the hood worn by the eagle. It is the only element in colour, another signal that directs our attention. Thus, Clinton's and Trump's photos, together with their names and "news", activate a Superordinate CM NEWS ABOUT THE PRESIDENTIAL RACE ARE A DISTRACTION and, contextually, three constituent CMs NEWS ARE A DISTRACTOR, NEWS ARE A BLINDING HOOD and AMERICA IS DISTRACTED BY THE PRESIDENTIAL CAMPAIGN DEBATE. Another possible activated CM could be (AN AGGRESSIVE) RUSSIA IS TAKING ADVANTAGE OF A DISTRACTED AMERICA. The interpretative mechanism just described:

> is assumed to come on top of a basic schematic source domain interpretation. In a particular schema, specific roles trigger the construction of ad-hoc categories enabling viewers to find the diagnostic property which is responsible for the critical stance of the cartoon (Schilperoord/Maes 2009: 233–234).

The example discussed for figure 16 and the relationship between the [Title], [Summary], [EC] and [Text] seem to confirm the fourth research question, namely, "To what extent do ECs act as an isotopy activator?" Although a more articulated and monitored collection of data is necessary, a simple and informal test carried out with 300 of my MA students, exposed to the ECs and then to the whole articles, shows that the ECs, given their position and graphic nature, trigger the brain to immediately focus on these kinds of elements before reading the [Title] and [Summary]. In other words, ECs would tend to favour the skimmer's role without favouring a move at reader's level. This simple test seems to confirm a concern shared by several editors in chief and reported by Bush (2013: 65):

> The editorial cartoons are so attractive to newspaper readers that the New York Times does not run them on a daily basis anymore. According to Gail Collins, the Times opinion page editor, it detracts from the essays of its pundits. She states, "It takes an enormous amount of the power of the page and funnels it in one direction" (Reardon). To Collins, the competition of an editorial cartoon overwhelms the essayists, and, by not running editorial cartoons, she chooses not to put the editorial writers in a subordinate position.

Furthermore, ECs seem more powerful in activating isotopic interpretative paths that reinforce the point of view of the Editorial, transforming the skimmer into a 'literate', but manipulated, reader. This is possible because metaphor is argumentative by definition and persuasion is the desired outcome. But to make sense of the EC the skimmer needs to be literate as well. At the same time, those who favour the decodification of the verbal elements before the graphic one, witness the same synergy between the [Text] and the [EC]. It could be said that the two modes interplay and blend at cognitive level to generate meaningful associations for the CM and its source and target domain. This synergic relationship between the opening sections of the article points to a research question addressed by Yus (2009). "Are the ECs multimodal?" *Strictu sensu*, as we have seen, they are not if considered alone, as a single artefact. Given that their function is 'complete' only when considered in the context of use, when they trigger the shift from skimmer to reader, then a multimodal dimension can be contemplated. In this case the article is perceived as a whole, as has been done in this study, thus acquiring a multimodal dimension. In fact, as soon as we consider the [Title] and [Summary] in a functional way, as 'captions' or comments that activate an interpretative isotopy, they dramatically change the nature of the EC itself. Even in this case further research on the cognitive processes activated is needed. The discussion so far would seem to confirm another point made by Schilperoord and Maes (2009: 234):

> most schematic source domains of metaphors in editorial cartoons require an additional categorical source domain interpretation, which results in the detection of the critical stance which is typical of editorial cartoons as a genre.

Nonetheless, Conners (2007: 264) has pointed out, with his interviews of some cartoonists, that they may not create an image, with the key concern being audience comprehension of the image and its potential allusions. DeSousa and Medhurst (1982: 201) remind us that "to decode the cartoon, one must be somewhat familiar with the literary or cultural source to which it refers". In an era of social media these assumptions need to be carefully reconsidered and investigated. In fact, Bush (2013: 64) maintains that:

There is evidence that most people do not understand the intended message that cartoonists convey in their cartoons. However, for the minority who do understand them, political cartoons provide more than just entertainment at the expense of politicians who may have committed a faux pas, they are critical analyses of current events. Like their counterparts who write essays on the opinion pages of newspapers, editorial cartoonists provide insight into issues that skimmers may have overlooked in their own analyses.

Unfortunately, Bush does not quote where the evidence comes from, but the complex interplay between [Title], [Summary], [EC] and [Text] discussed so far in this paper seems to confirm this intuition to the extent that it may be possible to say that FT skimmers/readers expect, or are willing to accept, that the EC attempts to criticise or ridicule a given situation. Consequently they could also be, unconsciously (?), willing to be manipulated to maintain a kind of 'comfort zone'. It is also evident that the analysed ECs do not evoke positive attitudes and feelings for the target, Mr. Trump. Taking an editorial perspective, one could say that the newspaper is so confident of the influence on its readership that it uses all the components of the Editorial to *influence* and situate the readership in relation to a given news item, thus confirming what the previous research on the textual corpus discovered: these articles are far from being simply informative or detached. Severgnini, a well-known Italian journalist, author of editorials on *Corriere della Sera*, one of the leading Italian newspapers, wrote about the issue:

Opinion journalism has a pedagogical element. Those who would deny this are hypocrites. You shouldn't overdo it, for sure. But everybody who bylines an article, a comment or a column would like to convince you that their point of view is a good one. Unless there are foolish, they would not expect you to agree. But, unless they are cynical, they would hope to enlighten you on the matter. (Severgnini, *Il sesso non è mai una scorciatoia, Corriere della Sera,* 18 January 2020, my translation)

Thus, these articles leverage on the readers' emotional reactions, adopting mechanisms that are typical of spin doctors' activities and inform and influence military operations. Morris (1989: 80) described this process in detail:

By allying a picture with a text they activate more of the reader's senses. They thus invite greater involvement, offering a suggestive pattern to be grasped in its totality rather than an informative discourse which must be followed one step at a time. Their latent message may slip more successfully than an editorial through the filters with which readers protect themselves from ideas which may run contrary to their interests.

This practice of 'orienting' the skimmer's/reader's attitude may be questionable in terms of the objectivity of the press, especially if it is carried out by one of the world's leading financial newspapers. The FT Editorial Code of Practice,[10] which complies with the Independent Press Standard Organisation (ISPO), is mainly centred on the possible conflicts of interests between an author and the investment recommendations they could advise. Besides a general idea of 'integrity', nothing mentions or refers to the opinion making processes. One could argue whether the cases discussed in this work fall under section 1.1 and 1.4 of Article 1, *Accuracy*: "1.1 The Press must take care not to publish inaccurate, misleading or distorted information or images, including headlines not supported by the text", and "1.4 The Press, while free to editorialise and campaign, must distinguish clearly between comment, conjecture and fact." One could say that since these items are labelled as 'Editorial', the reader is guaranteed enough. Nonetheless, further research is needed on this particular functional synergy between [Title], [Summary], [EC] and [Text], since the ECs use powerful CMs. Meanwhile, let us hope that the *News Literacy Project*, whose acronym is a sinister NLP, the same as that of Neuro Linguistic Programming, and *The Student View*, two of the *FT Social Responsibility Programmes*[11] aimed at improving media literacy among young people in the U.S. and the U.K. also include this aspect of public opinion shaping in their syllabus.

---

10  Accessed on 13 January 2020. Available: <https://ft1105aboutft-live-14d4b9c72 ce6450cb685-1b1cc38.aldryn-media.io/filer_public/3e/4e/3e4e0ff3-ad0f-48a0-b7ba-40172b5d62f4/1_july_2019_editorial_code_of_practice.pdf.>
11  Accessed on 13 January 2020. Available: <https://aboutus.ft.com/en-gb/social-responsibility/>.

# References

Barker, Benjamin Guy 2016. *Newspaper Editorial Cartoons: Where Art, Rhetoric and Metaphor Meet Reality.* PhD Dissertation. Liverpool: University of Liverpool. Accessed on 14 January, 2020. <https://livrepository.liverpool.ac.uk/3004154/1/200623242_Oct2016.pdf>

Bounegru, Liliana, / Forceville, Charles 2011. Metaphors in editorial cartoons representing the global financial crisis. *Visual Communication* 10/2, 209–229.

Bush, Lawrence Ray 2013. More than Words: Rhetorical Constructs in American Political Cartoons. *Studies in American Humor*, New Series 3/27, 63–91.

Caffarena, Anna / Conoscenti, Michelangelo 2017. The Tipping Point. Donald Trump and the Discourse on World (Dis)Order in the Press and Expert Media. *Comunicazione Politica* XVIII/3, 385–406.

Charteris-Black, Jonathan 2004. *Corpus Approaches to Critical Metaphor Analysis.* Basingstoke: Palgrave Macmillan.

Charteris-Black, Jonathan 2014. *Analysing Political Speeches. Rhetoric, Disocurse and Metaphor.* Basingstoke: Palgrave Macmillan.

Conners, Joan L. 2007. Popular Culture in Political Cartoons: Analyzing Cartoonist Approaches. *PS: Political Science and Politics*, Vol. 40, No. 2, 261–265.

DeSousa, Michael A. / Medhurst, Martin J. 1982. Political Cartoons and American Culture: Significant Symbols of Campaign 1980. *Studies in Visual Communication* 8, 84–97.

Edwards, Janis L. 1997. *Political Cartoons in the 1988 Presidential Campaigning: Image, Metaphor and Narrative.* New York/London: Garland.

Garland, Nicholas 1991. Untitled. In *Cartoons, Comics and Caricature: Values, Functions and Publics.* London: National Art Library at the V&A/Wimbledon School of Art, 1–7.

Garland, Nicholas 2005a. How I Found a New Home at the Telegraph. *The Telegraph*, 12 May 2005, 23.

Garland, Nicholas 2005b. What Makes Cartoons Great. *The Telegraph*, 15 February 2005, 24.

Greenberg, Josh 2002. Framing and Temporality in Political Cartoons: A Critical Analysis of Visual News Discourse. *Canadian Review of Sociology and Anthropology* 39/2, 181–198.

Issa, Sadam 2016. Picturing the Charlie Hebdo Incident in Arabic Political Cartoons. *Arab Studies Quarterly* 38/3, 562–585.

Lopez Lopez, Luis Francisco 2019. *The role of metaphor as the backbone of the last five conservative manifestos and the conceptualisation of their policies in political cartoons in the British conservative press.* PhD Dissertation. Madrid: Universidad Complutense de Madrid. Accessed on 14 January 2020. <https://eprints.ucm.es/56559/1/T41262.pdf>

Marks, Michael P. 2011. *Metaphors in International Relations Theory.* New York: Palgrave Macmillan.

Marks, Michael P. 2018. *Revisiting Metaphors in International Relations Theory.* New York: Palgrave Macmillan.

Morris, Raymond N. 1989. *Behind the Jester's Mask: Canadian Editorial Cartoons about Dominant and Minority Groups 1960-1979.* Toronto: University of Toronto Press.

Morris, Raymond N. 1995. *The Carnivalization of Politics: Quebec Cartoons on Relations with Canada, England, and France, 1960–197.* Montreal/Kingston: McGill-Queen's University Press.

Morrison, Susan S. 1992. The feminization of the German Democratic Republic in political cartoons 1989–90. *The Journal of Popular Culture* 25/4, 35–52.

Mumby, Dennis K. / Spitzack, Carole 1983. Ideology and Television News: A Metaphoric Analysis of Political Stories. *Journal of Central States Speech* 34, 162–171.

Musolff, Andreas 2016. *Political Metaphor Analysis: Discourse and Scenarios.* London: Bloomsbury Academic.

Philippe, Robert 1982. *Political Graphics: Art as Weapon.* Oxford: Phaidon Press.

Schilperoord, Joost / Maes, Alfons A. 2009. Visual Metaphoric Conceptualization in Political Cartoons. In Forceville, Charles and Eduardo Urios-Aparisi (eds.), *Multimodal Metaphor.* Berlin-New York: Mouton de Gruyter, 215–242.

Shen, Yeshayahu 1999. Principles of metaphor interpretation and the notion of 'domain': A proposal for a hybrid model. *Journal of Pragmatics* 31/2, 1631–1653.

Steuter, Erin / Wills, Deborah 2008. Infestation and Eradication: Political Cartoons and Exterminationist Rhetoric in the War on Terror. *Global Media Journal: Mediterranean Edition* 3/1, 11–23.

Templin, Charlotte 1999. Hillary Clinton as threat to gender norms: Cartoon images of the First Lady. *Journal of Communication Inquiry* 23/1, 20–36.

Wittebols, James H. 1991. The Politics and Coverage of Terror: From Media Images to Audience Consciousness. *Communication Theory* 1/3, 253–266.

Yus, Francisco 2009. Visual metaphor versus verbal metaphor: A unified account in Forceville, Charles / Urios-Aparisi, Eduardo (eds.), *Multimodal Metaphor*. Berlin-New York: Mouton de Gruyter, 147–172.

JONATHAN CHARTERIS-BLACK

# Happy Families and Special Relationships

## 1. Introduction: the Family Frame

In this chapter I explore the extent to which the moral and political issues underlying Britain's decision to leave the EU were communicated
through metaphors deriving from the family and other types of relationship such as being a 'friend' or 'partner'. Drawing on the nation-
as-person frame, knowledge of interpersonal relationships provided
the grounds for metaphors to discuss moral issues arising from Brexit.
When a nation is framed as a person it implies that its relationships
with other nations are like interpersonal relationships: just as a person
can get married, so an outward looking alliance with another country
can be described metaphorically as a 'marriage' bringing in both the
Loyalty/Betrayal moral foundation and Authority/Subversion. This
frame takes its origin in the way that sovereign rulers – medieval kings,
queens, princes and princesses – resolved political tensions, or guarded
against invasion, by marrying a symbolic figure from a rival sovereign
power: war could be prevented through such symbolic acts. The argument of the 'nation as person' frame is that a group of nations can become, metaphorically, a family by creating a symbolic, royal family; this
frame embraces international relationships with other nation-persons
wishing voluntarily to make a family together.

But there is a second frame in which the nation as a whole is
framed as a family. This metaphor has a different argument because it
implies that a shared sense of belonging is best found through the idea
of a family *within the nation*. I will refer to this as the 'nation as family'
frame. It is one that motivates words such as 'fatherland' or referring to
people as 'brothers and sisters' because they are from the same nation
and share a common history. The 'nation as family' frame overcomes
divisions within a group of people and is inward looking and tribal in

nature. By contrast, when a group of nations refers to itself metaphorically as a 'family' it implies that our shared sense of identity reaches out across national boundaries. It is outward looking and can overcome tensions and conflicts between sovereign nation states by rejecting blood-based tribalism.

Although the 'nation as person' frame is apparently more individualist it creates the potential for a sense of a shared common identity as being human rather than simply British. People who rely exclusively for their sense of identity using 'nation as family' are those who define themselves in terms of geographically based sovereignty, whereas those who reject this metaphor as inadequate for working out relationships with people from *other* groups prefer frames that allow them to feel human *anywhere*. Whether offering a model for understanding the relationships just *within* a nation, or those *between* nations, the family frame is highly potent because it draws on what most people experience as their first social unit: where they learnt how to feel and where they learnt the difference between right and wrong. Some insight into the tension between the 'nation as person' and the 'nation as family' frames can be shown by a YouGov poll conducted in 2011 showing that 62 % agreed with the statement: "Britain has changed in recent times beyond recognition, it sometimes feels like a foreign country and this makes me uncomfortable" (Goodhart 2017): if Britain now felt like a foreign country then this indicated it no longer felt like a family. With the referendum result going their way, *Leave* politicians now referred to European nations using other types of metaphor such as 'friends' and 'neighbours'. These politicians relied on the 'nation as family' frame since it provided the basis for an outlook based on national identity: if Britain didn't feel like a family it certainly should do. I will also suggest that in their desire to seem patriotic many *Remain* supporters inadvertently followed them in adopting the tribal 'nation as family' frame.

The historical practice of establishing power relationships between nations as if they were individual people reinforced the potential for both frames to ensure the legitimacy of the head of states. The 'family as nation' frame allowed rulers to take on the authority that 'parents' naturally have over their citizen 'children'. Many national leaders have been given the official or unofficial title of 'father of the nation'; this title derives from the Latin expression *Pater Patriae* and was bestowed in Rome by the Senate on those deemed worthy of the title. In some cases the honorific title has been bestowed on women, when Queen Victoria was known as the 'grandmother of Europe' after nine of her children married into Royal families across Europe – this implied a group of nations were a family; similarly, the current German Chancellor is nicknamed Mutti or 'mama' but she is as much mother of Europe as she is of Germany (a metaphor that somehow escaped the British Prime Minister Theresa May). The founders of the USA are known as the 'founding fathers' and the leaders of many newly independent nations adopted the title 'father of the nation'. Such leaders sought legitimacy with reference to the social unit of the family, since this entailed a reciprocal moral obligation between the citizens and the leader of the newly formed nation: in exchange for care and protection they demanded loyalty and authority.

I would like to provide evidence of how the family frame has dominated Brexit by considering kinship terms in the press. In the three-year period prior to 01 January 2016 there was not a single press article that contained both the words 'Brexit' and a kinship term in its headline, however in the three-year period 2016–2018 there were 456 press articles that included 'family' and Brexit' in their headline and 542 particles that included 'Brexit' and another kinship term in their headline. The most frequent term 'brother' occurred in 95 articles with some reference to Boris Johnson, many alluding to different views on Brexit within the Johnson family (particularly his father's decision to join his son's pro-Brexit position), 24 included a reference to David Cameron and 20 a reference to Nigel Farage. The media had clearly identified the cast for a British family drama that was to run and run arousing passions and reflecting a debate characterised by the emotions aroused by family rows: the press offered numerous stories on how opposing stances on Brexit led couples to divorce.

While family metaphors were highly popular in the media and on social media because of their potential for arousing powerful emotions, politicians supporting *Leave*, such as Boris Johnson and Jacob Rees-Mogg, were cautious about using such metaphors in their official statements in the period after Britain's withdrawal. The metaphor of 'the European family' had long been used by the European Commission as way of expressing a shared identity that was not defined as a group of nations as a family. This frame was a response to the social identities based on the 'nation as family' frame that had caused two World Wars: if the family were Europe, rather than the nation, then EU nations had the same sorts of moral obligations and reciprocal responsibilities towards each other – for physical protection and financial support – as do members of a family. The organisers and leaders of *Leave* wanted to reserve the powerful emotional resonance of 'nation as family' exclusively for feelings about the homeland and therefore preferred to think of other European countries as 'partners' rather than as 'family'. It was essentially this shift in metaphors that created the political distancing from Europe that was fundamental to their goals. More than just rhetoric, metaphor *actualised* the types of relationship on which they modelled the future. Brexiteers strongly advocated that Britain would continue to be a close 'friend' or 'partner' of the EU – but reserved the term 'family' either for members of the British nation, or for other Commonwealth nations where English was spoken. Ironically, the British family has turned out to be a curiously dysfunctional one!

As well as discussion of financial matters and the legal intricacies of Britain's departure, there is another deeper role for family metaphors in the discourse of Brexit: this is discussion of moral issues and obligations. For these reasons I agree with George Lakoff (2002) that 'family' metaphors contribute to an ideologically based worldview of political morality in which individuals take on moral responsibilities by virtue of their parenting style. In a way that was also used by Haidt (2012) in his work on moral foundations and the righteous mind, Lakoff employs what he refers to as a 'model' or 'worldview' based on the family to account for differences between political affiliation: he associates a Conservative worldview of politics as deriving from a model based on 'strict father' morality and a Liberal worldview of politics as deriving from a model based on 'Nurturant Parent' morality.[1] The 'Strict Father' worldview is based on an assumption of the inherent badness of human nature, and so the moral responsibility of the father is to foster individualism and self-discipline to overcome this; by contrast, the Nurturant Parent worldview derives from a belief in the inherent goodness of human nature that needs to be brought

---

1 In the United States the term 'Liberal' refers to what in Europe is more commonly referred to as a 'left wing' political orientation with a higher degree of State involvement in areas such as education and healthcare.

out by a parent who does not enforce traditional roles. Developments of this approach distinguish between those that keep to one or other of these moral stances on parenting, and 'biconceptuals' who shift their stance according to the particular topic, so parents may be Strict Fathers in their attitude to crime and debt, but Nurturant Parents in their attitude to the environment or same sex marriage (Lakoff/Wehling 2012). Another possibility is that such biconceptuals may oscillate between stances depending on the political topic. In the case of Brexit for example, someone may have a Strict Father view in relation to immigration and crime but a Nurturant Parent one in relation to European social policies.

However, as with Haidt's moral foundations model, the purpose of Lakoff's model was to describe differences between Conservative and Liberal worldviews within a single country – The United States – and was not intended to offer an account of international relationships. Brexit was remarkable in that affiliations did not reflect whether people were politically oriented to the 'left' or the 'right'. In the Brexit debate the binary choice of *Leave* or *Remain* did not correspond with Lakoff's Conservative and Liberal worldviews and nor did it relate to national political considerations. As a result family metaphors, while still highly moral, have to be modified in various ways when discussing international relationships. For example, Lakoff's 'Strict Father' and 'Nurturant Parent' model does not discuss the stages in a relationship through which families go in divorce and the emergence of new types of relationship: it is essentially static. Lakoff's model is concerned with how political outlooks reflect parenting styles. But Brexit was not about parenting styles, it concerned relationships between metaphorical 'brothers', 'sisters', 'lovers' and 'partners', and *which* people were considered to be on the same level. In this chapter I suggest that the position on Brexit determined whether agents (twitter activists, politicians etc.) persisted with 'family' metaphors or replaced them with less emotionally resonant metaphors such as 'partner' or 'neighbour'. I demonstrate how metaphor choice defined political stance and how these contested positions are better understood as 'relationship frames'. I also compare how *Leave* and *Remain* politicians and opinion formers employ family frames and other relationship frames such as 'enemy' or 'club'. I explain how those who advocated leaving the EU reframed Britain's relationship with Europe in terms of 'friendship' or other relationship metaphors that imply a different set of moral obligations from family ones. In the following chapter I will then explore how the relationship frame provided a basis for thinking of Britain's relation as a marriage that had ended in a divorce.


## 2. Relationship Terms

Relationship terms include 'partner', 'friend', and 'neighbour' that all have the potential to express a relationship as being more or less close in emotional terms: "blood is thicker than water" because family relationships are idealised as being emotionally closer than friends and certainly entail a higher level of moral and legal responsibility. 'Partner' does not specify the nature of the relationship, other than from context; for example a business partner may not be someone we are close to, but 'partner' can also refer to an emotionally and sexually intimate relationship that does not necessarily entail marriage. People often use the term 'partner' when they seek to avoid having to specify either whether or not they are married or whether or not they are in a same sex relationship; so 'partner' is potentially ambiguous regarding the emotional closeness it expresses – it is a phrase that people use when viewing their relationship from an external perspective. 'Neighbour' is more distant emotionally as it is spatially defined: someone who lives next to us but is separate from us as in the proverb "Good fences make good neighbours". We choose our friends and partners but not our neighbours – although we don't choose most of our family either! I will illustrate how variations as to whether other European nations were described metaphorically as part of the same 'family', 'friends', 'partners' or 'neighbours' became an important marker of political stance and reflected shifting political viewpoints.

I compared five relationship terms on Twitter and in newspaper headlines in the three-year period from 01 January 2016 until 31 December 2018. My purpose was to establish how far such relationship metaphors were used to frame a story on Brexit based on considerations whether they were used on social media or in the press and how far political outlook influenced metaphor choice. The phrases I examined can be sequenced in terms of the emotional closeness, so when a family metaphor is used it conveys a higher level of intimacy than a friendship metaphor, which in turn conveys a higher level of intimacy than 'partner' or 'neighbour' metaphors. The phrases I searched were 'European family', 'family of nations', 'European friends' 'European neighbours' and 'European partners'. I also looked at other relationship metaphors such as 'enemy' and 'club' in addition to kinship terms such as 'father', 'mother', 'brother', 'sister' and 'child'.

I searched the three-year period in 6 blocks of six months each, noticing how far the use of a particular metaphor increased or decreased according to the overall context of the political events of the campaign, the Referendum itself and the subsequent negotiations to leave the EU. For Twitter I searched the relationship phrases under the hashtags #Brexit; #Remain and #Leave. I also wanted to establish whether there were differences in how the *Remain* and *Leave* supporters framed their stories on social media as compared with the press. Using the Nexis database I undertook a search of all articles in this period that had 'Brexit' in the headline alongside one of the five relationship-related phrases in the main text of the article. The primary purpose of newspaper headlines is to engage readers' interests so as to encourage them to read the article; they often do this by triggering a particular frame of interpretation that corresponds with readers' anxieties, concerns and interests. This allowed me to establish the how the pro-Brexit and pro-*Remain* press framed the relationship between the UK and the EU and identify any differences from how it was framed on Twitter. The numerical findings for the analysis of both Twitter and the press are shown in tables 1 and 2 below:

**Table 1:** Relationship Metaphors on Twitter: January 2016 – December 2018

| | Jan–June 2016 | July–Dec 2016 | Jan–June 2017 | July–Dec 2017 | Jan–June 2018 | July–Dec 2018 | TOTAL |
|---|---|---|---|---|---|---|---|
| European friends | 96 | 39 | 44 | 42 | 84 | 64 | 369 |
| European partners | 77 | 38 | 43 | 35 | 81 | 65 | 339 |
| European neighbours | 41 | 30 | 38 | 38 | 42 | 40 | 229 |
| European family | 83 | 14 | 32 | 23 | 24 | 29 | 205 |
| Family of nations | 13 | 15 | 14 | 16 | 18 | 12 | 88 |
| TOTAL | 233 | 98 | 128 | 119 | 168 | 145 | 891 |

**Table 2:** Relationship Metaphors in Press Headlines: January 2016 – December 2018

| | Jan–June 2016 | July–Dec 2016 | Jan–June 2017 | July–Dec 2017 | Jan–June 2018 | July–Dec 2018 | TOTAL |
|---|---|---|---|---|---|---|---|
| European partners | 272 | 283 | 424 | 132 | 115 | 105 | 1,331 |
| European neighbours | 190 | 163 | 135 | 103 | 100 | 67 | 758 |
| European friends | 62 | 151 | 53 | 69 | 25 | 30 | 390 |
| European family | 25 | 4 | 58 | 6 | 7 | 9 | 109 |
| Family of nations | 7 | 36 | 12 | 4 | 5 | 9 | 73 |
| TOTAL | 318 | 376 | 272 | 187 | 145 | 120 | 1,418 |

All five 'relationship' metaphors are used frequently throughout the period in the press and on Twitter. 'European partners' was consistently the most frequent in press headlines, followed by 'European neighbours'; by contrast, the emotionally warmer 'European friends' was the most frequent on Twitter – especially in the campaign period and again in 2018 when pro-Europeans took to Twitter in their quest for a people's vote. In both mediums those who wanted to express emotional proximity to Europe referred to their 'European friends' whereas those seeking a more emotionally detached political alignment used 'European partners' and both phrases were more common on Twitter in 2018 as compared with 2017. 'European friends' was used frequently on Twitter in the campaign period whereas 'European neighbours' occurred consistently throughout the period and was less likely to be used on social media by *Remain* activists. Following the campaign result 'European friends' served as a more general relationship term without the emotional coerciveness of family metaphors and in keeping with the broad, and sometimes meaningless sense, in which it is used by Facebook (surely having met someone is a prerequisite for friendship but I still get 'friends requests' from people whom I have never met). In particular, *Leave* supporters saw the phrase as a strategically important metaphor for maintaining relationships with the EU – even if they were not as close as previously. An overview of how relationships are expressed using metaphors based on spatial relationships is shown in figure 1:

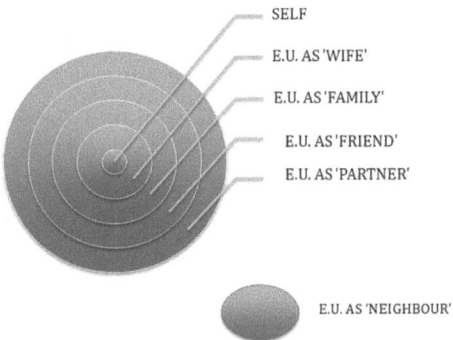

**Figure 1.** Relationships as Spatial Proximity

When the EU is referred to as part of the self (as when someone says "I feel more European that I do British") this expresses the highest level of emotional engagement and metaphor is not used. But when the EU is referred to as a 'family' member this expresses a higher degree of emotional engagement than when it is referred to as a 'friend', which in turn expresses an emotionally more proximate relationship (we feel 'closer' to it) than when it is referred to as just a 'partner'. When the EU is referred to as just a 'neighbour' it is no longer part of *our* group and is only geographically proximate rather than emotionally close.

## 3. The 'European family' & The 'Family of nations'

Metaphors that referred to Europe as a family were mainly in tweets and in pro-*Remain* press headlines that advocated Britain's continuing membership; framing the European Union as a family argued that there was a stronger and more intimate relationship than one based on friendship alone. Although family metaphors were less frequent in both mediums than other relationship metaphors, 'European family' served as a unifying slogan for those who supported *Remain*, and this filtered through to the press in the first part of 2017. 'Family of nations' peaked in press headlines following the Referendum to reflect support for internationalist sentiment.

There were some interesting fluctuations; for example 'European family' was used on Twitter much more during the referendum campaign. The metaphor declined in the period immediately after the result but then revived again from January 2017. The metaphor always implied a strongly pro-EU position and many quoted a speech of Churchill's from September 1946 that was organised around the 'European family' metaphor in which he set out a goal:

> Our constant aim must be to build and fortify the strength of the United Nations Organisation. Under and within that world concept, we must re-create the European family in a regional structure called, it may be, the United States of Europe.

Many across Europe viewed this as a mission statement for the formation of a European Union – although it was not clear what Britain's role would be, as Churchill went on to say: 'In all this urgent work, France and Germany must take the lead together', Britain and America's role was to be: 'the friends and sponsors of the new Europe'. So while Churchill advocated a 'European family', based on the nation as person frame, he viewed Britain as a friend rather than as a family member. In spite of this strong advocates of *Remain* preferred 'family' to 'friend' metaphors:

> If Europe is to be saved from infinite misery, and indeed from final doom, there must be an act of faith in the *European family* ~ Churchill
> (45 retweets)[2]

The 'European family' metaphor served as a rallying cry for those who could not accept that the UK had left the European family. Strong pro-Europeans continued to allude to Churchill's metaphor including the EU's Brexit negotiator Guy Verhofstadt who viewed it as rhetorical appealing to young people:

---

2  Monty's Dog Nigel @montysdognigel 21 June 2016.

There will be a young man or woman who will try again, who will lead Britain again into the *European family*. [. . .] and a young generation that will see Brexit for what it really is, Guy Verhofstadt, the European Parliament's Brexit negotiator, said.[3]

In terms of the Brexit negotiations, the metaphor was one that could be deployed to argue for the continuation of the 'European family' after Britain's departure, but also the hope that it would not be a permanent situation and since one can never really leave a family, highlighted the option of a return:

There are no winners from #Brexit. The departure of the U.K. from the EU is a failure for everybody. Let us make the best of it, knowing that in the near future, there will be a new generation in Britain who will decide to come back into the *European family*. #IamEuropean. (3,100 re-tweets)[4]

Others viewed Britain's departure as strengthening the surviving family – like bereavement, it would bring the surviving 'family members' closer together within the comforting bosom of the family:

Joseph Muscat, prime minister of Malta – which holds the EU's rotating presidency – said the bloc had never been more unified than in its policy towards Brexit. I spoke and visited basically all other 26 member states and there's a. . . convergence on the attitude towards Brexit. I have never seen such a convergence within the *European family*.[5]

A phrase that extended the metaphor into a more fully formed political slogan was 'the European family of nations'; a *Remain* activist exhorted his followers to demonstrate support for the EU by appealing to their sense of family membership:

For our place in the *European family of nations*, for your country, for your community, for your family, for your enlightenment values, fight #Brexit. Talk to your family, neighbours and work colleagues, we can win this! It's up to us! (36 retweets)[6]

---

3  *The Daily Telegraph*, 06 April 2017.
4  @guyverhofstadt 29 November 2018.
5  *The Guardian*, 10 January 2017.
6  Graham Simpson 16 July 2018.

Notice how he avoids mentioning the opposition (apart from the hashtag) and frames the appeal of the European union entirely in positive concepts such as 'enlightenment values' that invite solidarity. This is in contrast to other tweeters who – while still using the same metaphor – do so in a tone that is angrier and expresses negative feelings towards *Leavers*:

> Tired of #*Leavers bleating* on about EU being difficult. The UK is being driven from *the EU family* of 500m by a minority of 17m. Why should the EU *kowtow* to an unrepresentative few? It looks after the interests of all, including we Remainers and those who didn't vote for a change. (208 retweets)[7]

Here 'bleating' is a metaphor that implies that *Leavers* are sheep, and 'driven' implies physical force, rather than the outcome of a democratic process; 'kowtow' emphasises a relationship of servitude. The risk is that these words will have the opposite of their intended effect by antagonising those who voted '*Leave*' rather than appealing to them, thereby strengthening their opposition to *Remain* and reinforcing the 'Remoaner' stereotype coined by the pro-Brexit press.

A staunch *Remain* activist, Graham Simpson, only employs negative language to target symbols of Brexit rather than people who voted *Leave*. Linking to a photo he contrasts the solidarity symbolised by Macron and May standing side by side alongside an isolated Theresa May. The accompanying text reads:

> One confident, assured, backed by the *European family of nations*. The other, in office but not in power, complicit in the weakening of her country, economically, diplomatically and socially. #Brexit reality. (299 retweets)[8]

A corollary to the more united Europe invited by Brexit was that Britain would be excluded from, and even ostracised by, the European family to its own detriment. *The Observer* quoted David McAllister, a German MEP:

> No one, he says, "wants to be nasty to the UK, but it is the one which has asked to leave. We didn't ask for this divorce. Sorry. But we are members of a *family*

---

7  Peter Timmins @petertimmins3 18 December 2017.
8  Graham Simpson 18 January.

*of nations* and were happy to have our British *neighbours, friends, allies in our family.* But they have asked to *leave the family.* They have got to sort this out".[9]

In press articles the phrase 'EU family' usually referred to negotiations surrounding the many families from the EU that lived in the UK and visa versa. However, the EU employed the phrases metaphorically on the national days of EU member states:

Happy National Day, Spain! ¡Feliz Fiesta Nacional, España!
Spain *joined the EU family* in 1986, committed to the European project
#12octFiestaNacional (1,400 retweets)[10]

The tweet includes images of the Spanish and EU flags and a party popper. Identical messages were posted for more nations such as Sweden and Denmark on their national days. The metaphor of the European family at times served as a propaganda tool by those who were opposed to Brexit and official representatives of the European Commission. Fear of exclusion from such a family and becoming an outcast was viewed as a powerful argument to prevent Brexit. Only as a last resort would someone voluntarily seek to leave a family, to become an orphan, and only when the relationships were highly damaging. However, given the disruption caused by Brexit, and the evident lack of unity within Britain, the type of family that has emerged appears to be a highly dysfunctional one. Issues of degrees of citizenship have raised difficult questions of what constitutes membership of the 'British family': for former Commonwealth citizens, for Muslims as well as for those who originate from European countries. Consider the following tweet by Ravi Singh:

My father served in British Navy & was a POW in Singapore.
Sad to see so much racist rhetoric in #Brexit campaign> (+ link to a sikh holding up a handwritten sign that reads: I AM AN IMMIGRANT DON'T USE PEOPLE LIKE ME TO JUSTIFY RACIST POLITICAL AGENDAS!!!! RAVI SINGH (149 retweets)[11]

---

9  *The Observer* 19 November 2016.
10  European Commission @EU_Commission 12 October
11  @RaviSinghKA 18 June 2016.

It reminds us that many immigrants had come to view themselves as full members of the British family by virtue of their rights as Commonwealth citizens who had fought for Britain – a different family of nations. There were considerations of shared language and shared history that were not fully accommodated by either the notion of Britain or the EU as 'family' but which some Eurosceptics employed to argue for the Commonwealth as offering an alternative 'family' to the European Union.

Family metaphors in general are coercive because of their potential to arouse explosive emotions by ideas of betrayal, which is probably why there has been a shift over to the less emotionally intense metaphors of European 'friends' and 'partners' as the withdrawal period has progressed. This may also be why some Brexit supporters showed awareness of the propaganda value of the 'European family' metaphor by using it ironically:

> Sure aren't we all just one *big happy European Family*? Oh yeah #Brexit ![12]

> Jokes aside. The EU isn't happy about #Brexit not because it loses a member of a "big European family". The EU gets from us more than we get from them. The sooner we leave, the better. (14 retweets)[13]

Supporters of Brexit often tweeted 'father' literally as a form of emotional appeal based on their father's war record

> Happy Father's Day – I shall think of the freedoms my old man and the other lost dads fought for when I #VoteLeave (173 retweets)[14]

Other highly coercive posts were evidently far right propaganda:

> No good father can sit quietly while a mass invasion of anti-western muslims are coming to destroy our culture and country. #Brexit #MAGA (21 retweets)[15]

In a search to activate the Loyalty/Betrayal moral foundation, Tweeters on both sides used the metaphor 'father of Brexit' and 9 different

---

12  C.o.l.i.n. @Cynical_Colin 11 May 2016 @BelfastTaxiMan.
13  @Ellie_the_Fairy 02 August.
14  @RaviSinghKA 18 June 2016.
15  @MasterOfJediz 19 June 2016.

politicians were identified in this role including: Nigel Farage (7); Tony Benn (7) and Boris Johnson (5). The most retweeted 'father of Brexit' by a pro-Remainer was:

> Boris Johnson had a nice meeting with his friend Joseph Mifsud, the mysterious Maltese professor at the heart of the #TrumpRussia investigation. (+ link to an Observer article on this connection). Keep in mind that Johnson is, if not the father of #Brexit, at least its fairy godmother. (209 retweets)[16]

The humorous gender switching in the second part is in keeping with Twitter style. On the pro-*Leave* side an account named 'Brexit Britain' posted a number of tweets that argued that Tony Benn was the founding father of Brexit:

> GREAT #TonyBenn *the Founding Father* of #Brexit! On #Democracy in #Europe! #Labour #Brexit #VoteLeave #EUref #BBC #EU (83 retweets)[17]

There were six separate tweets posted in the period that all referred in some way to Benn as the 'father of Brexit' and this, along with the multiple hashtags, suggests that they were part of a funded propaganda campaign targeting older *Leave* voters in working class communities. There were only 21 references in the press during 2016–2018 to 'father of Brexit' of these 9 were to David Cameron because of his decision to have a referendum and 9 were to Boris Johnson – often satirically alluding to his paternity of children by different women. There were no references to 'mother of Brexit' during this period.

After 'father' the most frequent kinship term on Twitter was 'brother' and it was commonly used as a metaphor that sought to overcome the fear that if Britain voted for Brexit it would become an outcast from the European family, by emphasising that there were still family type relationships with nations outside the EU. The *Leave* campaign were more effective in exploiting the emotional appeal of family metaphors; 85 % of tweets in the first six months of 2016 that referred to 'brothers' and 'sisters' advocated Leaving the EU. There were around 40 tweets that contained both 'brother' and 'across the pond' and these

---

16  @grantstern 09 July 2018.
17  BREXIT BRITAIN Supporting BREXIT & #NoDeal! @EUVoteLeave23rd 18 June 2016.

tweets occurred in the days leading up to the vote by those who were not going to vote themselves because they were not British:

I truly hope that our British *brothers* and *sisters* have the courage to lead again and #VoteLeave. Britain is more than a state

#LeaveTheEU (18 retweets)[18]

My *brothers* and *sisters* across *the pond*: The UK was once the financial center of the world. Your kingdom will rise again. Congrats. #Brexit (22 retweets)[19]

Kudos to our *brothers* and *sisters* across *the pond* voting out the corrupt, manipulative EU. #DemocracyWins #Brexit (25 retweets)[20]

Evidently agents outside the UK with their own political objectives were seeking to influence the outcome of the referendum by emotive family based appeals; they sought to counter the appeal of the 'Europe as family' frame. However, this was not solely on the basis of emotion but also grounded in the moral intuition of nativist populists in the US, Australia and elsewhere that although geographically distant, the *Leave* movement in the UK shared their own values and ideology. Sharing for example a distrust of experts and a desire for freedom.[21] Twitter provided the ideal vehicle through which such moral alignments could be communicated by metaphor.

## 4. 'Friends'

If the family was not considered an appropriate metaphor for Britain's relationship with the EU then an alternative metaphor for describing this relationship was 'European friends'. Just to recap, from table 1 we see that the most frequent use of 'European friends' on Twitter was in

---

18  MAGA Ian @IJCFilm 21 June 2016.
19  MAGA RƎVOJUTION @Sheep2Wolves 23 June 2016.
20  Summer Hawkes @SummerAnnHawkes 24 June 2016.
21  See Bennet (2019) for a discussion of value, and Zappavigna (2019) for an analysis of how Twitter was used to display a moral affiliation with Gove's phrase 'We have had enough of experts'.

the six-month period leading up to the referendum because it was a metaphor employed by supporters of *Remain* as a campaigning strategy. At its simplest level 'European friend' was an appeal on Twitter to broader feelings of international solidarity that had characterised Britain's original referendum in 1975. During the Referendum campaign this idealistic appeal was viewed as especially attractive to young people who Remainers viewed as their voting base. Typical uses of the metaphor were multimodal and included an image of a young person:

> A little message from a few of our younger *European friends* in #Durham today #StrongerIn #VoteRemain (+ link to video of a group of schoolchidren holding a Vote Remain placard). (20 retweets)[22]

The following tweet showed a young man holding a handwritten placard with the verbal part of the tweet:

> We love our *european friends*, housemates and partners. We are voting in #Yes2EU #VoteRemain #WeAreIn (6 retweets)[23]

There is no doubt that this idealism and sense of international compassion motivated the formation of the People's Vote campaign in April 2018. The metaphor therefore peaked again after its launch sometimes to appeal to European leaders to assist in resisting a 'no deal' Brexit that was viewed – even by some who had voted *Leave* – as potentially economically disastrous:

> Delighted to see President Macron backing efforts to stop a far right no deal #Brexit. We need all the help we can get from our *European friends* to #StopBrexit (23 retweets)[24]

By comparison, in press headlines 'European friends' occurred most often in the six months directly *following* the referendum in quotations from politicians of both sides of the debate who were seeking to establish a satisfactory future relationship with Europe. Theresa May was widely quoted in the press:

---

22  @NEStrongerIn 19 June 2016.
23  @LivityUK 20 June 2016.
24  @GrahameLucas 19 August 2018.

> I have been clear that Brexit means Brexit. But I also want to be clear here today, and across Europe in the weeks ahead, that we are not walking away from our *European friends*. Britain will remain an outward-looking country and Germany will remain a vital *partner* and *a special friend* for us.[25]

Central to these more rational deliberations – in contrast to the emotional reactions of individuals on Twitter – was a wider concern with the impact of Britain's possible departure from the EU on international security. The expression 'European friends and allies' occurred in 86 headlines in articles on Brexit during the three-year period – nearly a quarter of the total – uses of the 'European friends' metaphor indicating a notion of friendship that involves mutual protection from enemies. It also invokes historic memories of duty and loyalty as implied by the War and Invasion frame. Jacob Rees-Mogg when deliberating on the citizenship rights of EU nationals adds emphasis to the expression by reversing its normal sequence:

> We are dealing with *allies and friends*, so this should never have been a topic of negotiation. We should simply have set out our stall and said what we would do. I am glad that it is now clear that in the event of our leaving on WTO terms, we will protect the rights of EU member state nationals who are living in this country.[26]

The need for mutual protection, against the threat of Russia, criminals and terrorists was a preoccupation of government more than of individuals. This is why the 'friends and allies' metaphor tended to dominate in press headlines as a means of expressing concerns of politicians (as reflected in their public statements) about the implications of no longer being part of the European family. So, effectively, in the press 'European friends' was more premeditated and oriented to the 'head', while on Twitter the metaphor was more affective, less strategic and more oriented to the 'heart'. Emotional appeals on Twitter were often expressions of remorse for *Leave* campaign strategies that were seen as a threat to friendship status:

---

25  *Express*, 20 July 2016.
26  Jacob Rees-Mogg, 10 September 2018.

As the #Brexit campaign reaches a new low, our *European friends* look on, wondering why a smart nation is allowing this disgraceful rhetoric. (35 retweets)[27]

This tweet included some of the more controversial *Leave* supporting images from media tabloids and its author, Jüergen Maier is the Chief Executive of Siemens UK and is of British-Austrian background, for whom there is a close integration of personal and social responses to Brexit.

Following the result many took to Twitter to express their remorse in emotionally charged and very personal language:

It's a sad, distressing day to be British. Good bye *European friends*, Hello recession. I am shocked, appalled & very, very worried (+ emoticon).[28]

Feelings were especially intense for those who had friends in Europe, or whose families crossed European national borders. If EUROPE IS A FAMILY, then a political decision such as leaving the EU could be interpreted at a more emotional level as a threat to people's broader sense of identity, as human beings, as brothers and sisters in a European if not universal family. In a spirit of solidarity, non-British people also expressed empathetic feelings of regret:

My heart is with all British *European friends* and all Hungarians in UK, esp those trying to find a safe harbour for their kids #Brexit shock[29]

Talking to other *European friends* about #Brexit we all feel the same: deeply wounded & yet sorry for UK & the huge number of Remain voters.[30]

In the month following 23 June a large number of *Remain* supporters took to Twitter to apologise for a national decision that they viewed as both a personal insult – an actual rejection of friendship based on the EUROPE IS A FAMILY metaphor – and a form of personal shame:

---

27  Jüergen Maier @Jüergen_Maier 15 May 2016.

28  Slinger @HelenSlinger 23 June 2016.

29  Eszter Salamon @Esalamon 24 June 2016.

30  @br_luigi_gioia 24 June 2016.

Devastated by the country's choice to #Brexit Reaching out this morning @ aosdanaiona to all our *European friends* across the world, sorry.[31]

However, although predominantly a pro-*Remain* appeal, the 'European friends' metaphor was contested by Brexit supporters who also used it during the referendum campaign as a strategy to argue that rejection of EU membership did not equate to rejecting friendship with people from Europe:

> The argument is not about our *European friends*, it is about the anti-democratic monster called the EU. #Brexit #LeaveEU (12 retweets)[32]

Such tweets question the EU IS A FAMILY metaphor by arguing that the institution of the EU is not equivalent to people from Europe that it claims to represent. Other pro-Brexit tweets had the colour of propaganda by employing 'friends' in a way that explicitly contests its adoption as a pro-*Remain* meme:

> Lesley Miller Retweeted Brilliant_Brummie
> All our *European friends* are supporting UK and hoping that we deliver #Brexit – lets not dash their hopes. (10 retweets)[33]

However, Pro-*Remain* activists continued to appeal to international 'friendship' across European borders after the referendum result:

> I hate the things May is saying to our *European friends* about how we've never felt at home in the EU. Don't believe her! #Brexit (1,130 retweets)[34]

Notice here how a tweeter who employed the European family metaphor when garnering support for the People's Vote campaign, shifts tone by using the milder 'friends' metaphor when speaking to a broader audience who are not necessarily activists. Strategically it was more effective for supporters of the official 'People's vote' campaign to make less emotionally coercive appeals to European friends, especially

---

31  @aosdanaiona 24 June 2016.
32  HUGHES @JDHughes4 30 May 2016.
33  Lesley Miller @LesleyMillercyp 21 June 2016.
34  Graham Simpson @grahambsi 22 September 2017.

when these friends were known to have a British following. Part of the People's Vote strategy was the celebrity endorsement:

> This is superb from Jurgen Klopp on #Brexit
> I increasingly think many of our *European friends* care more about the future of us Brits, than we do. We need to #ExitFromBrexit (+ link to article in which Klopp questions Brexit) (188 retweets)[35]

Here the appeal is to pathos rather than logos as the generally popular German coach of Liverpool FC, Jurgen Klopp, is known to be an extremely passionate man and the idea of others caring more for 'us' encourages international altruism. Here a non-family member who is represented as an ideal friend who cares as much, if not more, about his friend than he does about himself. Other *Remain* supporting tweeters circulated endorsements for their position by linking to statements by public figures such as John Major:

> *European friends*,[...]: "We are all urged to be "patriotic" and get behind #Brexit. But it is precisely because I am patriotic that I oppose it". One of the few decent politicians left standing in Britain. (link to text of a speech by John Major in the Mirror, 01 March 2018). (40 retweets)[36]

The argument of the tweet and the article could be summarised as follows:

> Major Premise: Patriots are urged to support Brexit.
> Minor Premise – Implied: Brexit presents many threats to the nation.
> Conclusion: So it is patriotic to oppose Brexit.

The tweet is designed to reject a populist argument that it is more patriotic to support Brexit and it is worded as an enthymeme because the arguments for the dangers of Brexit are not made explicit in the minor premise (though they are elaborated in the speech by John Major). The tweeter therefore challenges a view of the world of the patriotism of separate nation states by following John Major in claiming that the only truly patriotic position is to remain in the EU. This is an effective

---

35  Matthew Green #FBPE @MatthewGreen02 01 April 2018.
36  @AgnesCPoirier 01 March 2018.

argument because it attacks the claim that patriotism necessarily leads to a pro-Brexit position. It seeks to reconcile the tension between the 'nation as person' and 'nation as family' frames by construing shared identity in a more complex way so that being a member of the British family does not curtail *also being part of a European family.*

The predominant feelings of remorse, regret and sadness at the referendum result have continued to characterise those who use the metaphor:

> The Union Jack is flying alongside our *European friends* for now. An important, poignant but sad visit to the #EuropeanParliament today in Strasbourg. A real sense of the tragedy of #Brexit from our guide and fellow Europeans around us that *our bond has been broken.*[37]

With the metaphor of the 'broken bond' this tweet acknowledges a shift away from the 'Europe as family' frame towards the more emotionally distant relationship of Europe as friend.

In the press the 'Europe as friend' metaphor was gradually adopted by Brexit supporters, for example the Brexit supporting owner of Wetherspoons, Tim Martin, is quoted:

> Our *European friends* are being *dragged down* by Brussels' bureaucracy.[38]

The Brexit secretary Dominic Raab:

> Until we've made a big-hearted positive offer to our *European friends*, you won't start to see a reaction from Brussels that is anything other than *cold.*[39]

Essentially the notion of friendship shifted after the referendum from being a powerful expression of emotional affinity with 'European friends' to be something more transactional – more the type of friendship implied by 'Facebook friends' – someone who I continue to want to be associated with, and to deal with – but for whom I don't necessarily have any strong emotional attachment. We also saw this essentially transactional view of friendship in Boris Johnson's metaphors.

---

37 @JoeWalkerUK 13 August 2018.
38 *MailOnline*, 02 November 2016.
39 *Express*, 20 October 2016.

## 5. 'Enemies'

The word 'enemy' instantly triggers the Care/Harm moral foundation. We saw earlier how the dominant war frame for fighting the Referendum employed 'enemies' and how in a 'Them' and 'Us' struggle the identity of 'Our' side was established with reference to the 'enemy' – that could either be the European Union or its traitorous supporters within Britain. However, the phrase 'European enemies' only occurred 3 times in 3 years on Twitter but was much more evident in relation to the 'enemies within' after *The Daily Mail* published a 'Wanted dead or Alive' poster with images of three High Court Judges alongside the headline 'enemies of the people'; this was because of their ruling that the government would require the consent of Parliament in order to give notice of its intention to leave the European Union. Many viewed this as a form of 'hate speech' that vilified a professional group and The Independent Press Standards Organisation received over 1,000 complaints about the front page. It is worth noting that out of 60 uses of 'enemies of the people' on Twitter, 54 were posted by *Remain* supporters: it was *Remain* supporters who saw the use of an inflammatory metaphor as more likely to serve their rhetorical goals. The most widely retweets alluded to the type of discourse that had contributed to the murder of the young Labour MP Jo Cox:

> Steve Bannon encouraging people to "rise up" & "fight to take their country back," Tory MEP suggesting Treason Act be updated to deal with those showing "extreme EU loyalty," public being called "Saboteurs," judges labelled *"enemies of the people."* Remember Jo Cox? (1,900 retweets)[40]

The expression 'enemies of the people' appeared to reflect totalitarian values deemed inappropriate in a democracy and gave the opportunity to Remainers to publicise other threats to democracy:

> In a free society, people should also be able to criticise #Brexit without being called traitors, *enemies of the people* or being against democracy. But you don't like people criticising brexit do you Nigel? (106 retweets)[41]

---

40  Dr Lauren Gavaghan DancingTheMind.
41  @remainer_stuart 14 March 2018.

No tweets by supporters of *Leave* that include 'enemies of the people' were retweeted more than 100 times and the few that were retweeted represent far right propaganda:

> The left wing would rather destroy this country than see it go down an alternative path. They are the true *enemies of the people*. #brexit (71 retweets)[42]

I also searched tweets that included the words 'European' and 'enemies' and found, surprisingly, that out of 40 only 20 % were posted by *Leave* supporters. *Remain* supporters referred to supporters of Brexit or politicians such as Trump or Putin that they believed were fostering Brexit from afar as 'enemies'.

> #*Brexit* and #Trump were entirely funded by our *enemies*, who wish to see the end of USA/*European* military dominance, so that Russia can become dominant.[43]

It could be argued that the use of 'enemies' and 'European' in the same tweet reinforces the frame of Brexit as a war scenario in which two sides are engaged in a life and death struggle reminiscent of the Cold War. Rather than employing a new frame it reinforces the dominant war frame established by the *Leave* campaign that relied strongly on Loyalty/Betrayal morality. This was noticeable in the more skillful and ironic use of the 'enemies' by *Leave* tweets half of which included the ironical phrase: "With friends like these: Who needs Enemies?". But this meme was picked up by more suspicious posts that lack credibility because of their explicit propaganda content:

> Victor Davis Hanson: Macron Wants 'European Union Army,' Can't Make NATO Payments. With allies like these, who needs enemies. @realDonaldTrump #MAGA #France #Brexit[44]

Notice the number of hashtags attached (I have not included all) to what is known to be an emotive issue for voters – the threat to the status of the British army presented by the prospect of a European one.

---

42  LIAR MPs @LiarMPs 25 June 2016.
43  Claire's Outrageous Thoughts @claireOT 18 March 2018.
44  Peachfuzz @CalamityPchfuzz 13 November 2018.

## 6. 'European partners' and 'European neighbours'

The phrase 'European partners' was easily the most frequent relationship metaphor used in press headlines and the second most frequent was 'European neighbours'. 'European neighbour' implies geographical location but does not do so in a way that implied strong obligations or strong affection. Its use was relatively constant on Twitter, suggesting that it was viewed as emotionally more neutral than references to 'family', 'friends' or 'partners' and this may explain why there were no particular peaks during the three-year period. However, 'European partners' peaked in the press in the first six months of 2017 especially in articles on the negotiations for the British withdrawal. It was used mainly by the *Leave* supporting press to emphasise that in spite of leaving, Britain wanted to maintain a close relationship with the EU; commonly it was used alongside other non-kinship metaphors:

> I want us to be a truly Global Britain – the *best friend and neighbour* to our *European partners*, but a country that reaches beyond the borders of Europe too. A country that goes out into the world to build relationships with *old friends* and *new allies* alike.[45]

However, when negotiations were not going well, then questions were raised as regards the nature of the relationship. In the following *The Daily Telegraph* uses scare quotes around 'partners' and reverts to more familiar war metaphors, which though not mentioning 'enemy', clearly imply that the EU is 'the enemy':

> There is now less than a month remaining of the Brexit phoney war; a month in which Theresa May will ask the British people to arm her with a thumping Westminster majority with which to do battle with our *European 'partners'* (as we used to call them, and hope to still).[46]

*Leave* supporters used the partnership metaphor to demonstrate how reasonable they were in the negotiations and their desire for a collaborative arrangement after Brexit:

---

45  Boris Johnson *Daily Telegraph*, 18 January, 2017.
46  Peter Foster *The Telegraph*, 11 May 2017.

The truth is that this country's negotiators have bent over backwards to be reasonable to our *European partners*. They've offered firm guarantees to uphold the rights of EU citizens settled in Britain, while putting forward sensible proposals for keeping the Irish border free from physical barriers.[47]

The pattern "With x like these: Who needs Enemies?" was also used with 'partners':

Just watching @SkyNews and these #Brexit speeches are hilarious. Notice how the remainers in the cabinet keep saying *"European partners"*.

1. The #EU is NOT the whole of #Europe. These eurocrats represent only the EU.
2. With *"partners"* like this, who needs *enemies*?[48]

The tweet is quite logically laid out and its argument is as follows:

Major Premise: The cabinet refers to the EU as "European partners".
Minor Premise – Implied: A good partner would help Britain.
Conclusion – Implied: The EU is an enemy.

The minor premise and conclusion both rely on inference and so it has the conflated, but highly effective structure of an enthymeme that invites the reader to work out the meaning. It is obviously much more subtle and effective than the widely condemned 'enemies of the people' *Daily Mail* front page. A similar contrast between 'partners' and 'friends' occurs in a speech by the leader of the strongly pro-Brexit European Research Group Jacob Rees-Mogg:

It (the 'red book') states that there will be years of uncertainty, but that assumes that our *partners in Europe* will lie and cheat. *But they are our friends,* or so the Government will have us believe, and article 50 of the treaty on the functioning of the European Union provides for a very straightforward two-year process for extracting ourselves [. . .][49]

Notice how 'partners' here collocates with dishonest practices and is contrasted with 'friends' who avoid such practices – though in line with

---

47  *Daily Mail*, 19 October 2017.
48  @Ash_Hirani 08 June 2018.
49  Rees-Mogg, 16 March 2016.

his anti-European position Rees-Mogg hedges the suggestion that European countries are our friends. As the concerns about a hard Brexit grew, increasingly, even pro-Remainers substituted the more emotionally distant 'partners' metaphor for the more intimate 'friends' metaphor:

> For Britain's future prosperity, it is vital that close economic cooperation with our *European partners* is secured and sustained.[50]

A similar pattern occurs on Twitter where the emotionally detached 'partners' came to be used by Remainers who were anxious about the future relationship:

> We've become an isolated & weak country, weighed down by a buckling economy. #Brexit has left the UK with fewer friends & less power & without the valuable relations we've built with our *European partners,* the influence & credibility of the UK will also crumble. #BollocksToBrexit (662 retweets)[51]

The increasing use of 'partners' by the *Remain* side indicated that they had already accepted the outcome of the Referendum and were taking a pragmatic stance in seeking to avoid a 'no-deal' Brexit. There were twice as many references to 'European partners' on Twitter in 2018 as compared with 2017 suggesting that this more pragmatic future oriented position was coming to be accepted even by those who hoped that Britain would not be leaving.

I classified a sample 100 instances of 3 relationship metaphors (European family, European friend and European neighbour) in press headlines and found that 'European neighbour' was used around twice as often as the other two expressions combined. I then examined them according to whether they were from pro-*Leave* or pro-*Remain* newspapers. Both the pro-*Leave* and pro-*Remain* press preferred 'European neighbours' over the emotionally warmer alternatives. The pro-*Remain* press tended to avoid reference to 'friends' whereas *The Daily Telegraph* used 'friends' the most; and in the pro-*Remain* press only *The Independent* used the phrase 'European family'. This suggests that

---

50 *Guardian*, 06 June 2018.
51 Charlie Mullins OBE@PimlicoPlumbers 09 October.

support for *Remain* was fairly lukewarm across the press at the affective level.


## 7. The Club

Another type of relationship metaphor that contributes to moral reasoning, and is based on Loyalty/ Betrayal morality, derives from the rights and responsibilities entailed by club membership. David Cameron introduced the club metaphor into the Brexit negotiations in a speech on immigration, given at a time when he was seeking to establish constraints on the entitlement of migrants to claim benefits in the UK:

> This is about saying: our welfare system is like a *national club*. It's made up of the contribution of hardworking British taxpayers. Millions of people doing the right thing, paying into the system, generation after generation. It cannot be right that migrants can turn up and claim full rights to this *club* straightaway.[52]

Here the 'club' metaphor was used to develop the moral idea that you should only be permitted to access financial benefits from systems into which you had contributed. Although 'club' metaphors have roots in the co-operative movement, and working men's clubs where mutual benefits were assured to contributors, this doesn't seem to be the sort of club that Cameron had in mind, which was perhaps more like a golf club or a Conservative club. The 'club' metaphor subsequently became much more common after the referendum result as a heuristic for the 'EU as a club' and if Europe was a club then Britain was leaving the club. This metaphor framed the moral reasoning that provided the basis of the withdrawal agreement and the type of losses or gains that might accrue to Britain on its departure. Jean-Claude Juncker said: "The EU is not a golf club that could be easily joined or left".[53] The 'club' metaphor continued to frame withdrawal as a cost-benefit analysis that

---

52  David Cameron Speech, 28 November 2014.
53  Jean-Claude Juncker, Comment, April 2017.

drew on people's knowledge of the responsibilities of club member-ship – especially the requirement to pay a fee for membership – and the types of advantage that accrue from being a member. Brexiteers argued that when one leaves a golf club, one should stop paying the direct debit and avoid paying for another round of green fees. But in co-operative movements the basis for withdrawal is on need and this continues over time.

A survey I conducted of all tweets with the word 'club' during the three-year period showed they equally distributed between pro-*Remain* and pro-*Leave* supporters. The following tweet summarises the arguments on both sides in the form of a dialogue:

> UK: We want to *leave the club* but retain all the benefits of membership.
> EU: I'm afraid that's not possible if you chose to *leave the club*.
> UK: Be more CREATIVE.
> EU: We are being realistic. You can't *benefit from the club* and not be a member.
> UK: STOP PUNISHING US! (+ crying emoticon)
> #Brexit (327 retweets)[54]

This tweet highlights the inconsistency of the Brexit position and implies the same moral ambiguity implicit in the 'having your cake and eating it' metaphor discussed in Charteris-Black (2019). Understanding the tweet relies on interpreting the relationship metaphor frame so that the rules that apply to club membership also apply to EU membership. But pro-*Leave* tweets also explored moral reasoning through the frame offered by 'club' metaphorship:

> To *join a club* you pay an entrance fee. Whilst a member you pay a membership fee. Nobody *leaving a club* pays an exit fee! #Simple. #Brexit (83 retweets)[55]

This tweet develops the moral reasoning behind the original 'club' met-aphor in relation to the idea that Britain owed 'membership fees', by framing it in terms of normal club rules on departure. Its argument is as follows:

---

54  @MadeleinaKay 10 January 2018.
55  ROBert Kimbell #TimeForThePeople @RedHotSquirrel 04 March 2017.

Major Premise: You pay a fee when joining a club.
Minor Premise: You continue to pay while being a member.
Conclusion: You don't pay a fee when leaving.

Since there is no reference to the EU or to Britain it relies on the reader to interpret the relationship frame based on the metaphor THE EU IS A CLUB. We might question the relevance of the club metaphor because there were no clear rules when the EU was formed regarding what exiting members should pay. This situation had never been envisaged when the treaties were originally signed and so the question of the financial settlement needed to be resolved by negotiation rather than by metaphor. But metaphors offered highly effective frames for moral reasoning about the amount Britain should pay (if anything) for leaving the EU. The club frame reminds us of Musolff's metaphor scenarios. Here we have a general scenario in which a community of club members share the same rules of membership. However, on departure from the club they interpret these rules differently according to which 'club' scenario they bring to bear – is it a sports club with written rules for obligations on leaving? Or a political club with no codified rules for departure? Interpretation of correct ethical behaviour on the part of the departing member depends on which 'club' scenario is applied. For example, *Remain* tweets reinforced the apparent logical inconsistency of the position of leaving while continuing to benefit from membership:

> Science Minister complains that #Brexit means #Brexit. Not very clever these ministers are they. If you *leave the club* you no longer get to use the facilities. Not difficult. (289 retweets)[56]

Notice that these tweets allude to a sports club that has facilities – drawing on the deeply rooted love of sports – and their institutional structures – that characterises British culture. The following pro-*Remain* tweet makes the same argument in the form of a written reply from a club committee to a resigning member:

> Dear resigning *club member*,
> Your letter states
> You 'expect' to fully *leave the club* in 2021,

---

56  Peter Timmins @petertimmins3 27 May 2018.

You want 'frictionless' *access to all club facilities* after that date, but
You don't want to obey all of our rules.
The committee will decide on your proposal, when we get it.
#Brexit (140 retweets)[57]

The moral reasoning looks something like this:

Major Premise: You want to continue using the facilities after leaving but don't want to follow the rules.
Minor Premise: Club members have access to facilities and obey rules.
Conclusion – Implied: Your position is inconsistent.

However club membership can be a rather authoritarian way of framing an issue because it implies a committee, a chairman, a set of rules and other institutional paraphernalia and this is why some *Remain* supporters rejected the 'club' frame as an appropriate frame for the relationship within the EU:

I placed #fbpe into my name to show support and connect to other pro EU people. That is it. Its not a *club*. There is no doctrine. We come from all walks of life. There are working class to the elite.
Connected by one thing only. To stop brexit. (369 retweets)[58]

This tweeter rejects the EU as a club metaphor scenario as an appropriate way of framing and embraces a more inclusive social identity, which – judging by the number of re-tweets – was broadly held by pro-*Remain* supporters.

Some pro-*Leave* Tweets followed the line taken in the quote of Groucho Marx: "please accept my resignation – I don't want to belong to any club that will accept people like me as a member", by negatively evaluating the European club as socially exclusionary:

This sums up the hardcore Remainer attitude perfectly; ignore the rest of the World in favour of the *Little Europeans Club*. Brexit is the chance to be a truly global leader. Wouldn't expect a petty little showman like Sadiq Khan to understand that. #brexit (81 retweets)[59]

---

57  CathalMacCoille @CmacCoille 07 June 2018.
58  @rocciabella 16 May 2018.
59  Alexander Hall @AEHALL1983 02 January.

This tweeter posted 6 tweets containing the phrase 'Little Europeans Club' arguing that Britain aspired to be the chairman of a global club. In a similar vein George Galloway questioned whether the EU was the right sort of club to be in:

> Don't Panic! If through EU perfidy we "crash out" of the *Bankers Club* in March, we have been there before. In fact it was our finest hour. Britain can and will be an independent country. If we run out of Brie we can always eat cheddar. Let's have confidence in ourselves #Brexit (245 retweets)[60]

This tweet argues it is better not to be a member of any club rather than to be in a rich man's club; rather than an ordinary sports or football club the author, well known for his populist style, is framing in terms of an elite Gentleman's club with highly restricted access and not a working men's club. Such metaphors that highlight the exclusive nature of the EU club were popularised by the *Leave* EU campaign:

> More Labour MPs advocate Brexit as the EU has become a *corporatist rich man's club* (146 retweets)[61]

*Leave*EU, under its hugely wealthy founder Aaron Banks, saw populist anti-elitism as offering a persuasive political message.

## 8. Summary

In this chapter I have showed how our capacity to form all sorts of different social relationships served as the model for framing Britain's relationship with the European Union. I have distinguished between family metaphors such as 'father, 'brother' and the 'European family' and more emotionally detached metaphors such as 'partner' and 'neighbour' and showed how there was a shift in metaphor use. I have shown that family metaphors, though usually positive, can draw on 'the nation as family' frame to produce nationalist frames, but can also draw on

---

60  George Galloway @georgegalloway 29 July 2018.
61  @LeaveEUOfficial 10 June 2016.

'the nation as person' frame to argue for a more internationalist social identity. Both frames have the potential for manipulative use of Loyalty/Betrayal morality, though the 'nation as family' frame has greater potential to be emotionally coercive because it also draws on Authority/Subversion.

Between the two contrasting frames of the nation as family and a group of nations as family are a set of intermediary metaphors that have varying levels of emotional intimacy ranging from 'friends' at the more intimate end of a scale to 'partners' and then 'neighbours' at the less intimate end. I have demonstrated that variation in the use of such metaphors according to various aspects of the political context such as which 'side' the speaker was on, and whether the metaphor sought to establish a new type of relationship or harked back to an earlier one. Rich experience of all types of interpersonal relationships provided the roots for frames to flourish according to rhetorical purpose. When there was a need for transactional relationships with out-groups the 'group of nations as family' could be replaced by less intimate metaphors; by contrast, when there was a need to enhance in-group intimacy speakers would shift to the 'nation as family' frame.

Successful tweeters combined frames with moral reasoning that can be analysed as syllogisms or enthymemes, often combined with other rhetorical styles such as irony and humour. Ardent Brexiteers showed a highly strategic use of relationship metaphors by drawing on a range of relationship types and sometimes brought in scenarios of relationship betrayal, disloyalty as anticipated by the Loyalty/Betrayal moral foundation. Many Brexiteers framed the Commonwealth as an alternative 'family' to which Britain could return now that the EU were no more than 'neighbours' or 'partners'. Both sides employed the frame of the 'club' as a metaphor scenario for Britain's obligations (or otherwise) when withdrawing from the EU.

# References

Bennett, Samuel 2019. Values as Tools of Legitimation in EU and UK Brexit Discourses. In Koller, Veronika / Kopf, Susanne / Miglbauer, Marlene (eds) *Discourses of Brexit*. London: Routledge, 17–31.

Charteris-Black, Johnathan 2019. *Metaphors of Brexit: No Cherries on the Cake?* London: Palgrave Macmillan

Goodhart, David 2017. *The Road to Somewhere: The Populist Revolt and the Future of Politics*. London: C. Hurst & Co.

Haidt, Jonathan 2012. *The Righteous Mind: Why good people are divided by politics and religion*. London: Penguin.

Lakoff, George 2002. *Moral Politics*, 2nd ed. Chicago/London: University of Chicago Press.

Lakoff, George / Wehling, Elisabeth 2012. *The Little Blue Book: The Essential Guide to Thinking and Talking Democratic*. New York: Simon and Schuster.

Zappavigna, Michele 2019. Ambient Affiliation and Brexit. In Koller, Veronika / Kopf, Susanne / Miglbauer, Marlene (2019) *Discourses of Brexit*. London: Routledge, 48–68.

Andreas Musolff

# How (Not?) to Use Metaphor in a Conflict? Brexit as a Test Case for Conflict Escalation via Metaphor and Hyperbole

## 1. Introduction

Metaphors, combined with hyperbole, can aggravate and esca-late conflicts. For instance, negotiations are distorted into *wars* and *battles*, immigrants become *vermin* or *invaders*, social or economic problems are *deadly diseases* or *natural catastrophes*, and in each of these cases it's a matter of all or nothing, survival or utter destruc-tion. This tendency to exaggerate and magnify belongs to the stock-in-trade techniques of political, especially populist and extremist rhetoric (Blain 1988; Burgers et al. 2016a; Kalkhoven/de Landtsheer 2016; Musolff 2010: 17–19). What about its use in journalism? Doesn't at least the 'quality press' avoid the default sensationalism of hyperbolic meta-phor and act as "custodians of conceptual freedom", as George Lakoff and Elisabeth Wehling have advocated (Lakoff/Wehling 2016: 120). Still, a glance at the coverage of British public debates about 'Brexit', Britain's withdrawal from the European Union following a referendum in 2016, shows the opposite of rhetorical 'restraint' on the part of the media. Even a reflective article on British "Euroscepticism" by Robert Shrimsley in the liberal and famously reserved *Financial Times* did not avoid hyperbolic metaphor:

(1)  The Conservatives' European *delirium* has generated a *thirty years' war* which has *consumed* the party, *destroyed* successive prime ministers and finally *fractured* the country in the Brexit referendum (*Financial Times,* 14 December 2018; author's em-phasis here and in the following examples).

If even a 'centre' newspaper did not shy away from exaggeration, the more party-politically 'engaged' media could not hold back either. The conservative-leaning, Eurosceptic *Daily Telegraph's* chief political correspondent, Christopher Hope, for example, was jubilant about Brexit Britain's prospects:

(2) Despite the [. . .] warnings, Britain has never been a better place to live. [. . .] we might well have just had *the best year in British history. And next year might be better still* (*The Daily Telegraph,* 28 December 2018).

On the other hand, the left-leaning and anti-Brexit oriented *Observer's* political commentator, Andrew Rawnsley, sarcastically warned:

(3) It was supposed to be a piece of *cherry-topped cake,* not a humiliating national *calamity.* (*The Observer*, 23 December 2018)

In these statements, "Brexit" figures as an extreme possibility of either political triumph or disaster; no intermediate or 'balanced' judgement is discernible. It thus fulfils the conditions of "involve[ing] a scale" (i.e., a qualitative one), "contain[ing] a contrast of magnitude between intended and propositional meaning" and being "more extreme than justified given its ontological referent" (Burgers et al. 2016b: 166). This kind of rhetorical extremism seems typical for the Brexit debate and has itself been noted as one of its characteristics. In his above-quoted article in the *Financial Times,* Shrimsley also asked the rhetorical question of "how" the Conservatives, "the party of Peel, Churchill and Macmillan, the party of cautious pragmatism, [had] succumb[ed] to such fervent ideological self-immolation over the EU". His question might be applied to the whole of the Brexit-debate, viewed as a test-case of a hyperbolic, over-excited and polemical conflict discourse: how did the British public, famous for its common-sense and pragmatism, succumb to such extreme ideological polarisation over the EU? More generally, we may ask: does the metaphorical and hyperbolic "framing" (Lakoff/Wehling 2016) of a conflict in the media just illustrate and highlight it for the public, or does it shape the conflict in the sense that the conflict parties may be 'pushed into a specific corner', i.e. does the metaphor create an argumentative (ana-)logic from which they cannot escape?

To answer these questions, I propose going back to the beginnings of the Brexit debate and the role that the hyperbolical use of a specific metaphorical proverb, which Rawnsley alludes to in example (3) with the phrase "cherry-topped cake", played in it. On the basis of a research corpus of 181 press texts amounting to over 125,353 words, spanning the period, February 2016 to February 2019,[1] the Brexit conflict discourse can be studied through the lens of its most (in)famous catchphrase, i.e. that of Brexit as the UK 'having its cake and eating it', meaning that it could maximize the benefits of the withdrawal while not losing those of EU membership. The "discourse career" (Musolff 2019) of this phrase epitomises the transformation of Brexit from a legitimate foreign policy option into an *all-or-nothing*, a *triumph-or-catastrophe* dilemma. It was first used to advertise Brexit as a perfect 'win-win' opportunity, only to end in a series of ignominious defeats in the British parliament when the government put its negotiation results to the vote. This highly negative result was 'achieved', I contend, through the combination of metaphor and hyperbole, as the catalyst of discursive conflict escalation.

## 2. Brexit as "Having your cake and eating it": hyperbole via proverb

It was the summer of 2016; the Brexit-referendum had been won and Britain's biggest tabloid, *The Sun,* which had supported it, interviewed the most prominent leader of the "Leave" campaign, Boris Johnson, who had recently been promoted to Foreign Secretary:

---

1 This database is part of a larger research corpus of figurative language use in British and German debates about European Union politics, EUROMETA (Musolff 2016: 14–15). The sample of press media that include the *cake*-phrase ranges across a wide political spectrum in Britain; it is drawn from print and online versions of *Daily Express, Daily Mail, Daily Mirror, Financial Times, Marxism Today, New Statesman, The Daily Telegraph, The Economist, The Guardian, The Independent, The National, The New European, The Observer, The Scotsman, The Spectator, The Street, The Sun, The Times/Sunday Times, The Yorkshire Post.*

(4) BORIS Johnson [. . .] insisted we will get immigration controls back as well as continuing open trade with the EU. Mr Johnson told The Sun: *"Our policy is having our cake and eating it. We are Pro-secco but by no means anti-pasto"*. (*The Sun,* 30 September 2016)

The puns on Italian culinary products underlined the Foreign Secretary's effort to appear witty, but he also indicated the real-world political goals that he wanted to achieve as part of the new, Brexit-delivering Conservative government: control [i.e. limitation of] immigration into the UK, which rejected the EU's "freedom of movement" principle on the one hand, and on the other hand securing "open trade" for UK businesses, i.e. continuing to enjoy the advantages of the EU's "freedom of trade" principle. As these two principles were generally considered as interdependent (Zapettini 2019), ditching one while keeping the other was as paradoxical as the proverbial impossibility of *eating* the cake and *having* (= *keeping*) it, which is usually expressed in the negated form, "You can't have the cake and eat it".[2] Conversely, metaphorically characterising an action or action plan as an attempt 'to have one's cake and eat it' implies a critical evaluation, i.e. an assessment that someone is (foolishly) trying to achieve the impossible. In this critical sense, the idiom had already applied to previous British governments' relationships with the EU, e.g. in a monograph on *The Actors in Europe's Foreign Policy*:

(5) This inability to see *the limits of the 'having your cake and eating it' approach* [that was characteristic for M. Thatcher's government] was also characteristic of the other British governments. (Hill 1996: 76)

In this excerpt, the proverb is used in its default version: the contradictory source concepts of 'having/keeping a cake' and 'eating a cake' are applied to the target concept of British governments' lukewarm commitment to EU policies, with the critical qualification that it had "its limits". Johnson's version, which he had used several times in the run-up to the 2016 referendum,[3] turned this default sense on its

---

2 For the history and standard meaning of the proverb see Ayto 2010: 53; *Brewer's Dictionary of Phrase & Fable* 2001: 189, *Shorter Oxford English Dictionary* 2002, vol. 1: 1206, Speake 2015: 147–148; Wilkinson 2008: 47.

3 For the 'prehistory' of Johnson's use of the 'Have your cake and eat it' proverb see Gimson (2009) and Musolff (2019: 210–211).

head: it promised to achieve something (near-)impossible, i.e. keeping the advantages of EU-membership for the UK, while getting rid of its commitments. This application of the proverb to an inherently contradictory policy qualifies it as *a hyperbolic* utterance, which "express[es] an exceptional or even extreme version of reality" but that may also nevertheless be perceived "as a simplifying element in argumentation and persuasion" (Kalkhoven/De Landtsheer 2016: 186). For the supporters of Johnson (and of Brexit) the statement could appear as a highly optimistic, bold prediction that the new government of which he was now a leading member would overturn the EU rules and get 'the best of both worlds' (see example 3). The *implausibility* of such a policy, on the other hand, was the target of critics who kept pointing out its contradictory status:

(6)     Boris [Johnson] *thinks he can have his Brexit cake and eat it,* [. . .] *It is cloudcuckoo land.* (*The Guardian*, 22 February 2016)

(7)     [. . .] *the free having and eating of cake is not an option.* (*The Economist*, 25 June 2016)

(8)     [EU Council president] Tusk criticised "the proponents of the cake philosophy" who argued the UK could be part of the EU single market without bearing any of the costs. *"That was pure illusion, that one can have the EU cake and eat it too. To all who believe in it, I propose a simple experiment. Buy a cake, eat it, and see if it is still there on the plate."* (quoted in *The Guardian*, 14 October 2016)

Given the counter-argumentation as exemplified in (6)-(7) and its reliance on common-sense 'proverbial' wisdom, one might have expected Johnson's jokey assertion of the impossible to fade quickly from public notice. Instead, following his 'trail-blazing' usage, the *cake*-proverb in its non-canonical, assertive form rose to prominence as quasi-official pro-Brexit slogan in November 2016, when an aide to the Conservative party's working group for the preparation of the impending Brexit negotiations was photographed carrying notes into the Prime Minister's Office at 10 Downing Street, which contained the statement:

(9)     'What's the model? *Have cake and eat it'.* (*Daily Mirror*, 29 November 2016)

The press, which so far had been kept in the dark about the UK government's negotiation, pounced on the find. The *Daily Telegraph* (29 November 2016) mocked its (non-)originality: "'The UK wants to have its cake and eat it.' Brilliant! I'm surprised nobody thought of this before" and the *Times* on the same day stated that the photo belied the government's resolve "to give 'no running commentary'". On the other hand, Brexit-critics derided the "Tory 'have cake and eat it' Brexit strategy [. . .] in all its humiliating glory" (*Daily Mirror,* 29 November 2016), and saw it as amounting to "cut[ting] off their nose to spite their face" (Scottish politician Stephen Gethin, cited in *The Guardian,* 29 November 2016).[4] One cabinet member, the Chancellor of the Exchequer, Philip Hammond, tried to warn against overconfidence in the negotiations: "we can't cherry pick, we can't have our cake and eat it",[5] but Johnson mocked such criticism: "Hammond may decide to change his mind by next week on cake anyway" (*Daily Express,* 20 March 2017). He appeared to have the backing of the Prime Minister, Theresa May, who was reported at the start of April 2017 as "still telling Britons they can have their cake and eat it" by "promising barrier-free access to the single market while stopping EU migrants and ending the ECJ's jurisdiction" (*The Economist,* 01 April 2017).

However, after a national election later that month, which deprived her party of an outright majority in parliament, and with the experience of the first negotiation rounds with the EU, the government's reliance on the slogan's persuasive power began to weaken. Several newspapers reported that May was recognizing the unfeasibility of retaining all the benefits of EU membership without incurring any losses, which motivated puns such as "cake off the menu as hard choices loom" (*The Guardian,* 04 July 2017) or "Britain drops 'have cake and eat it' strategy" (*The Independent,* 02 July 2017). Johnson's use of the proverb was increasingly linked to a "hard" Brexit position that would sever most economic ties with the EU and thus incur substantial economic

---

4 Ayto (2010: 244) paraphrases this idiom as "disadvantage[ing] yourself in the course of trying to disadvantage another" and traces its use back to medieval Latin and French, from where it was loan-translated into early modern English.

5 "Cherry-picking" is a well-established idiom (*Shorter Oxford English Dictionary* (2002: 390) to characterize a strategy of choosing only the best bits from something that is on offer. Due to its conceptual contiguity to the domain of cakes and pastry, it lent itself to being combined with the *cake*-proverb, and so reappeared many times in the Brexit debate.

risks, which caused alarm among economic experts.[6] His cabinet colleague/opponent Hammond renewed his critique of *cake*-talk as something to be "discouraged" (quoted in *Daily Mail,* 27 June 2017) and the Governor of the Bank of England, Mark Carney, publicly put in question the Brexiteers' certainty that Brexit would be "a gentle stroll along a smooth path to a land of cake and consumption" (Carney, quoted in *Daily Mail,* 20 June 2017).

But if Carney and Hammond had intended to bury Johnson's slogan by gently mocking it, they had not reckoned with Rebecca Long-Bailey, Labour's shadow business secretary and close ally of the Party Leader Jeremy Corbyn, adopting it for her party (and even for most of the UK parliament) in a BBC interview:

(10) [Long-Bailey:] *"We want to have our cake and eat it,* as do most parties in Westminster" (quoted in *The Guardian,* 16 July 2017).[7]

Her statement was immediately seized upon as revealing a thinly veiled pro-Brexit stance of the Labour leadership. The Liberal Democrats' spokesman, Tom Brake, commented that Labour's Brexit position was "so indistinguishable from the Conservatives that they have started parroting Boris Johnson" (quoted in *The Independent,* 16 July 2017), and the magazine *The Spectator* portrayed Long-Bailey ironically as "channel[ing] her inner Boris Johnson" (*The Independent,* 16 July 2017). Following the interview, the *cake*-phrase became again highly prominent, but now as the focus for Labour-internal disputes between pro- and anti-Brexit factions. When in the late autumn of 2017, their Shadow

---

6 The distinction of *hard* and *soft Brexit* has been a contentious issue in public Brexit discussions since 2015. Broadly speaking, membership in the EU's single market and/or customs union is seen as a defining criterion: if either or both of them are continued after Brexit, the latter is seen as *soft*; if discontinued, it's a considered a *hard* Brexit (see *Financial Times,* 23 June 2017: "Hard or soft Brexit? The six scenarios for Britain", *The Economist,* 25 June 2018: "How a soft Brexit differs from a hard one").

7 When asked by the incredulous BBC interviewer whether this stance did not put her in the same position as that of Conservative Brexiteers, she tried to get out of the conundrum by asserting: "We need to be flexible. We've got to not cut our nose off to spite our face" (quoted in *The Guardian,* 16 July 2017). This second answer was at the very least a non sequitur, if not a self-contradiction (see Gethin's criticism which used the two idioms as opposites, cited above).

Chancellor, John McDonnell, suggested that, if returned to power, Labour would abide by the referendum result but also strive for a UK-EU "negotiated relationship" (to ensure tariff-free access to the single market and the customs union), he was accused by the former Labour leader Tony Blair of caving in to the Tories' "having cake and eating it" strategy (*The Guardian*, 27 November 2017; see also *The New European*, 11 December 2017; *The Daily Telegraph*, 04 January 2018).

Subsequently, the *cake*-phrase became a label for almost any form of Brexit policy. Apart from being a shibboleth in the Labour party's internal struggles, it also became a rallying cry for Conservative "hard-Brexit" proponents around the backbencher Jacob Rees-Mogg who even claimed it as a Thatcher-legacy (*The National*, 10 July 2017). The government's own stance was variously reported as "dropping" the "cake-and-eat-it approach to Brexit" (*The Guardian*, 26 September 2017) and condemned as pursuing what was now pejoratively dubbed "cakeism" (*The New European*, 15 September 2017; *The Guardian*, 10 January 2018). Other critics spoke of a "have cake and eat it Brexit fantasy" (*The Guardian*, 02 May 2018; *The Daily Telegraph*, 09 February 2018).

According to the corpus data (which are, however, only indicative, not statistically weighted), uses and quotations of the slogan drop off after an all-time peak with 22 occurrences in February 2018 to just 4 occurrences per month on average after that and, crucially, there has not been any assertive use of the proverb in Johnson's sense after March 2018.[8] Since then, detractors and satirists have deconstructed and parodied the phrase to the point where it serves mainly as an allusion to a grotesque misunderstanding, which even once Brexit-enthusiastic media like *The Daily Telegraph* and *The Spectator* have by now disowned (see examples 13, 14):

(11)  To extend *the nation's favourite cake-based Brexit metaphor* even further beyond its breaking point, this can only be described as a *chimpanzee's tea party Brexit. There is cake everywhere. It's been had, it's been eaten eaten, it's been smeared up walls. It's*

---

8  The last recorded assertive allusion was made by Ian Duncan Smith, a former Tory Party leader and ardent pro-Brexit proponent, who asked Theresa May in parliament to remind her European negotiation partners that "cake exists to be eaten and cherries exist to be picked" (*The Times*, 05 March 2018). His use, however, leaves open whether he had understood the implication of the proverb and wasn't just thinking of politics in a "consumer" frame.

*had pots of hot tea smashed over the top of it. It's been scooped on to the end of long hairy fingers and violently jammed into ears.* (*The Independent*, 08 March 2018)

(12) Leaving the EU was always going to mean *less cake to eat. Now Sunday lunch could end up also sticking in our throats.* (*Daily Mirror*, 19 May 2018)

(13) *It was always blindingly obvious that not in a month of Sundays would the EU ever agree the required degree of cherry picking, but that didn't stop campaigners promising "a cake and eat it Brexit",* where we could enjoy most of the benefits of being in the EU's single market but without any of its obligations. With that option quickly ruled out by the disobliging Europeans, we have been quarrelling about the alternatives ever since. (*The Daily Telegraph,* 25 September 2018).

(14) Ours is a cakey decade. We think cake bad for us, yet we bake one to mark every endeavour [. . .]. This makes *the generating of metaphors a piece of cake.* (*The Spectator,* 24 November 2018)

After almost three years of use, quotation and parody, the proverb-joke seems to have run its course and that 'things are back to normal'. The proverb is largely re-acknowledged in its canonical negated form, i.e. that of 'You cannot have your cake and eat it'. Does that mean that its assertive, hyperbolic version has had no impact at all on the Brexit debate, that it was only the rhetorical flourish of a few overconfident "Brexiteers" which lasted just as long as they were in the cabinet?[9]

## 3. No end to hyperbole?

The hyperbolic presentation of Brexit – as either a 'once in a lifetime' chance for Britain to maximize its political and economic clout at the expense of the European Union,[10] or as a catastrophic mistake that could destroy the wealth and democratic fabric of the nation – did not start with Boris Johnson's 2016 promise of a *having the cake and eating*

---

9 Boris Johnson as well as his closest cabinet ally, the Brexit Secretary (officially: "Secretary of State for Exiting the European Union") David Davis, resigned from their cabinet posts in July 2018 in protest against the Prime Minister's perceived 'weakness' in the negotiations with the EU.

10 See *The Daily Telegraph,* 21 February 2016: "Boris Johnson backs Brexit as he hails 'once-in-a-lifetime opportunity' to vote to leave EU".

*it* policy (example 4). Here are a few headlines from before the Brexit referendum, which illustrate the feverish anti-EU/pro-UK rhetoric of the "Brexiteers" (15–17) and their "Remainer" opponents' attempts to denounce and refute it (18–20):

(15)  The European Union [...] *is doomed to fail, sooner or later, with catastrophic consequences for our part of the world*, and the only way forward is for one major country to break ranks and show that there can be a better alternative consistent with Europe's core enlightenment values. (*The Daily Telegraph*, 09 March 2016)

(16)  Boris Johnson: The EU wants a *superstate, just as Hitler did*. (*The Daily Telegraph*, 14 May 2016)

(17)  Brexit is a *beacon of hope for all Europe* (*Daily Mail*, 30 June 2016)

vs.

(18)  Britain *would not survive* a vote for the Brexit (*Financial Times*, 25 June 2015)

(19)  Without cooperation in Europe, *the roof will soon cave in* (*The Guardian*, 17 May 2016)

(20)  "The NHS would be *as safe as a pet hamster in the presence of hungry python* if Boris Johnson, Michael Gove and Iain Duncan Smith rose to power following Brexit". (former Cons. Prime Minister John Major, cited in *The Observer*, 15 June 2016)

Since the referendum on 23 June 2016, figurative praise and condemnation of Brexit have continued unabated, though their target has shifted in terms of the hoped-for or feared end result (i.e., "soft", "hard", "no deal", "revoked"/cancelled Brexit) and in terms of the party-political rallying-function of slogans such as the *cake*-phrase. Initially, the hyperbolic Brexit-praise was repeated time and again by the Conservative cabinet members who supported Brexit and were in charge of preparing it in government, i.e., besides Boris Johnson as Foreign Secretary, the International Trade Secretary Liam Fox and the Brexit Secretary David Davis. Fox painted a rosy picture of the UK's economy breaking free from the restraints of the EU bureaucracy: "Britain is going to be open for business *like never before*. We will [. . .] become *the world's brightest beacon* and champion of open trade" (*Daily Express*, 26 September 2016) and Davis ultra-optimistically announced that the "negotiating cards" with the EU were *"incredibly stacked our [= Britain's] way"* (*The Guardian*, 12 October 2016).

However, as the negotiations progressed, Davis was reported to have realized the complexities of the deal and acknowledged, again via hyperbole, that they made "the NASA moonshot look simple" (*The Guardian,* 18 July 2017). By the time that Prime Minister Theresa May presented the outcome of her negotiations with the EU to the British Parliament, Davis and Johnson had both resigned from the cabinet after disagreeing with May's compromise deal with the EU. Many of their Tory colleagues were opposed to it as well, which motivated them to defeat their own government's proposals in parliamentary votes in January and March 2019. The treaty's rejection was couched in the starkest terms possible, with hyperbolic condemnation from the left to the far right:

(21)  May's Brexit deal is the *worst of all worlds,* Labour's Corbyn says (Reuters, 22 November 2018)

(22)  This is a *calamitous, cowardly Brexit deal* – and we're now being shafted for it by the EU (B. Johnson, *The Daily Telegraph,* 24 November 2018)

(23)  Nigel Dodds [= deputy leader of the Conservative-supporting, Northern Irish "Democratic Unionist Party"] says Brexit deal *'worse than no deal'* (BBC, 25 November 2018)

(24)  *'Game, set, match!'* Farage [= former leader and MEP of UKIP, long-time campaigner for Brexit], *congratulates* EU for Brexit deal – *'Worst in history!* [for Britain]' (*Daily Express,* 29 November 2018)[11]

Optimistic pro-Brexit (in the sense of a "hard" or "no-deal" Brexit) voices have not disappeared completely, as example (2) above (2018 as the "best year in British history") has shown, although they are no longer couched in assertions of having the cake and eating it. Instead, the main rhetorical effort of the Brexit proponents seems to have gone into extremely pessimistic condemnation of May's deal with the EU. Johnson castigated the government's alleged defeatism as "one of the *most protoplasmic displays of invertebracy since the Precambrian epoch*" (*The Daily Telegraph,* 26 March 2019) and a "plan to *enslave us*

---

11  The 'Game, set and match' allusion refers to the commentators summarizing the end-point of a victorious tennis match, when the last ball has been one that decides the last game in the last set and thus decides the match.

in the customs union" (*The Daily Telegraph,* 07 April 2019) whilst *The Daily Express* reiterated Corbyn's "*worst* of all worlds" verdict to condemn the Brexit postponement until 31 October 2019 (*Daily Express,* 11 April 2019).

This complete reversal in Brexit evaluation from *best* to *worst* imaginable treaty is no chance result of the vagaries of power-games and public debates spanning the years 2016–2019; rather, it results from the way in which the Brexit conflict was framed right from the start. In order to generate sufficient public support in favour of Brexit during the referendum campaign, its main proponents saw fit to paint a picture of extreme opposites: here a strong, determined UK, ready to break free and lead as the "brightest beacon" of open trade other countries with "the cards stacked in its favour" – there a weak and "doomed" EU that would have to concede all its demands in order to avoid further damage. The outcome was bound to be *the best of both worlds,* i.e. enjoying all existing EU benefits whilst getting rid of its faults and shortcomings. Johnson's *eating and having one's cake* announcement summarised this scenario, which resembled the plot of a fairy tale. The inherent problem of this hyperbolic scenario was that if any of the initial superlative evaluations ("best of all years", "brightest beacon", "cards stacked in our favour") turned out to be unrealistic, the only remaining opposite scenario would be one of a desperately *weak* UK vs. an *almighty* EU, leading to the former's "worst possible", "calamitous" and "cowardly" capitulation, i.e. the equivalent of *neither eating nor keeping any cake.*

This second scenario was the one predicted by Brexit opponents from the start, and it was effectively confirmed by the pro-Brexit side by late 2018/early 2019 through their assessment of May's treaty proposal, even if some of them such as Johnson and Farage tried to save face by holding up the hope that a "no deal Brexit" (i.e. the UK's withdrawal from the EU without any treaty) would still deliver part of the hoped-for benefits of leaving the EU.[12] But even they did not claim that

---

12  See e.g. Johnson in *The Daily Telegraph,* 15 April 2019: "[. . .] some day soon we are going to get out. So don't despair. Don't give up. It is going to happen, and at that wonderful moment it will be as though the lights have come on at some raucous party"; Farage, cited in the *Daily Express,* 16 January 2019: "I promise you, if [the British people] get pushed too far it's a lion that will roar. "We will be even more defiant if we have to fight a second referendum and we will win it by a bigger majority."

such an outcome would be the 'best of both worlds'. After eating the Brexit cake, not much would be left to keep.

## 4. Conclusion: Metaphor scenarios, hyperbole and their impact on the Brexit debate

The Brexit negotiations between Britain and the EU and the public debate about them will go on for some time still and generate more metaphors, hyperbole and perhaps even further applications of the 'eating and having one's cake' proverb. The final outcome is far from certain and any assessment of who are the losers and winners in this conflict will have to wait until after that outcome, which may take several years. The variation in applications of the *cake*-proverb, which we have sketched above, provides only a limited view of the whole Brexit debate, let alone the conflict development. Nevertheless this micro-history of this figurative promise shows *in nuce* a distinct reversal in the functionality and effectiveness of a prominent political slogan: it started with a salient and emphatic launch event, i.e. Johnson's hyperbolic praise of Brexit as a chance for Britain 'to have its cake and eat it', which was at first triumphantly repeated and elaborated by pro-Brexit politicians and media. After the first euphoria, however, they had to acknowledge so many difficulties that their opponents, who had always denied the plausibility of their plans, could use the hyperbolic scenario of a 'super-reward' after Brexit-as-liberation as a reference point to doubt, ridicule and lastly, deride their promises. This outcome was certainly unintended by the Brexit proponents, but it was they who set it up by hyperbolically promising to gain' a 'win-win' victory over the EU in terms of keeping all the benefits of EU-membership for the UK while relinquishing all the main obligations. Johnson's reversal of the *having and eating cake*-proverb thus carried with it an inherently hyperbolic narrative with an extreme scenario outcome, i.e. a 'super-victory', which also implied an extreme (super-positive) evaluation. If the Brexit-proponents had instead used a more guarded, moderate goal (usually dubbed a "soft Brexit", referring to continued membership in the EU's customs union or even the internal market), Theresa May's 2018 deal, or some variant of it, could have been declared a victory in its own right: a great achievement for the government and the Conservatives, considering the complex negotiation conditions. Instead, due to the hyperbolic promises attached to the 'win-win' scenario: *cake to eat and keep*, *beacon*-function for the world, *cards stacked in Britain's favour*, etc., any outcome bar the super-victory was bound to be evaluated as a super-defeat. It was not just a setback or disappointment but a catastrophic, ignominious capitulation, with the 'hard' Brexiteers' trademark *cake*-slogan turning into an object of ridicule and derision.

# References

Ayto, John (ed.) 2010. *Oxford Dictionary of English Idioms.* Oxford: Oxford University Press.

Blain, Michael 1988. Fighting Words: What We Can Learn from Hitler's Hyperbole. *Symbolic Interaction* 11/2, 257–276.

*Brewer's Dictionary of Phrase & Fable* 2001. (ed.) Adrian Room. London: Cassell.

Burgers, Christian / Konijn, Elly A. / Steen, Gerard J. 2016a. Figurative Framing: Shaping Public Discourse Through Metaphor, Hyperbole, and Irony. *Communication Theory* 26, 410–430.

Burgers, Christian / Brugman, Britta C. / Renardel de Lavalette, Kiki Y. / Steen, Gerard J. 2016b. HIP: A Method for Linguistic Hyperbole Identification in Discourse. *Metaphor & Symbol* 31/3, 163–178.

Gimson, Andrew 2009. Has Boris Johnson left the buffoon behind? *The Daily Telegraph,* 10 April 2009.

Hill, Christopher 1996. United Kingdom: Sharpening Contradictions. In: Christopher Hill (ed.). *The Actors in Europe's Foreign Policy.* London: Routledge, 68–89,

Kalkhoven, Lieuwe / De Landtsheer, Christ'l 2016. Politics, it has never been so simple. Complex vs. Simple Rhetoric and the use of hyperbole in political decision-making in the Netherlands. In: Bursens, Peter / De Landtsheer, Christ'l / Braeckmans, Luc / Segaert, Barbara (eds). *Complex Political Decision-Making. Leadership,*

*Legitimacy and Communication*. London/New York: Routledge, 183–202.

Lakoff, George / Wehling, Elisabeth 2016. *Your Brain's Politics. How the Science of Mind Explains the Political Divide*. Exeter: Imprint Academic.

Musolff, Andreas 2010. *Metaphor, Nation and the Holocaust. The Concept of the Body Politic*. London/New York: Routledge.

Musolff, Andreas 2016. *Political Metaphor Analysis: Discourse and Scenarios*. London: Bloomsbury.

Musolff, Andreas 2019. Brexit as 'having your cake and eating it': the discourse career of a proverb. In: Koller, Veronika / Kopf, Susanne / Miglbauer, Marlene (eds). *Discourses of* Brexit. London/New York: Routledge, 208–221.

Shorter Oxford English Dictionary 2002. 5th ed. Trumble, William R. / Stevenson, Angus (eds). Oxford: Oxford University Press.

Speake, Jennifer (ed.) 2015. *Oxford Dictionary of Proverbs* 6th ed. Oxford: Oxford University Press.

Wilkinson, Peter Richard 2008. *The Concise Thesaurus of Traditional English Metaphors*. London: Routledge.

Zapettini, Franco 2019. The official vision for 'global Britain': Brexit as rupture and continuity between free trade, liberal internationalism and 'values'. In: Koller, Veronika / Kopf, Susanne / Miglbauer, Marlene (eds). *Discourses of Brexit*. London/New York: Routledge, 140–154.

# Section 3:

## . . .and Beyond / Et au-delà. . .

Silvia Modena

# « Faciléco – Mieux comprendre l'économie » : la scénographie métaphorique de la série pédagogique « Dr CAC »

## 1. Introduction

Le Ministère de l'Économie et des Finances, ainsi que le Ministère de l'Action et des Comptes publics,[1] s'adressent aux citoyens à travers une multitude d'espaces sur la Toile, parmi lesquels le site *Faciléco-Mieux comprendre l'économie,* sur lequel porte notre contribution. Plus spécifiquement, nous nous proposons d'analyser la série pédagogique *Dr CAC – C'est Assez Clair !* dans son recours systématique à l'analogie. Après la présentation de notre corpus (§ 2), nous allons décrire la double approche, énonciative et argumentative, définissant notre cadre théorique (§ 3) : d'une part, la tripartition de la « scène d'énonciation » avancée par Maingueneau (2004), d'autre part, le mécanisme projectif de l'analogie présidant à une stratification métaphorique multiforme, allant de la structure diffusée de l'*essaim* métaphorique (Prandi 2016) au mécanisme analogique proportionnel (Perelman/Olbrechts-Tyteca 2008 ; Plantin 2016). La combinaison de ces deux appareils formels nous a permis d'analyser une vaste gamme d'exemples tirés de cette série visant à véhiculer un discours de vulgarisation économique et financière.

---

1 L'organigramme des ministères a été modifié le 1er avril 2019. Antérieurement à cette date, les deux ministères étaient ainsi nommés : le Ministère des finances et des comptes publics et le Ministère de l'économie, de l'Industrie et du numérique.

## 2. Corpus d'étude

*Faciléco-Mieux comprendre l'économie*[2] est un espace web contenu dans « Le portail de l'Economie, des Finances, de l'Action et des Comptes publics » affichant le logo de la République française, les dénominations officielles du Ministère de l'Économie et des Finances ainsi que du Ministère de l'Action et des Comptes publics. La mise en page simplifiée et l'organisation des contenus par catégories permettent un chemin de navigation assez linéaire. Le menu principal de ce portail de vulgarisation économique et financière est clair et organisé selon des rubriques différentes mais complémentaires, dont la première est consacrée à la « Culture économique ». On y retrouve les « Grands noms et courants de l'économie », des frises historiques et la section « Règles du jeu ». Les autres onglets sont occupés par la section « Dossiers » « Boîte à outils » et « Vidéos ». Chaque section a une vocation fortement pédagogique, confirmée par le sous-titre de l'espace web *Faciléco*, à savoir « Mieux comprendre l'économie ».

La section « Vidéos » accueille la série pédagogique sur l'économie représentant le corpus de notre analyse. À partir du 3 octobre 2011, la série Dr CAC est diffusée tous les soirs à 20h20 sur France 5 (chaîne à vocation éducationnelle et culturelle).[3] Il s'agit d'une émission humoristique comptant quatre saisons. Chaque saison est caractérisée par un nombre d'épisodes assez homogènes : 1ère saison (75 épisodes), 2ème saison (55 épisodes), 3ème saison (50 épisodes), 4ème saison (65 épisodes). En 2012, Dr CAC a remporté le prix « Meilleure Émission TV info/doc » lors du Grand Prix des Médias « CB News ».

Cette série, qui a été créée par des économistes, des journalistes et des enseignants, essaie de synthétiser et de transmettre les grandes notions et les enjeux de la science économique. Les auteurs-dialoguistes (dont les comédiens français Philippe Lelièvre et Sören Prévost) ont

---

2  Consultable à l'adresse Internet <http://www.economie.gouv.fr/facileco>

3  À l'intérieur de la page d'accueil de France 5, la chaîne met en avant les atouts pédagogiques de sa programmation : éducation et connaissance (<https://www.france.tv/france-5/>). Ces deux volets représentent la toile de fond médiatique de la série Dr CAC.

la mission de scénariser avec humour, sous la forme d'une séance de « thérapie économique », une situation pédagogique inédite.

Le cadre filmique de la série utilise le procédé du détournement d'images pour incarner situations et personnages. Le tout se déroule sur des images de vieux films coloniaux ou anticommunistes, de westerns surannés ou de science-fiction de série B. Cependant, il convient de préciser que les images d'archives des années 50/60 sont utilisées hors contexte. Autrement dit, elles sont dialoguées et sonorisées, afin d'incarner des caractères et des situations complétement décalées par rapport au cadre filmique d'origine. Comme l'explique l'un de ses réalisateurs :

> le Dr Cac est en fait un vieux comédien américain des années 1960. On rachète pour une bouchée de pain des banques de films américains des années 1960, que l'on détourne en y plaquant des voix décalées.[4]

Bien que nous soyons consciente que l'aspect sémiotique contribue largement à la réussite communicationnelle de la série, nous sommes obligée de le laisser de côté dans ce travail, faute d'espace. L'analyse de la dimension sémiotique mériterait en effet une étude à part, que nous nous proposons de faire dans un second moment.

Pour ce qui concerne les critères qui ont présidé à la construction du corpus de référence, nous avons focalisé notre attention sur la première série du Dr CAC, la plus significative, car il s'agit du premier impact à visée pédagogique avec l'auditoire. Nous avons donc délimité notre corpus aux soixante-quinze épisodes de la première série.

## 3. Principes méthodologiques

Quant aux principes méthodologiques qui ont été adoptés pour cette analyse, nous nous référons, avant tout, aux travaux menés par

---

4  Extrait tiré de l'article « Avec Dr Cac, tout est clair », publié le 27 mars 2012 par le quotidien *Le Parisien* et consultable à l'adresse Internet <http://www.leparisien.fr/culture-loisirs/avec-dr-cac-tout-est-clair-27-03-2012-1925474.php>.

Maingueneau (2004) concernant la tripartition de la scène d'énonciation. Selon Maingueneau, étudier une situation de discours signifie mettre l'accent sur deux notions différentes et, en même temps, complémentaires : d'une part, la « situation de communication », qui répond à une perspective « externe » ; d'autre part, la « scène d'énonciation », à travers laquelle le discours se construit intrinsèquement à un cadre énonciatif précis, « interne » à l'énonciation elle-même. Alors que la première dimension prend en compte, selon une orientation socio-discursive, des éléments « extérieurs » à la prise de parole (les statuts sociaux des partenaires dans l'interaction, les supports médiatiques, la finalité, etc.), la seconde permet de décrire, de l'intérieur, « la situation que la parole prétend définir, le cadre qu'elle montre (au sens pragmatique) dans le mouvement même où elle se déploie » (Maingueneau 2004 : 8). C'est la perspective « interne » qui s'est révélée la plus fructueuse dans notre analyse. Suivant Maingueneau, on peut reconnaître, en effet, trois scènes différentes formant la « scène d'énonciation » : la *scène englobante* (qui correspond au type de discours : religieux, politique, publicitaire, etc.) ; la *scène générique* (concernant les genres discursifs : allocution, tract, éditorial, etc.) et, enfin, la *scénographie*. Cette dernière est illustrée par l'auteur à travers une « situation de communication » similaire à celle qui a été employée pour la série Dr CAC : en effet, Maingueneau propose l'exemple d'un manuel d'initiation à l'informatique qui est présenté comme un récit d'aventures. Tout au long du récit, le lecteur du manuel suit les aventures du héros qui découvre un monde inconnu (le savoir informatique) et doit faire face à des adversaires (les étapes liées à l'apprentissage d'un domaine comme celui de l'informatique).

Dans l'analyse des exemples qui nous occupera dans le paragraphe suivant, nous pourrons observer l'enchevêtrement des trois dimensions décrites par Maingueneau. Au sein d'une « situation de communication » fictionnelle, simulant un échange à but pédagogique et déterminant, par conséquent, une distribution hiérarchique des rôles des actants (le médecin et le patient ; le professeur et l'étudiant) se croisent et se superposent, respectivement : une « scène englobante » correspondant à l'expertise économico-financière ; une « scène générique » instituée par le schéma dialogique question-réponse et une « scénographie », mettant progressivement en place un discours qui aboutit soit à un diagnostic médical (dans le cas de la scénographie médicale, qui constitue la situation fondamentale et la plus fréquente) soit à une évaluation scolaire (dans le cas de la scénographie scolaire).

Le concept de « scénographie » permet ainsi d'illustrer l'ensemble du dispositif communicationnel dans lequel le public est plongé : une narration susceptible de faire passer au second plan la « scène englobante » (le discours économique et financier, dont l'appréhension est facilitée par la synergie des autres plans). Les trois scènes, convergeant dans la « scène d'énonciation », sont intimement complémentaires et construisent, tout au long des épisodes analysés, un discours « pragmatiquement conforme » (Maingueneau 2004 : 9).

Si la notion de « scène d'énonciation » et la tripartition que nous venons de décrire expliquent suffisamment, du point de vue énonciatif, l'architecture de la série Dr CAC, l'analyse de ses spécificités sémantiques et rhétoriques nécessitent une autre optique. Étant donné la nature fictionnelle du dispositif mis en place, force est de constater que celui-ci est un véritable mécanisme générateur de métaphores. Comme nous le montrerons ci-dessous, une sorte d'éventail figural découle de la macro-métaphore qui sous-tend la situation narrative. Afin de rendre compte de cette multiplication de métaphores, nous mobiliserons les notions de « projection » et d'*essaim* métaphorique élaborées par Prandi. La « projection » représente pour Prandi l'issue de l'interaction métaphorique, une opération dans laquelle le transfert d'un mot entraîne une recomposition du système conceptuel cohérent qui l'entoure :

> S'il est raisonnable de décrire la distribution d'un mot, il est aussi raisonnable de circonscrire le système de concepts que nous sommes autorisé à projeter lorsque ce mot fait l'objet d'un transfert métaphorique. De ce fait, la projection métaphorique, tout en étant déclenchée par un conflit conceptuel, s'avère être une province de la pensée cohérente. (Prandi 2018 : 67)

La notion d'*essaim* métaphorique, quant à elle, correspond au « transfert d'un seul concept opéré par une seule expression [qui] provoque un réseau complexe de projections virtuelles. » (Prandi 2016 : 68). Ce réseau virtuel d'inférences nous aidera à clarifier le fonctionnement d'une série d'occurrences dont la valeur métaphorique est incarnée par un réticule de traces lexicales explicitées au cours des épisodes de la série. Conjointement à la scénographie métaphorique, la notion d'*essaim* pourra nous aider à décrire une « constellation d'expressions » (Prandi 2016 : 70) qui sont manifestes d'un point de vue lexical et qui apparaissent moyennant des structures morphosyntaxiques et sémantiques variées. La flexibilité de la notion d'*essaim* métaphorique en fait ainsi un instrument heuristique précieux pour saisir la variété d'occurrences constituant notre corpus. En effet, le concept d'*essaim* a été conçu par Prandi en tant qu'outil pouvant décrire des phénomènes présents « tant à l'intérieur d'une œuvre isolée, que dans un auteur ou dans toute une tradition littéraire » (2016 : 83).

Enfin, l'enjeu pédagogique de la série nous oblige à prendre en compte sa dimension argumentative. À cette fin, nous allons mettre en lumière la fonction du raisonnement analogique en raison de sa proximité évidente avec le mécanisme métaphorique qui nous occupe ici. Celui-ci joue un rôle central, car il préside au mécanisme de la projection illustré par Prandi ainsi qu'à celui lié à la multiplication des projections incarné par l'*essaim*. Plus spécifiquement, le raisonnement analogique, se basant sur le repérage d'un *thème* (terme qui construit une relation déjà admise) et d'un *phore* (terme qui construit une relation à faire admettre), atteste l'intention du locuteur de faire comprendre et admettre une idée en la transposant dans un autre domaine. Conjointement à l'exemple, à l'illustration et au modèle, le raisonnement analogique est contenu dans le chapitre consacré aux « liaisons qui fondent la structure du réel » du *Traité de l'argumentation* de Perelman/Olbrechts-Tyteca (2008 [1958] : 499–550). Les auteurs, en traitant la relation entre *phore* et *thème*, affirment que :

> L'interaction entre termes de l'analogie conduit souvent à intégrer dans la construction du phore des éléments qui n'auraient aucune signification si l'on ne devait penser au thème [. . .] (Perelman/Olbrechts-Tyteca (2008 [1958] : 509)

Dans notre corpus, nous avons repéré un nombre important de métaphores qui doivent leur efficacité persuasive au dispositif du raisonnement analogique. Celui-ci peut enclencher un mouvement argumentatif explicite ou jouer davantage sur l'implicite, comme cela arrive dans le cas de l'enthymème. En outre, nous verrons que certains raisonnements analogiques exploitent le mécanisme de la métaphore proportionnelle à quatre termes, opérant selon le modèle suivant : A est à B ce que C est à D.

Notre cadrage méthodologique a donc été construit sur deux piliers théoriques différents : d'une part, la linguistique de l'énonciation, représentée par la notion de scénographie et, d'autre part, la visée argumentative de l'analogie, mettant à contribution d'un côté, la flexibilité de la notion d'*essaim* métaphorique et, de l'autre, la force de persuasion du raisonnement analogique. Ce cadrage nous permettra d'illustrer comment la série impose une conception valorisante du monde économique et financier. En d'autres termes, comme le suggère Détrie (2001 : 135), reprise par Doury (2016 : 150) :

> qui impose sa métaphore impose sa vision du monde. Parce qu'elle véhicule un point de vue sur le monde tout en gommant le *je* qui la sous-tend (l'énoncé métaphorique est le plus souvent un énoncé en non-personne), elle se présente sous une forme assertorique, qui fait d'elle un instrument idéologique.

Dans ce qui suit, nous essaierons de décrire quelques épisodes de la série qui nous ont semblé les plus probants pour apprécier l'issue des deux approches méthodologiques que nous avons envisagées : dans le paragraphe 4, nous prendrons en considération la mise en place d'une scénographie à but pédagogique (d'abord, la scénographie médicale, puis la scénographie scolaire) ; dans le paragraphe 5, en revanche, c'est la dimension argumentative de la série qui nous occupera principalement.

## 4. Scénographie métaphorique

Le Dr. CAC contextualise les problématiques abordées et assure le fil rouge de l'émission en présentant le thème, la situation et les protagonistes qu'elle met en scène. Cette initiation impose au destinataire de l'émission un rôle déjà assigné au sein de la scénographie médicale, celui du patient. En effet, la « scène englobante » (expertise économico-financière) inclut une « scène générique » qui se manifeste par une sorte de dialogue entre la personne chargée de véhiculer le savoir et le récepteur censé l'apprendre. Ce passage d'information se concrétise, dans notre cas d'étude, grâce au fait que la validation progressive de la « scénographie » du Dr. CAC (scène narrative médecin/patient) permet l'identification entre le public et les protagonistes de la série.

Tout d'abord, l'acronyme « Dr CAC » est écrit en lettres capitales et l'enchaînement des lettres se lit de manière syllabique, comme un acronyme. Le docteur « CAC » fait les introductions par le refrain suivant : « Bonjour à tous, je suis Christian CAC, docteur en économie, CAC en trois lettres comme *C'est Assez Clair* et avec moi l'économie va le devenir, assez claire, bien sûr ».[5] Le choix du nom Dr CAC évoque, bien sûr, immédiatement le CAC 40, c'est-à-dire l'indice principal de la Bourse de Paris, qui reflète l'évolution de la capitalisation boursière de quarante sociétés majeures cotées en Bourse.

Dans la présentation fournie par le Dr CAC, le public est d'emblée averti de la visée pédagogique de la série. La série présente la mise en fiction de nombreuses thématiques économiques, en mettant en scène le personnage d'un « spécialiste », le Dr CAC, mi-professeur, mi-thérapeute, dont la mission est d'éclairer les patients angoissés qui viennent le consulter sur des thématiques économico-financières de tous ordres.

Les traces lexicales de cette scénographie sont disséminées dans de nombreux épisodes comme, par exemple, celui consacré à la thématique du nucléaire.[6] *Sortir du nucléaire : à quel prix ?* est le premier épisode dans lequel on peut assister au déploiement de la scénographie médicale. La voix hors-champ de l'émission présente les faits et les personnages mobilisés de la façon suivante :

> La petite Virginie est une fan de l'atome, passionnée par le nucléaire, elle a convaincu ses parents de l'amener voir l'explosion atomique du 14 juillet. Sur le chemin du retour elle est subitement tombée très malade. Le bon docteur Raynolds se rend à son chevet pour tenter de la soigner.

La jeune fille a donc été exposée aux radiations de l'explosion nucléaire dite « l'explosion atomique du 14 juillet » : un médecin la soigne, car elle est tombée malade. Le renvoi à la fête nationale française du 14 juillet est probablement dû au parallèle entre le tirage de feux d'artifices

---

5 Nous citons, à titre d'exemple, l'introduction faite par le Dr CAC lors de l'épisode *Qu'est-ce qu'une banque centrale ?*, consultable à l'adresse Internet <https://www.youtube.com/watch?v=AzKrN9uIFLE>. Mis en ligne le 22 décembre 2011.

6 *Sortir du nucléaire : à quel prix ?* est consultable à l'adresse Internet suivante : <https://www.youtube.com/watch?v=CfGgMX7OlIs>. Mis en ligne le 22 décembre 2011.

et l'explosion atomique. Les paroles du médecin, ainsi que le ton de la voix de l'enfant, évoquent immédiatement chez le public une conversation ordinaire docteur/patient : « Comment te sens-tu, mon enfant ? », « Mais tu as de l'appétit ? », « Et est-ce que tu dors bien ? », « Il faut te reposer maintenant ». D'autre part, la petite fille respecte la scénographie médicale, mais c'est elle, la patiente, qui s'auto-diagnostique par des données alarmantes : « Assez mal docteur Raynolds : 75 % de l'énergie produite en France est d'origine nucléaire alors que la moyenne mondiale est à 15 % ». Le discours d'expert économiste par la monstration de pourcentages s'est inopinément substitué au discours médical. En outre, cet épisode brosse une image négative du nucléaire : d'une part, les pourcentages énumérés par la protagoniste (75 % *versus* 15 %), d'autre part, le fait que le médecin Raynolds évoque, au cours de l'épisode, le vieillissement des centrales nucléaires ainsi que certains remèdes « anti-atomiques » (« énergies propres », « solaire », « éolien »). Ces éléments représentent un message écologique que la série, et le Ministère, envoient au public. La loi du 4 février 2015 sur la transition écologique, élaborée au sein du Conseil national pour la transition écologique (CNTE), a occupé le devant du débat public en France à partir de 2012. L'épisode portant sur la sortie du nucléaire pourrait relever de ce débat.

La scénographie médicale est évoquée également dans d'autres épisodes, comme dans celui intitulé *Combien gagne un trader ?*[7] Lorsqu'il traite des traders, par exemple, le Dr CAC dit « ils sont traders et ils rêvent de voir leur progéniture devenir traders à leur tour ; ils veulent transmettre le virus du pognon à leurs enfants dès leur plus jeune âge ». La métaphore du « virus » est reprise ici de la manière suivante : l'attachement « pathologique » que les traders entretiennent avec l'argent se manifeste par un élément emprunté au champ médical, à savoir le « virus ». L'adoption de la métaphore du « virus » en économie, telle qu'elle a été illustrée par Humbley (2005), est récurrente dans bien des domaines (politique, communication, etc.) et évoque de manière efficace la reproduction d'une infection et la contamination par une maladie.

---

7 L'épisode *Combien gagne un trader ?* est consultable à l'adresse suivante : <https://www.youtube.com/watch?v=Zixn3RIcwEs>. Mis en ligne le 22 décembre 2011.

La scène générique qui entame un dialogue « question-réponse » entre un expert et des néophytes se concrétise, dans cet épisode, par les tournures suivantes :

> Voitures de luxe, bonus astronomiques, vous pensez tout de suite aux traders, n'est-ce pas ? Eh, oui, en vendant et en achetant des produits financiers sur les marchés pour une banque, les traders gagnent beaucoup d'argent.

L'expert-docteur CAC formule ensuite un diagnostic (« trader c'est quand même un métier où on peut se brûler les ailes », « prise de risque inconsidérée, fraude ») qui équivaut à la scénographie médicale évoquée plus haut.

Cette scénographie, saturant le dispositif énonciatif de la série, sert également un registre humoristique. La métaphore médicale est perçue comme un jeu intentionnel pour construire un discours à la fois sérieux et amusant qui séduit les spectateurs, des adultes auxquels on s'adresse comme à des enfants. Le Dr. CAC, par exemple, se charge de clore ponctuellement les épisodes par la formule suivante : « Il est l'heure de retourner jouer aux billes avec vos pilules, notre émission est terminée. Rendez-vous demain pour une nouvelle thérapie économique du Dr CAC en trois lettres comme *C'est Assez Clair* ». L'évocation du jeu de billes, cherchant à infantiliser l'auditoire de manière entendue, replonge tout droit le public dans la cour de récréation de sa propre enfance. On pourrait également souligner la présence de la tournure familière « retourne jouer aux billes » qui signifierait « ne t'occupe pas de ce que tu ne comprends pas » et qui montre la volonté d'établir une connivence avec le public.

L'action de plaisanter avec le public va donc se faire via des modèles phraséologiques constituant un arrière-plan parfait pour l'interprétation de la série.

Ce dispositif se manifeste aussi dans un autre épisode du Dr. CAC, à savoir celui intitulé *Le FMI, c'est quoi ?*[8] L'élaboration de la pensée économique et l'explication du fonctionnement du *FMI* se font à travers plusieurs termes métaphoriques puisant dans le domaine médical : le

---

8  L'épisode *Le FMI, c'est quoi ?* est consultable à l'adresse suivante : <https://www.youtube.com/watch?v=HBRhZHFtTQQ>. Mis en ligne le 22 décembre 2011.

Dr. CAC ouvre l'épisode par les questionnements suivants : « Qui soigne un état malade financièrement ? » ; « Est-ce que le FMI ça fait mal ? Pas forcément ». Le public, toujours placé sur un plan de naïveté totale par rapport au sujet traité, doit écouter un « spécialiste en pays enrhumés » personnifié par un curé. L'un des acteurs incarnant un citoyen égaré d'un point de vue économique affirme : « on veut pas qu'il [le FMI] nous prenne la température ». L'expert le rassure (« le FMI plus qu'un super docteur est une super banque ») explicitant la métaphore médicale, ce qui renforce l'architecture fictionnelle de la série : d'un côté, on voit agir un énonciateur expert, porte-parole du savoir économique et financier interprété à la fois par le Dr. CAC et par les innombrables experts évoqués dans la série ; d'un autre côté, se situe le public, patient égaré qui a besoin d'entendre la parole du médecin.

Le public, dans l'attente d'apprendre de nouvelles notions économico-financières, s'identifie avec le patient qui attend ses médicaments dans le cabinet de son médecin. De plus, la rencontre inusuelle de deux domaines étrangers l'un à l'autre (le domaine médical et le domaine économique) ne fait qu'augmenter l'effet humoristique de la série. Comme le précise Plantin (2011), « la métaphore surgit, elle crée une surprise, elle introduit donc de l'émotion (*ad passiones*) ; elle amuse le peuple (*ad populum*), elle fait de son auteur un histrion (*ad ludicrum*) » : le dispositif fictionnel de la série reproduit ce mouvement ternaire de la métaphore. L'exploitation de la scène générique permet au locuteur/présentateur de mettre en place, par le biais de l'humour, une certaine atténuation du dire (Mattioda 2009). L'efficacité de ce mécanisme ne réside pas uniquement dans la substitution lexicale (par exemple entre « docteur » et « banque »), mais dans la scénographie médicale prise dans sa complexité discursive et dans sa capacité à stratifier les renvois métaphoriques.

La scène englobante et la scène générique demeurent toujours les mêmes : le rôle des personnages (locuteur expert/public à instruire) et la finalité pédagogique de la série sont maintenus tout au long des épisodes, dans lesquels le Dr CAC incarne toujours le locuteur qui gère la scène d'énonciation.

Cependant, comme nous l'avons annoncé plus haut, la scénographie médicale peut connaître une variante et se muer en scénographie scolaire. Il s'agit d'une variante moins fréquente, en effet, compte tenu du fait que les deux types de scénographies sont semblables, prévoyant toujours une relation hiérarchique et des interactions inégalitaires entre une position haute et une position subalterne. La ressemblance de ces deux scénographies est encore davantage confirmée par le fait que la scénographie scolaire garde le même type de métaphores que celles de la scénographie fondamentale.

Dans le premier épisode de la série *Les agences de notation*[9], par exemple, l'on met en commun, d'un côté, la terminologie spécifique des agences de notation et, de l'autre, le système d'évaluation scolaire sur une échelle de vingt, ce qui est encore une fois une métaphore infantilisante à mettre sur le compte de l'humour. L'« appropriation des termes » (Gaudin 2005 : 82) semble effectivement se mettre en place à travers de nombreuses évocations de la comparaison scolaire ; au cours de l'épisode, un réseau de « clins d'œil » analogiques établit un rapport d'entente complice avec le public. Comme ailleurs, l'analogie permet de simplifier et de faciliter l'appropriation des connaissances et des savoirs techniques et scientifiques.

Tout au long de cet épisode, la métaphore évaluative scolaire a le but d'assimiler mauvais résultats économiques et échec scolaire :

Triple b (BBB), comme un vulgaire élève de CP.[10]

Ils auraient pu me mettre 10 sur 20 c'est plus joli.

Le système de notation va de A pour les bons élèves à D pour les bonnets d'âne, B c'est la note moyenne, C indique une faillite possible. La lettre D : attention Tocard (toquard) qui ne pourra pas payer sa dette.

L'expert interpelé par le Dr. CAC réussit, à travers cette scénographie métaphorique, à superposer l'imaginaire social des classements scolaires et les stratégies d'évaluation des agences de notation. Chaque agence de notation financière possède son propre système de notation ; de façon schématique, les notes s'établissent de A à D avec des échelons intermédiaires. Ainsi, la meilleure note est AAA, ensuite on trouve

---

9 L'épisode *Les agences de notation* est consultable à l'adresse suivante : <https://www.youtube.com/watch?v=murD64tfpE4> (minute 0 : 35). Mis en ligne le 22 décembre 2011.

10  CP : cours préparatoire. Première classe de l'école élémentaire française.

AA puis A chez Standard and Poor's, ou Aa, A, etc. chez Moody's. La « circulation sociale des termes » (Gaudin 2005 : 90), comme c'est le cas des termes évoquant les classements des agences de notation, s'est fortement banalisée, grâce à l'assimilation des codes élaborés par les agences de notation avec la notation des élèves.

Bien que moins représentée, la scénographie scolaire est localisable à l'intérieur d'autres épisodes, comme en témoigne *Le G20, c'est quoi ?*. Le Groupe des 20 (ou G20) est un groupe de 19 pays plus l'Union européenne dont les ministres, les chefs des banques centrales et les chefs d'État se réunissent régulièrement. Au cours de cet approfondissement consacré au G20, le citoyen profane mis en scène par les scénaristes demande : « Comment on fait pour devenir chef du G20, faut un BTS ? ».[11] BTS, tout comme CP, n'est qu'un sigle réducteur mais cohérent par rapport à la métaphore à la base de la scénographie au regard de la complexité de la thématique abordée dans le but de permettre, intuitivement, la compréhension de la part de l'apprenant non-initié.

La métaphore du diplôme met en lumière, encore une fois, le contraste existant entre, d'une part, la voix de l'expert incarnée par le Dr. CAC ou les « spécialistes » à qui on fait appel dans chaque épisode et, d'autre part, le public, représenté par des acteurs qui sont dépeints comme naïfs, perdus et désorientés. L'activation de la métaphore scolaire permet donc de rendre plus accessible le contenu abordé, en exhibant en miroir, cependant, une image du public récepteur peu gratifiante. Afin d'expliquer le fonctionnement du G20, l'expert de l'épisode parodie, par exemple, le déroulement d'une leçon de mathématiques : « Le G20 compte 19 pays que j'ai coloriés en rouge, auquel s'ajoute un siège pour l'UE que j'ai colorié en bleu : 19 + 1 ça fait 20 ! le compte est bon ». Cette simplification doit être associée à des tournures rappelant le discours scolaire, comme par exemple, « le G20 ça rentre ? » qui signifierait « avez-vous compris le fonctionnement du G20 ? ».

L'écart des compétences qui sépare le Dr. CAC de son public-patient se manifeste également dans l'épisode *Le droit à polluer, un*

---

11  Le BTS est un brevet de technicien supérieur, un diplôme national de l'enseignement supérieur français.

*nouveau marché ?*[12] qui traite des émissions de gaz à effet de serre et qui présente les frères « Plastoque »[13] [. . .] éboueurs de l'espace. Ces derniers vont à la rencontre du Professeur « Juste au corps Justaucorps, un génie du gaz à effet de serre ». Dans l'effort d'expliquer aux frères Plastoque les dangers d'un dépassement des quotas de carbone, le Professeur leur dit : « Si tu dépasses c'est l'amende » et l'un des frères répond « Faut manger des amandes ? ». La métaphore scolaire se représente immédiatement par l'affirmation suivante du Professeur : « T'as été terminé au CO2 ou quoi ? » qui convoque une affirmation potentielle de ce type : « T'as pas terminé ton CM2 (cours moyen 2ème année)/ ton CE2 (cours élémentaire 2ème année) ».[14] La réponse, jouant sur les homophones « amende » et « amande », crédibilise encore plus la scénographie scolaire par la représentation d'un personnage prototypique du milieu scolaire, à savoir l'élève paresseux. Par la mobilisation de tournures discursives renvoyant à l'école (« il faudrait vous tenir au courant », « T'as tout compris Plastoque », « maintenant que vous êtes au point sur le concept [du marché carbone] . . . »), le discours du Professeur Justaucorps ne fait que consolider la métaphore renvoyant aux échanges entre instituteur/institutrice et élève.

La pollution est donc comparée, bien que de façon implicite, par un renvoi interdiscursif au monde scolaire, à la faillite formative d'un futur collégien ou bien à sa réussite (« T'as tout compris, Plastoque ! »). Cette stratégie possède une nature fortement polyphonique, dans la mesure où les voix orchestrées dans le discours sont plurielles : la voix du professeur, la voix des frères Plastoque et la voix implicite d'un/e maître/ sse d'école, sujet parlant non empirique dans ce cas. Cette dernière voix se matérialise par l'emploi d'expressions rappelant les échanges scolaires entre apprenant et maître/sse, telle la façon dont les frères Plastoque posent des questions au professeur : « Dites-moi Professeur ».

---

12  L'épisode *Le droit à polluer, un nouveau marché ?* est consultable à l'adresse suivante : <https://www.youtube.com/watch?v=KmOwvwvUBKU>. Mis en ligne le 22 décembre 2011.

13  Le choix du patronyme « Plastoque » caractérisé par le suffixe péjoratif en -oque (terme appartenant à l'argot pour indiquer le plastique) ne fait qu'augmenter l'effet de ridicule des apprentis « éboueurs ».

14  La tournure familière « t'as été terminé au pipi/à la pisse/à l'urine » a probablement été employée en tant que matrice interdiscursive, dans le but de discréditer les frères Plastoque par le jeu de ce renvoi implicite.

Le public est donc censé comprendre ces épisodes à travers la même scène englobante (le discours économique), générique (discours expert/public à instruire) et à travers une scénographie métaphorique générale. D'un côté, la terminologie du nucléaire, des traders et du FMI est expliquée par une scénographie métaphorique médicale qui plonge ces notions difficultueuses à l'intérieur d'un domaine « proche » du public, à savoir le rapport existant entre médecin et patient. D'un autre côté, les termes renvoyant aux agences de notation, au G20 et au marché du carbone, sont expliqués par l'interpellation du discours scolaire. L'analyse de ces deux scénographies a mis en évidence la volonté de la série de vulgariser des concepts économiques et financiers dont la compréhension est souvent laborieuse chez le public.

## 5. La portée argumentative de la série

La scénographie médicale et la scénographie scolaire, décrites tout au long du paragraphe précédent, sont fonctionnelles à la visée pédagogique de la série. Or, elles s'enrichissent souvent d'une fonction argumentative, qui se met en place à travers le dispositif du raisonnement analogique, réglant le fonctionnement de la projection illustré par Prandi et dont dérive la notion d'*essaim* métaphorique. Dans cette section, nous allons décrire, d'un point de vue argumentatif, une grande variété de réalisations textuelles liées à une même thématique. D'une part, nous allons observer des occurrences particularisées par un réseau de traces lexicales renvoyant à trois noyaux conceptuels différents (celui de l'or, de la fable et de l'eau) ; ces traces lexicales se disséminent à l'intérieur d'un espace textuel réduit. D'autre part, les trois derniers exemples se caractérisent par le fait de convoquer des personnages exemplaires et mythiques à travers un schéma analogique proportionnel.

Le premier exemple est tiré de l'épisode *Pourquoi l'or flambe ?*,[15] consacré aux mécanismes d'inflation de ce métal précieux. La

---

15 L'épisode *Pourquoi l'or flambe ?* est consultable à l'adresse suivante : <https://www.youtube.com/watch?v=U_4vx9gb5JY>. Mis en ligne le 22 décembre 2011.

thématique du métal précieux s'opère justement à travers une sorte de métaphore filée qui, d'après Robrieux (2007 : 52–53) « s'étend à un ensemble plus ou moins long d'une ou plusieurs phrases en utilisant plusieurs signifiants reliés en un réseau sémantiquement correct ». Plusieurs jeux de mots focalisés sur le terme *or* enrichissent le tissu métaphorique de l'épisode : selon une perspective phonétique, par exemple, la prononciation des noms propres « H*or*tensia » ou encore « L*au*re » ou « trés*or* » joue sur le même signifiant /ɔR/. Le Dr. CAC présente ainsi la thématique de l'épisode :

> C'est l'histoire d'Ignace Figuré et de sa femme Hortensia, une femme flamboyante, une pépite, un trésor, une femme en or en somme. Seulement voilà Ignace redoute de perdre sa précieuse épouse, face à la flambée du métal jaune. Il redoute de se la faire dérober et il voudrait la placer en lieu sûr : il hésite entre le coffre-fort du salon, le matelas, ou l'envoyer en Suisse [. . .].
>
> Votre épouse est une femme en or. Intéressant. Combien pèse-t-elle ? [. . .].

Le réseau des projections virtuelles présentes dans l'occurrence indiquée ci-dessus est à la base du concept d'*essaim* métaphorique. Autrement dit, les traces multiples du concept métaphorique de l'or dessinent un fragment de l'épisode doué d'une grande cohérence interne. La liste des qualifications attribuables à « Hortensia » (« flamboyante, une pépite, un trésor, une femme en or »), les collocations basées sur des choix verbaux (perdre, se faire dérober, placer, peser) ainsi que les actions rituelles de conservation du métal précieux (« le coffre-fort du salon, le matelas, [. . .] Suisse ») constituent les traces d'une distribution métaphorique ramifiée.

Le deuxième exemple est tiré de l'épisode *Le livret A, comment ça marche ?*,[16] destiné à illustrer les bienfaits de ce compte d'épargne. Dans son dispositif filmique et à travers des tournures typiques des fables, l'*essaim* métaphorique est lié au conte de Blanche-Neige et de la Sorcière. « Il était une fois » : la formule introduisant d'habitude un conte présente la protagoniste, Bernadette Cravache, qui cherche à obtenir la jeunesse éternelle à travers l'ouverture d'un Livret A. Son

---

16 L'épisode *Le livret A, comment ça marche ?* est consultable à l'adresse suivante : <https://www.youtube.com/watch?v=yD10srHgKTA>. Mis en ligne le 19 février 2014.

« Miroir magique » lui communique : « Bernadette pour rester jeune à tout jamais ouvre un livret A ». La future titulaire du livret A[17] est convaincue de détenir la « formule secrète » pour épargner davantage. Elle est ainsi caricaturée et la métaphore du conte rend la protagoniste sympathique. Le miroir magique, appartenant à l'univers du merveilleux, est tour à tour doué de parole, capable de révéler par l'image des vérités invisibles ou les souhaits les plus profonds. L'extension de la métaphore de la fable se manifeste ainsi par des éléments narratifs attestés. La présence d'un *essaim* métaphorique renforce, encore une fois, l'idée de la métaphore conçue en tant que mécanisme cognitif fondamental pour comprendre le monde. Plus particulièrement, ces occurrences tracent un réseau métaphorique vaste, d'un point de vue textuel, mais cohérent du point de vue argumentatif.

Le troisième épisode pris en examen pour cette section est intitulé *L'eau : un produit de luxe ?*[18] dont l'enjeu pédagogique consiste à donner des conseils anti-gaspillage à des consommateurs peu avertis. La situation fictionnelle est celle du fonctionnement des associations d'entraide pour les buveurs. Les personnes alcoolo-dépendantes sont ainsi nommées : « C'est l'histoire d'un groupe de buveurs d'eau amateurs, des poto-maniaques amoureux du précieux liquide ». Comme dans bien d'autres cas, les jeux de mots fusent : c'est le cas du personnel chargé de soigner les « eau-dépendants ». Le Dr. CAC annonce pour eux un « stage d'accoutumance » animé par un « psy – eau – logue » qui suivra un « water règlement ». Les choix phraséologiques, ainsi que les refrains prononcés lors de ces séances, ne font que rendre plus explicite le mécanisme projectif de la métaphore de l'eau :

---

17 « Le livret A est un compte d'épargne rémunéré dont les fonds sont disponibles à tout moment. Ce compte est sans frais et les intérêts versés sont exonérés d'impôt sur le revenu et de prélèvements sociaux. C'est l'État qui fixe le taux d'intérêt, 2 fois par an. Tous les établissements bancaires peuvent proposer le livret A » (définition tirée de <https://www.service-public.fr>, le site officiel de l'administration française).

18 L'épisode *L'eau : un produit de luxe ?* est consultable à l'adresse suivante : <https://www.youtube.com/watch?v=CegSNGKEviM>. Mis en ligne le 22 décembre 2011.

passer de cinq litres d'eau par jour à rien ce n'est pas une mince affaire.

nous allons doucement vous accompagner vers un assèchement total du gosier.

qui pense pouvoir se passer d'eau à la fin du stage ? qui pense boire un petit peu d'eau quand même ?

Ces questions ne font que rendre encore plus manifeste le mécanisme projectif du raisonnement analogique sous-jacent à cet épisode : le *phore* (discours relié aux associations d'entraide pour les buveurs) permet de plonger le public dans une thématique nouvelle, le *thème* (à savoir, l'eau-dépendance). L'*essaim* métaphorique aide à décrire un réticule d'exemples renvoyant à la même thématique et facilitant ainsi la compréhension de la part du public.

Chacun de ces trois épisodes présente un expert censé aider les protagonistes dans leur parcours de compréhension des thématiques abordées : le personnage d'Ignace Figuré qui s'efforce de préserver ses richesses en or, de Bernadette Cravache pour l'obtention de la jeunesse et des maniaques de l'eau potable (autrement dit, des « poto-maniaques ») pour la désaccoutumance à l'eau.

Le dernier ensemble de cas que nous proposons est strictement lié à la portée pédagogique de l'évocation de nombreux personnages célèbres. La thérapie économique du Dr. CAC se caractérise par l'évocation ponctuelle de super-héros, ainsi que de figures mythiques comme, par exemple, dans l'épisode *Qu'est qu'une banque centrale ?*[19] Le Dr. CAC formule ainsi le lancement :

> Si Spiderman et Batman sont des modèles pour les jeunes, les banques centrales comme la BCE ou la FED américaine ou encore la Banque Populaire de Chine sont-elles des super banques ?

Plus précisément, cette occurrence comprend certaines caractéristiques du syllogisme tronqué, l'enthymème, par le fait que l'énoncé se termine par une question et que la réponse doit être induite. La prémisse majeure étant omise (« Toute banque centrale est un modèle pour les gens »), l'énoncé hypothétique (« Si… ») relie automatiquement le

---

19 L'épisode *Qu'est qu'une banque centrale ?* est consultable à l'adresse suivante : <https://www.youtube.com/watch?v=AzKrN9uIFLE>. Mis en ligne le 22 décembre 2011.

modèle incarné par les super-héros avec la position de suprématie des banques centrales.

Spiderman et Batman peuvent donc être positionnés à l'intérieur d'un chemin argumentatif visant à encadrer de façon valorisante les banques centrales, les mettre sous une lumière favorable. Le fait de pouvoir enchaîner le rôle de Spiderman et de Batman à celui de certaines banques mondiales met donc en jeu quatre termes évoqués de manière explicite dans l'énoncé métaphorique : Spiderman/Batman et leur pouvoir d'une part, les banques centrales et leur pouvoir de l'autre. En tant que figures mythiques, Spiderman et Batman, « semblent redessiner les contours d'un univers manichéen, facile à appréhender, puisque les 'bons' affrontent les 'méchants' et triomphent d'eux la plupart du temps » (Bryon-Portet 2017 : 77). Pour cette occurrence, contrairement aux autres qui vont suivre, « les quatre pôles de la formule métaphorique sont saturés par des noms propres ou autres désignations spécifiques notoires » (Hilgert 2016 : 72), à savoir Spiderman (1), Batman (2), BCE/FED/Banque Populaire de Chine (3), super banques (4). La connaissance encyclopédique du public permet de comprendre les relations lexicales correspondantes.

Un autre exemple de la série, celui qui est consacré à la Poste (*Est-ce la fin de la poste ?* ),[20] présente une mise en mots qui déclenche un effet humoristique immédiat. Cette fois-ci, le personnage auquel la série fait allusion est Jésus :

> C'est quoi votre plan pour sauver la lettre à la poste ? D'abord on écrit des brouillons en crayon papier HB, ensuite on fait taper les lettres par nos gonzesses et pour finir on les photocopie [. . .] lettres photocopiées, ah oui ! Comme quand Jésus multipliait les pains [. . .] Jésus avec une photocopieuse. . . tu vois il faut être malin pour survivre à la Poste.

Dans cet extrait, on évoque le miracle de la multiplication des pains relaté par les Evangiles. Les métaphores des super-héros, ainsi que celle concernant Jésus, répondent à une argumentation « rapide » comme le suggère Bonhomme (2017 : 137) « tant lors de sa production (fusion

---

20 L'épisode *Est-ce la fin de la poste ?* est consultable à l'adresse suivante : <https://www.youtube.com/watch?v=murD64tfpE4> (minute 2). Mis en ligne le 22 décembre 2011.

d'éléments hétérogènes à travers une prédication) que de sa réception ». Jésus est aux pains ce que les secrétaires sont aux photocopies : cette analogie proportionnelle met en évidence le fait que le *phore* est souvent « mieux connu que le thème dont il doit éclairer la structure [...] » (Perelman/Olbrechts-Tyteca (2008 [1958] : 501). En d'autres termes, la connaissance du miracle de la multiplication des pains, partagée même en dehors de la communauté chrétienne, est propice à la compréhension du *thème* « laïque » des photocopieuses. En outre, lorsque le *phore* est extrapolé d'un domaine sensible, comme le spirituel, tandis que le *thème* relève d'un champ lié à la vie matérielle, l'effet humoristique est davantage réussi.

Dans un dernier épisode *Palaces, le luxe à quel prix ?*,[21] le Dr. CAC cherche à expliquer la réforme du classement hôtelier, mise en place en France en 2009. Parmi les nouveautés introduites par cette réforme, la création de la catégorie « 5 étoiles ». Enjeu d'image, d'attractivité et de rayonnement, entraînant l'ensemble de l'offre, elle constitue désormais le meilleur de l'hôtellerie française. Toutefois, parmi les hôtels classés 5 étoiles, certains doivent être distingués. Situation géographique, intérêt historique, esthétique et/ou patrimonial particulier, service sur mesure, ces établissements d'exception font partie du paysage touristique français depuis toujours, mais aucune distinction officielle ne venait jusqu'ici saluer leur différence. C'est pourquoi a été créée la distinction *Palace* qui permet la reconnaissance d'hôtels présentant des caractéristiques exceptionnelles. Dans l'épisode, un hôte se plaint de la facture de son séjour dans le *Palace* et le directeur lui propose cette analogie proportionnelle : « Mais Monsieur ici c'est la Rolls-Royce de l'hôtel, le caviar de la literie ». Les Palaces sont aux hôtels ce que la Rolls-Royce est aux automobiles, les Palaces sont aux hôtels ce que le caviar est à la nourriture. Cette métaphore, comme d'ailleurs les autres évoquées plus haut, a valeur argumentative car les éléments supportant son emploi sont explicités dans l'affirmation suivante : « Tout se paye comme l'emplacement à deux pas de la Tour Eiffel, les fleurs ou le nombre d'employés : 645 salariés pour 245 chambres ». Cette

---

21 L'épisode *Palaces, le luxe à quel prix ?* est consultable à l'adresse suivante : <https://www.youtube.com/watch?v=2BtBgPTVq30> (minute 2 : 45). Mis en ligne le 19 février 2014.

explication atteint sa visée argumentative par l'entremise d'une reformulation du contenu de l'analogie proportionnelle proposée. Dans cet épisode, le locuteur construit une re-conceptualisation de la définition de *Palace* de manière ponctuelle (Rolls-Royce et caviar).

Dans cette seconde partie de notre analyse, nous avons employé la notion d'*essaim* conçue par Prandi en tant qu'outil pouvant décrire des phénomènes de projection métaphorique très disparates, caractérisant des portions textuelles de longueur différente. En partant de noyaux conceptuels différents, nous avons décrit la scénographie métaphorique « essaimée » de l'or, de la fable et de l'eau. Ces occurrences se distinguent par une série « d'inférences pertinentes » (Prandi 2016 : 70) au concept évoqué.

Ensuite, nous avons documenté le fonctionnement analogique des occurrences renvoyant à des figures exemplaires appartenant à la mémoire d'une doxa populaire (Spiderman, Batman, Jésus) ou renvoyant à des stéréotypes mythiques de la richesse (Rolls Royce/caviar). Le fait d'évoquer ces personnages ou certains objets liés au luxe contribue largement à véhiculer une vision du monde économique et financier méliorative. Plus précisément, l'orientation argumentative découlant de l'emploi de ces derniers exemples est axiologiquement positive. Comme le suggère Doury (2016 : 150) :

un état du monde, par lui-même, n'argumente pas : c'est sa mise en mots qui va comporter des 'indications de direction' vers telle conclusion plutôt que telle autre, lui conférer une orientation argumentative, appeler un enchaînement particulier et en écarter d'autres.

La mise en mots des figures exemplaires, ainsi que l'évocation d'objets liés au luxe se fait par des schémas analogiques proportionnels qui sollicitent, chez le public, une représentation positive du monde économique et financier.

Enfin, le mouvement argumentatif que nous avons analysé s'est avéré très productif pour la compréhension, de la part du public, de concepts ardus : parfois il s'est manifesté, de façon explicite, par des analogies proportionnelles à quatre termes, parfois par des raisonnements analogiques implicites (comme pour le cas de l'enthymème).

# 6. Conclusion

Dans le but de décrire le fonctionnement d'un dispositif sémio-pragmatique complexe comme celui de la série Dr CAC, nous avons fait interagir deux approches méthodologiques qui proviennent de champs épistémologiques distincts et affectent des niveaux d'analyse différents.

D'une part, nous avons démontré comment la notion de scénographie, conjointement aux notions de scène englobante et générique introduites par Maingueneau, est fonctionnelle à la compréhension de la nature fictionnelle de la série. Ainsi, le public est dans l'attente d'un diagnostic médical ou d'une évaluation scolaire, qui vont lui permettre de comprendre des concepts épineux et complexes tirés du domaine économique et financier. De plus, le public, occupant un rôle déjà assigné par la scénographie métaphorique, valide progressivement le dispositif fictionnel de la série, en renforçant son sentiment d'identification avec les apprenants-protagonistes des épisodes.

D'autre part, nous avons observé la fonctionnalité argumentative de la série par le biais de l'analogie et, en particulier, du raisonnement analogique. À ce propos, nous avons mis en évidence comment, parmi les occurrences tirées des épisodes de la série, la visée pédagogique de la série se concrétise par des traces lexicales multiformes. Nous avons prouvé que la notion d'*essaim* métaphorique, avancée par Prandi et incarnant le mécanisme de dissémination métaphorique au niveau textuel, ne fait qu'augmenter la portée argumentative des analogies proposées (*or, eau, fable*). Le mécanisme projectif de la métaphore facilite la compréhension de la part du public à la fois pour la ramification analogique évoquée plus haut et pour l'évocation ponctuelle de certains personnages (*Spiderman, Batman et Jésus*) ou objets (*Rolls-Royce et caviar*). Cette présence est révélatrice d'une assimilation des concepts présentés au cours des épisodes.

L'ensemble de ces instruments méthodologiques nous a permis de déconstruire la série en tant que mécanisme organisé de vulgarisation scientifique. En effet, le discours véhiculé par la série Dr CAC est un discours « mélioratif », dans la mesure où l'on expose des notions difficiles à travers l'évocation d'univers familiers et quotidiens. Cette évocation, visant à simplifier des concepts compliqués et à en adoucir la portée, s'est manifestée, dans notre corpus, par le rapprochement de domaines éloignés l'un de l'autre qui ont construit un effet surprenant, souvent humoristique. C'est justement l'humour qui permet aux macro-énonciateurs que sont le Ministère de l'Économie et des Finances et le Ministère de l'Action et des Comptes publics, de s'adresser aux citoyens, en adoptant une perspective décalée par rapport à la posture d'un expert (mobilisée dans les autres rubriques du site *Facilé-co-Mieux comprendre l'économie*).

Enfin, dans un prolongement de la réflexion entamée ici, cette série mériterait d'être traitée sous l'angle de la sémio-pragmatique, qui aiderait à comprendre les relations entre les différents actants du champ cinématographique (protagonistes, personnages secondaires, voix off). Cette approche pourrait s'adjoindre à l'approche énonciative, en particulier au concept de « scénographie » de Maingueneau, que nous avons adopté dans l'effort de comprendre le dispositif énonciatif de la série Dr CAC.

Si la mobilisation de métaphores contribue à atteindre un but pédagogique à l'égard des profanes, elle laisse affleurer un portrait bienveillant du monde économique et financier à travers la mise en images et les sonorisations (voix des actants, tonalité, prosodie, musique d'accompagnement, etc.). L'analyse du dispositif sémiotique permettra également de mieux comprendre l'aspect humoristique qui est fonctionnel à la finalité pédagogique de la série.


## Références bibliographiques

Bonhomme, Marc 2017. La métaphore comme argumentation par séduction. In Bonhomme, Marc et al. (éd.), *Métaphore et argumentation*. Paris : Academia L'Harmattan, 135–152.

Bryon-Portet, Céline 2017. Les super-héros, nouvelles figures mythiques des temps modernes ? *Quaderni* 93, 75–84.

Détrie, Catherine 2001. *Du sens dans le processus métaphorique*. Paris : Champion.

Doury, Marianne 2016. *Argumentation. Analyser textes et discours.* Paris : Armand Colin.

Gaudin, François 2005. La socioterminologie. *Langages* 157, 81–93.

Hilgert, Emilia 2016. L'analogie est-elle plus explicite que la métaphore ? *Langue française* 189, 67–86.

Humbley, John 2005. La traduction des métaphores dans les langues de spécialité : le cas des virus informatiques. *Linx* 52, 49–62.

Maingueneau, Dominique 2004. La situation d'énonciation entre langue et discours. In *Dix ans de Séminaire de Didactique Universitaire.* Craiova : Editura Universitaria Craiova, 197–210.

Mattioda, Maria Margherita 2009. Euphémismes et atténuation du dire dans la presse économique spécialisée : l'exemple du domaine de l'emploi. In Paissa, Paola / Druetta, Ruggero (éds), *Euphémismes et stratégies d'atténuation du dire. Synergies Italie.* Numéro spécial, 73–83.

Perelman, Chaïm / Olbrechts-Tyteca, Lucie 2008 [1970]. *Traité de l'argumentation.* Bruxelles : Editions de l'Université de Bruxelles.

Plantin, Christian 2011. Analogie et métaphore argumentatives. *A contrario* 16, 110–130.

Plantin, Christian 2016. *Dictionnaire de l'argumentation. Une introduction aux études d'argumentation.* Lyon : ENS Éditions.

Prandi, Michele 2016. Les métaphores conflictuelles dans la création de concepts et de termes. *Langue française* 189, 35–48.

Prandi, Michele 2018. Un outil linguistique pour l'analyse des textes littéraires : l'idée d'essaim métaphorique. *Le discours et la langue* 10/2, 63–84.

Robrieux, Jean-Jacques 2007. *Rhétorique et argumentation.* Paris : Armand Colin.

ILARIA RIZZATO

# Shakespeare's Metaphorical Swarms: Text Functions in *The Two Gentlemen of Verona* and Implications for its Translation into Italian

## 1. Introduction

This chapter aims to propose a few reflections on figurative language and its translation in *The Two Gentlemen of Verona*. The choice of this early play by William Shakespeare is due to a number of reasons. Firstly, it appears to be one of comedies with the highest density in figures and wordplay in the Canon (Wells 1963), which poses it as a very interesting object of inquiry in terms of figurative language. Secondly, it is generally considered less mature and accomplished than the majority of Shakespeare's plays (Tillyard 1965, Traversi 1960, Wells 1963), and has therefore received less analytical attention, which provides this chapter with an opportunity to propose interpretative lines on figurative language which may not have been fully explored by existing research. Finally, the author translated the play into Italian for the Bompiani edition of Shakespeare's Complete Works published between 2014 and 2019, thus gaining a close view on the language of the source text, of the translation-related issues it presents and of its translation history.

This analysis of figurative language in *The Two Gentlemen of Verona* will mainly rely on the theoretical model provided by Prandi (2017),[1] in his monograph *Conceptual Conflicts in Metaphors and Figurative Language*. This book appears as a particularly valuable resource for the present study, as it offers both a comprehensive approach

---

1 This extensive monograph reprises and refines the work included in a number of research articles and books on metaphors and their relation to language over the years (Prandi 2004, 2012, 2015, 2016, to mention but a few).

to metaphors and an in-depth analysis of their inner mechanisms and their functions. Moreover, Prandi's constant attention to metaphor-related compositional aspects makes this book a useful resource for a reflection on translation. In particular, this study will apply Prandi's notions of conceptual conflict and of metaphorical swarm to text analysis to identify some of the text functions metaphors have in the *Two Gentlemen* and some of their implications for the translation of the play into Italian. A brief excerpt from Act IV will be used to illustrate the notion of metaphorical swarm. Subsequently, the theoretical basis adopted will be applied to two longer passages from Act I, which will be analysed in detail in terms of how metaphors contribute to meaning making, text structure and purpose. Two different Italian versions of the play will be analysed and compared to illustrate the implications of these metaphors for translation. The first translation in chronological terms is Sergio Perosa's, which appeared in the Mondadori edition of Shakespeare's plays, edited by Giorgio Melchiori in 1990. The second edition features the Bompiani translation, published in 2015 as part of the complete works of Shakespeare edited by Franco Marenco. The two editions appear to be especially apt for comparison because they both belong to a project covering the whole Canon.

## 2. Theoretical background

The theoretical framework for this article mainly relies on the model for metaphor and figurative language analysis devised by Prandi. This model revolves around the notion of conceptual conflict as a characterising factor of figurative language. According to Prandi (2016: 73–81), conceptual conflict arises in complex meanings presenting conceptual relations inconsistent with our shared system of conceptual presuppositions about different kinds of being, or natural ontology. Prandi (2017: 23) illustrates this notion by quoting Emily Brontë's "And winter pours its grief in snow", which deeply challenges our shared conceptual structures: grief cannot be poured, and winter cannot feel grief. These inconsistencies cause a conflictual meaning to arise that may only be accounted for by an act of interpretation based on co-text, context and/or the communicative situation at hand. In other words, conflict provides an arresting element in text, compelling the addressee to make an additional interpretative effort to make sense of a figure escaping the boundaries of already shared language use. In this sense, conceptual conflict is closely related to the mechanisms of conceptual creativity made possible by linguistic expressions. Moreover, conceptual conflict characterises living metaphors as opposed to conventional ones. Living metaphors are, in Prandi's words, "not mere rewordings of shared metaphorical concepts but textual interpretations of the meaning of complex expressions that combine atomic concepts in a conflictual way" (2012: 148).

Conventional metaphorical concepts, on the other hand, are consistent conceptual structures belonging to a shared heritage of everyday expressions, emerging from polysemy. To make sense of such metaphors, one has only to master shared conceptual structures and lexical systems. To exemplify this, Prandi (2017: 23) uses the phrase "wasting time". The verb 'waste' is polysemous and when used with 'time' it appears in its metaphorical sense, consistent with the underlying metaphorical concept TIME IS MONEY. The latter concept is part of a shared way of representing time as a valuable resource, already existing in our vocabulary and system of communicative options. Hence, there is no conflict between the idea of 'wasting' and the concept of 'time'. No particular interpretative effort is required to make sense of the phrase, since its meaning is already conventionalised in our shared linguistic background.

In this opposition between living, conflictual metaphors and conventional ones, Prandi's model distances itself from Lakoff and Johnson (1980) and from the massive tradition they have inspired, in that its emphasis is shifted from conventional metaphors to non-conventional ones. It also objects to Lakoff and Turner's (1989) idea that there is no fundamental difference between conventional and living metaphors, as both are generated by the same shared metaphorical concepts. Conversely, Prandi argues that there is a difference and that it depends on the presence or absence of conceptual conflict.

This use of conceptual conflict to convey new and unconventional elements is something strongly motivated by communicative goals and responds to a search for striking effects in text. In this sense, Prandi's notion of conflict finds some important theoretical support in Steen's Deliberate Metaphor Theory (2008, 2011), placing an emphasis on those metaphors that are actually used and processed as metaphors in communication, rather than on metaphors which, according to the cognitive dominant tradition, are not intended nor processed as metaphors. The latter being the majority of metaphors in language, they are at the basis of what Steen (2008) calls "the paradox of metaphor": that research on metaphor has focused almost exclusively on figures that are not even produced nor processed as metaphors. Hence the need for attention to metaphors functioning as such in communication, that is, deliberate metaphors. Thus, both Steen and Prandi express the need to shift the focus in metaphor research from shared metaphorical concepts in common thought and language to individual acts of creation at the basis of deliberately used conflictual metaphors.

A useful tool provided by Prandi for the study of conflictual metaphors is the notion of 'metaphorical swarm' (2012: 157–166, 2017: 140–145). A metaphorical swarm is a network of interconnected metaphoric associations revolving around the same conflictual concept. The core conflictual metaphorical concept generates a set of related conflictual expressions through the mechanism of projection. As Prandi suggests, projection "does not share the conflictual structure of the complex meaning that triggers it but can be completely accounted for from within the structure of consistent thought" (2017: 151). The main example of metaphorical swarm provided by Prandi is based on the conflictual concept LIGHT IS A LIQUID SUBSTANCE in Romantic literature: "if light is a liquid, it can *flow in rivers and streams, form waves, drops and waterfalls, ponds and lakes*, and so on" (2017: 143). This example illustrates how projection may apply to a number of interconnected inconsistent expression, "each of which frames in words one node of the complex conceptual network projected by the seminal conflictual expression" (2017: 143). *Swarm*[2] seems to be the perfect term to encapsulate such a constellation of expressions, since it suggests exactly the right inferences: "unpredictability of time, location and size; high mobility; and uneven density" (2012: 158, 2017: 144).

---

2  This notion is interestingly applied by Prandi not only to literary language, but also to terminological creativity in specialised languages (2013: 25–39).

# 3. Analysis and discussion

This section of the chapter attempts to apply the notions of conceptual conflict and metaphorical swarm as defined above to the analysis of relevant excerpts from *The Two Gentlemen of Verona* and to highlight the impact such metaphorical expressions in a text have on its translation into Italian.

The first passage considered features Valentine, one of the eponymous gentlemen, in his exile from Milan, far away from his beloved Silvia, to whom he addresses the following intense monologue:

> How use doth breed a habit in a man!
> O thou that dost inhabit in my breast,
> Leave not the mansion so long tenantless
> Lest, growing ruinous, the building fall
> And leave no memory of what it was.
> Repair me with thy presence, Silvia. (V.4.6–11)

According to the principles explained above, there is a major difference between the metaphor appearing in line 6 ("breed a habit") and the metaphor to be found in the following line ("inhabit in my breast") as far as conceptual conflict is concerned, a difference at the heart of Prandi's model. The former is based on the metaphorical use of the verb 'breed', from the domain of farming, in association with human behaviour ("a habit"). The association is not conflictual: 'breed' is a polysemous verb displaying the meaning of "producing or leading to something – especially in terms of behaviour – over time", which is consistent with "a habit". The metaphor relies on the shared conceptualisation of behaviour as something less abstract and is therefore conventional, as the majority of metaphors in language.

A totally different situation is created when the line "O thou that dost inhabit in my breast" is introduced. In this case, 'inhabit' is inconsistent with "in my breast", and that inconsistency, that conflict, may be resolved only by conceptualising Valentine's breast as some sort of building and the "thou" he addresses, Silvia, as someone living in it. This conflictual association introduces the conflictual concept MY BREAST IS A BUILDING. The same concept is reprised by representing Valentine's breast as a 'mansion' he hopes may not be left 'tenantless', or as a 'building', which can as such, through projection, grow ruinous, fall or be repaired, and whose tenant is Silvia. Thus, MY BREAST IS A BUILDING serves as the centre of a metaphorical swarm providing an unconventional representation of Valentine as missing his lover, describing the state of dejection he is in since their parting and praying for her to come back to him. The conflictual expression MY BREAST IS A BUILDING and the set of connections it triggers are responsible for creating an original image that is unique to this text in this context, constructing the experience of something unconventional and new.

The instances of metaphorical swarms in *The Two Gentlemen of Verona* are numerous and varied. They do not revolve around just one conflictual concept, as in the case of liquid light in Romantic literature, but they consistently appear throughout the play to pursue local striking effects. A significant case in point is an excerpt from the very first scene of the play, where the servant Speed and the gentleman Proteus engage in a comic dialogue:

SPEED
Sir Proteus, save you. Saw you my master?
PROTEUS
But now he parted hence to embark for Milan.
SPEED
Twenty to one, then, he is shipped already,
And I have played the sheep in losing him.
PROTEUS
Indeed, a sheep doth very often stray,
An if the shepherd be a while away.
SPEED
You conclude that my master is a shepherd, then,
and I a sheep?
PROTEUS I do.
SPEED
Why then, my horns are his horns, whether I wake or sleep.
PROTEUS
A silly answer, and fitting well a sheep.
SPEED
This proves me still a sheep.
PROTEUS
True, and thy master a shepherd.
SPEED
Nay, that I can deny by a circumstance.

PROTEUS
It shall go hard but I'll prove it by another.
SPEED
The shepherd seeks the sheep, and not the sheep the shepherd. But I seek my master, and my master seeks not me. Therefore I am no sheep.
PROTEUS
The sheep for fodder follow the shepherd, the shepherd for food follows not the sheep. Thou for wages followest thy master, thy master for wages follows not thee. Therefore thou art a sheep.
SPEED
Such another proof will make me cry 'baa'. (I.1.70–93)

The news that his master has embarked for Milan has Speed reply with a pun: "he is shipped already", he says "And I have played the sheep in losing him". From this moment on, Speed calls himself a sheep and is branded as a sheep by PROTEUS throughout the sequence. A set of metaphorical expressions based on the concept SPEED IS A SHEEP emerge in the whole dialogue and through the mechanism of projection elements usually associated with sheep are attached to the character, who thus has horns, a shepherd, fodder and so forth. Thus, a metaphorical swarm is constructed and developed extensively in this exchange. Moreover, the iteration of the concept SPEED IS A SHEEP functions as a crucial element in text organisation and dramatic development, thanks to its progressive transformation into the object of contention in a rhetorical dispute. Speed affirms "This proves me still a sheep" and "that I can deny by a circumstance", giving the dialogue an argumentative bent. Proteus, in turn, takes up the challenge of refuting his arguments, and wins the battle by providing a better demonstration of Speed's nature of sheep. The comic verve of this passage benefits considerably from the mock argumentative structure of the exchange and the clash between its seriosity and the ridiculous, lowbrow subject of a sheep's life.

What also intensifies the figurative density of this swarm is that the first mention of its key element in this passage appears as part of a pun with the word 'shipped' in "he is shipped already", which foregrounds this lexical item phonologically. Foregrounding is then reinforced by its emphatic repetition throughout the sequence, contributing to its overall comic effects.

An attempt to deal with the complex meanings identified by the analysis emerges from the Italian translations considered, of which the Bompiani is the first to be examined:

SVELTO
Signor Proteo, salve. Avete visto il mio padrone?
PROTEO
È appena andato a imbarcarsi per Milano.
SVELTO
Venti a uno, allora, che è già salpato, e che a perderlo ho fatto la figura del caprone.
PROTEO
Più che altro della pecorella, che spesso si perde, soprattutto se il pastore si allontana.
SVELTO
La vostra conclusione è dunque che il mio padrone sia un pastore e io una pecora?
PROTEO
Sì.
SVELTO
Allora le mie corna sono le sue corna, che io sia sveglio o dorma.
PROTEO
Una risposta sciocca, degna di un caprone.
SVELTO
Il che dimostra che sono un caprone.
PROTEO
Ti vedo meglio come pecora, e il tuo padrone come pastore.
SVELTO
No, questa è una cosa che posso confutare con un ragionamento.
PROTEO
È difficile che io non la dimostri con un altro.
SVELTO
Il pastore cerca la pecora, non la pecora il pastore. Invece io cerco il mio padrone, ma il mio padrone non cerca me. Quindi non sono una pecora.
PROTEO
La pecora cerca il pastore per mangiare, mentre il pastore per mangiare non cerca la pecora. Tu cerchi il tuo padrone per la paga, mentre il padrone per la paga non cerca te. Quindi sei una pecora.
SVELTO
Un'altra dimostrazione così e mi metto a belare: "beee"! (Shakespeare, 2015: 29–31)

The Italian translation seems to pose two interrelated problems. First, translating the pun 'shipped-sheep' is highly problematic, as Italian immediate equivalents for the two terms are not similar in sound, nor may a substitutive pun easily fit into this context: thus, a strong effect foregrounded by the source text cannot be achieved in the target text. Second, sheep's connotations are not perfectly isomorphic in Italian and English: "A silly answer, and fitting well a sheep" seems to suggest that sheep are proverbially stupid, which does not apply to Italian; there might be connotations of stupidity in the variant *pecorone*, but they relate to following other people's ideas uncritically. Thus, using *pecora* or *pecorone* in this context would appear opaque or less relevant in Italian – opaqueness and lack of relevance turning out to be major obstacles to comic text, especially in a translation aiming to be performed on stage as is the case with the 2015 Bompiani translation.[3] For this reason, the translation acts on figurative language and diversifies the metaphorical swarm in order to avoid opaqueness and to pursue immediacy in comic effects. In so doing, this translation does not follow the path established by Sergio Perosa in his version published by Mondadori and edited by Giorgio Melchiori[4] (1990), where he maintains the metaphorical swarm centred on the immediate Italian equivalent of 'sheep', *pecora*, throughout the sequence, also using its variant *pecorone* when translating 'sheep' in "And I have played the sheep in losing him". Conversely, in the Bompiani translation, the term *caprone*, denoting a billy goat, but having connotations of stupidity and ignorance in Italian which could be back translated in English with the metaphorical use of 'ass', is selected to translate 'sheep' in "fitting well

---

3 Some of the issues treated here, such as this one, depend on the specific translation project constructed by Bompiani and by the general editor of the four-volume edition, Franco Marenco. For example, this edition of the plays is in prose translation, the use of prose being in line with a more modern and immediately accessible language aiming to provide a basis for the staging of these dramatic works. Prose translation does not pose a number of challenges related to versification, also affecting metaphor translation (as illustrated by Steen 2014 with examples from Shakespeare's sonnet 18, presenting many similarities with the examples about to be discussed here). Achieving a prose that is suitable for theatrical performance, however, leads to numerous different challenges, some of which are commented on in this chapter.

4 This edition is said to establish a pattern because both in terms of quality and of wide reach it is comparable to the Bompiani edition.

a sheep" and in "played the sheep in losing him", both suggesting negative connotations for Speed, implying he has not been smart at all, and
suggesting humorous developments. This choice seems to be particularly effective in Italian also because *caprone* has funny connotations,
evoked by context and enhanced by the augmentative suffix '-one'.

The shift in the figurative pattern of the sheep metaphorical swarm
implies some adjustments of the propositional content of the passage,
especially as far as maintaining the mock argumentative structure of
the source exchange is concerned. This implies that agreement between characters on Speed being a sheep has to be changed to disagreement when 'sheep' has connotations of stupidity and is translated
with *caprone* (billy goat). Accommodating this consistently in the
target text also contributes to the comic purpose as it gives the idea
of a sparring match between Speed and Proteus, made lively by some
notes of disagreement. Moreover, using the Italian equivalent for "billy
goat" where needed and maintaining the equivalent for 'sheep' in the
remaining lines of the passage introduces an element of variety which
is in keeping with the further metaphorical instantiations appearing in
the same scene, when Speed calls Julia "a laced mutton" and himself
"a lost mutton" (I.1.95–97), thus extending the swarm to another ovine[5]
and to two more characters. In this way, the complex nature of the metaphorical swarm is represented in translation and its communicative
purposes – that is, comic effects immediately retrievable by the audience – are privileged as opposed to propositional meaning.

Similar objectives characterise the way another instance of metaphorical swarm, appearing in a very early dialogue in the comedy,
is analysed and translated in the 2015 edition. In this excerpt Valentine, who is about to leave for Milan, mockingly reproaches Proteus for
staying in Verona to pursue his love for Julia:

PROTEUS
[. . .] For I will be thy beadsman, Valentine.
VALENTINE
And on a love-book pray for my success?

---

5 Rendered through the immediate equivalent *montone*, in its feminine form when
referred to Julia, in both Italian versions. This solution seems to convey very well
the sexual connotations implied in the source text.

PROTEUS
Upon some book I love I'll pray for thee.
VALENTINE
That's on some shallow story of deep love-
How young Leander crossed the Hellespont.
PROTEUS
That's a deep story of a deeper love,
For he was more than over-shoes in love.
VALENTINE
Tis true, for you are over-boots in love,
And yet you never swam the Hellespont.
PROTEUS
Over the boots? Nay, give me not the boots.
VALENTINE
No, I will not; for it boots thee not.
PROTEUS
What?
VALENTINE
To be in love [. . .] (I.1.18–29)

In this scene, Valentine compares Proteus' feelings to Leander's, which introduces the idea of a love having to overcome endless obstacles, such as the waters of the Hellespont, which Leander would swim every night in order to visit his love Hero. This myth offers an opportunity to represent love as a liquid, through the opposition, among others, of 'deep' and 'shallow', referring to 'love' and 'story', but also evocative of the Hellespont waters, which makes the metaphorical swarm based on the metaphor LOVE IS WATER emerge. The representation of love as a substance is by no means a novelty, as the expression "to be in love" exemplifies, by presupposing, through the locative expression, that love is something in which lovers are found. In this passage, however, context and reference to myth represent love specifically as water, which is consistent with the idiomatic expression "over shoes, over boots" mentioned in the dialogue, representing a person as immersed with their feet in some substance (presumably water or mud), metaphorically meaning "expressing reckless continuance in a course already begun" (OED 1933: 996). This expression, attested at Shakespeare's time, is no longer in use in contemporary English, where it is evocative of the common idiom "to be head over heels", with which it shares connotations of lack of control, stubborn perseverance in something irrational, and the close association with the idea of being in love. Here, in fact, it is related to the locative phrase "in love" twice, as it is not used in its canonical form, "over shoes, over boots", but is split into two, so that "over-shoes in love" describes Leander, whereas "over-boots in love" is associated with Proteus, constructing a crescendo that represents the latter's situation as even more desperate than the former's. This creative use of the "split idiom" also elicits the exploitation of the domain of footwear to construct projections of the LOVE IS WATER metaphorical swarm providing humorous connection for each character's line in the remaining part of the dialogue. 'Boots' is in fact reprised in Proteus' line "Nay, give me not the boots" – an idiom meaning "don't make a laughing stock of me" (Leech 1969:4) – and then in Valentine's reply, "it boots thee not", this time as a verb, an instance of the multiple uses of polysemy characterising the texture of much of Shakespeare's plays.

What is also interesting in the dialogue between Valentine and Proteus is that both "over-shoes, over-boots" and "give me not the boots" are idioms, that is, expressions with a conventionalised meaning: out of this specific context, the metaphors in both idioms would hardly be considered conflictual and therefore creative. The same goes for the polysemous verb 'to boot', having the metaphorical meaning of 'suiting well', which is consistent with the situation at hand, and could therefore be considered conventional. Within a metaphorical swarm revolving precisely around the concept LOVE IS WATER, however, their metaphorical meaning is revitalised, and emphasised in a totally new fashion, so that they are actually visualised as shoes and boots. This is all the more striking for being elicited by conventionalised meaning and for running against the expectations associated with fixed, lexicalised expressions. In other words, an extremely creative use of living metaphors is carried out through a wise manipulation of conventional linguistic material encapsulated in the complex network of a metaphorical swarm.

Again, preserving these elements in translation requires attention to the complex, interconnected meanings the metaphorical swarm elicits and consideration of possible asymmetries between English and Italian:

PROTEO
[. . .] perché io, Valentino, intercederò per te.
VALENTINO
Pregando per me su un libro d'amore?
PROTEO
Pregando per te su un libro che amo.
VALENTINO
Ossia sulla storia superficiale di un amore profondo, come quella del giovane Leandro che attraversò l'Ellesponto.
PROTEO Quella è la storia profonda di un amore ancora più profondo, tant'è che Leandro si immerse nell'amore fino al collo.
VALENTINO
Vero, e tu vi sei immerso fino al naso, anche se non ti sei mai bagnato nell'Ellesponto.
PROTEO Il naso? Sei tu a non dovermi prendere per il naso!
VALENTINO No, no. A fiuto, direi che non fa per te.
PROTEO Che cosa?
VALENTINO L'amore [. . .] (Shakespeare 2015: 25–27)

An analysis of this passage reveals that a number of issues are dealt with in this translation. First, in Italian "in love" is not translated by an equivalent prepositional phrase, but by the past participle *innamorato*, the locative reference of which is much less transparent. Hence, in order to suggest the idea of love as a substance in which the lover may swim, the translation uses *immerso nell'amore* (immersed in love), which makes the idea of a liquid or a fluid explicit. Second, the idiomatic expression "over-shoes, over-boots" has no immediate equivalent in Italian. No doubt there are translations for the propositional meaning of the expression, but they may not be suitable for constructing a meaningful sentence, nor are they connected with the domain of shoes and boots evoked by the source text and also represented in the following lines. The Italian translation should ideally draw from the same domain and convey "give me not the boots" with an idiomatic expression of the same meaning containing reference to footwear, and "it boots thee not" with a verb semantically related to shoes or boots of the same meaning. Thus, the connection among each character's utterances would be equivalent to that of the source text, and the figurative pattern established in the source text reproduced in the target text. If you consider the single phrases in isolation, solutions may be available presenting near perfect isomorphism with the source text expressions.

For example, *calzare* (to fit and, by extension, to be apt) as a translation of the verb 'boot' evokes the domain of footwear and means "to suit perfectly", which could work in this context.

Similarly, *esserci dentro con tutte le scarpe* (to be into something over the shoes) is an idiomatic form including reference to shoes (*scarpe*), which could serve well the purpose of translating "he was over-shoes in love" and, with some adaptations, "you are over-boots in love" and the following "Over the boots?". And here is where the third problem arises: there seems to be no equivalent for "give me not the boots" in Italian with a similar meaning and a translation of 'boots' or some other item of footwear as a focus in the metaphor. Therefore, the penultimate ring in the chain of figures in the same swarm is broken, and the effect of the whole sequence is put at risk.

This issue may also be recognised in Perosa's translation:

PROTEO
[. . .] ch'io pregherò per te, mio Valentino.
VALENTINO
Per il mio successo, su un libro d'amore?
PROTEO
Per te, su un libro che io amo.
VALENTINO
Su una piatta storia d'amor profondo:
come Leandro traversò a nuoto l'Ellesponto.
PROTEO
Ma è storia profonda, d'amore fondo,
perché c'era immerso fino al collo.
VALENTINO
Giusto; e tu lo sei fin sopra gli occhi,
senza aver mai nuotato l'Ellesponto.
PROTEO
Fin sopra gli occhi? No, non mi dire.
VALENTINO
E io non lo dirò: non ti si addice.
PROTEO
Che cosa non mi si addice?
VALENTINO L'amore [. . .] (Shakespeare 1990: 419)

The lack of isomorphism in the LOVE IS WATER swarm with its projection-motivated footwear figures becomes all the more apparent as 'shallow' is translated with *piatta* [flat] and may therefore hardly apply to the Hellespont waters as a parallel for a love story, and the crescendo conveyed by "over-shoes… over-boots" is translated through *fino al collo… fin sopra gli occhi* [up to his neck… above your eyes], the former being idiomatic in Italian and expressing uncontrolled behaviour due to an overwhelming force, whereas since the latter is not idiomatic, it manages to represent a graver situation, but fails to provide a useful lead for connection to the next figurative element. "Give me not the boots" is in fact translated as *non mi dire*, meaning "no way/I can't believe it", totally unrelated both to the immediately preceding utterance and to idioms meaning "don't make a laughing stock of me", but actually being motivated by its mention of the verb *dire* [say], upon which a pun is constructed in the following line based on the polysemy of the root *dire* itself: *non lo dirò… non ti si addice* [I won't say it… it doesn't suit you]. Here the attempt to relate all the links in the chain is apparent, but the fact that the domain from which figurative elements are drawn changes from that of body parts (neck and eyes) to that of saying makes the connections looser and less relevant, thus weakening the comic effect of the sequence.

The Bompiani translation tries to prevent this by identifying an alternative domain to that of footwear that may translate the pair "over-shoes… over-boots" and also cover the utterances "over the boots", "give me not the boots" and "it boots thee not", while remaining consistent with the LOVE IS WATER swarm. In other words, a source domain very productive in terms of idioms and polysemy had to be found in Italian that could cover the five footwear-related items in the most similar way possible – translating, for example, an idiom for an idiom, a polysemous lexeme with an equally polysemous one, and so on. In this context, existing metaphor research was taken into consideration and applied to the search for appropriate solutions, so that the domain of the human body, considered an ideal source domain for conceptual metaphors (Kövecses 2010),[6] was identified and actually used in the

---

6 In his chapter entitled "Common Source and Target Domains", Kövecses (2010: 18) lists the human body as the first source domain. He also mentions Réka Hajdú's study on an American collection of metaphorical idioms, showing that out of twelve thousand body-based metaphorical idioms in the collection, over two thousand have to do with the human body. This strongly supports the idea that a large portion of metaphorical meaning derives from human experience of the body.

passage to construct a very similar figurative pattern in the target language.[7]

Thus, *fino al collo* (up to one's neck) was selected for "over-shoes", *fino al naso* (up to one's nose) for 'over-boots', and *prendere per il naso* (pull somebody by one's nose, metaphorically meaning "making a laughing stock fun of somebody") for "giving somebody the boots". The element of the nose was then reprised in the next utterance by *a fiuto* (according to one's sense of smell), which is also idiomatic. Here, it modalises the target text equivalent of "it boots thee not", *non fa per te*, which translates its propositional meaning without including any metaphors of the body. Thus, a number of adjustments were made necessary by the unavailability of Italian immediate equivalents, but the figurative pattern suggested by the metaphorical swarm in the source text was preserved, creating a similar pace in the translation, and making sense of each line in this further sparring match in a lively manner.

This version does not solve all problems. For example, *fino al naso* is neither part of a lexicalised expression together with *fino al collo*, nor is it as idiomatic, but it serves the purpose of constructing a comprehensible crescendo structure relying on the same domain. In addition, in the final part of the passage, a modaliser (*a fiuto*) is added in the target text to justify the presence of a meaningful metaphorical element from the desired source domain. Moreover, the low-brow connotations held by shoes and boots, especially when referring to the noble feeling of love, are not completely translated by the notions of nose and neck, which appear much less ridiculous. The pragmatic patterning established by the metaphorical swarm, however, emerges again in the target dialogue, which helps dramatic progression and the achievement of comic effects by making the figurative texture evident and meaningful in its succession of cleverly connected images.

---

7 Perosa had already used the source domain of the human body to translate the first three footwear-related items, but not the remaining ones, thus altering the structure of the swarm completely, whereas the Bompiani translation attempts to preserve this structure in the target text as a fundamental item in meaning-making.

# 4. Conclusions

As the text analysis has hopefully shown, conceptual conflicts in metaphors and metaphorical swarms contribute to text structure and consistency and to the achievement of text purposes. Thus, it may be considered desirable to translate the source text swarm with the closest swarm possible, maintaining the elements of conflict in the most parallel way possible in the target text. As the texts analysed above testify, keeping such parallelism gives rise to translation problems depending on how complex the interaction of conceptual metaphors and metaphorical swarms with other textual factors is. Such factors include anisomorphism in phonological patterns, punning and wordplay. In the dialogue between Speed and Proteus, for example, anisomorphism in Italian of the sound pattern in the 'shipped-sheep' pun causes the repetition of the immediate equivalent of 'sheep' in all contexts to be much less justified. In the dialogue between Proteus and Valentine, the lack of an equivalent for 'boots' in "it boots thee not" in Italian that may also appear unchanged in the translation of 'over-boots' and of "give me not the boots" plays a role in the choice of different projection patterns in the Italian target texts. A further problem is caused by anisomorphism in idiomatic expressions. The lack of an isomorphic idiom based on footwear and meaning "don't make fun of me" in Italian, for instance, requires the substitution of all footwear-related projections in the whole swarm to prevent the whole sequence from losing consistency and appearing unmotivated and therefore obscure. Thus a parallel set of figurative projections from a different domain is used in the Bompiani translation to create a parallel swarm with similar functions.

A third factor causing translation difficulties is that the metaphorical meaning of conventionalised expressions such as idioms and polysemous words is revitalised when located within the network of a metaphorical swarm, and this enhances the creative and expressive potential of text, as the LOVE IS WATER swarm clearly exemplifies. Thus, expressions which usually imply fixed, conventional interpretations, are actually invested with original, unconventional complex meanings which involve the textual and the pragmatic level as well as the propositional one. Acknowledging this not only emphasises creative uses of metaphors that might have been backgrounded by the dominant cognitivist tradition, but also provides the translator with an opportunity to recognise these innovative components and how they are constructed in the text, which may constitute a first but fundamental step towards conveying them in the target text, thus unleashing translation potential for expressing new and original meanings not yet available in the target language. This attempt is evident both in the Mondadori and the Bompiani translations, although two different approaches emerge from analysis. On the one hand, the Mondadori translation seems to be more concerned with preserving the semantic base of the source text and its propositional meaning. The Bompiani translation, on the other hand, appears to pay more attention to the way metaphorical swarms contribute to text structure and to seek to convey this on a textual and pragmatic level.

# References

Kövecses, Zoltán 2010. *Metaphor: A Practical Introduction* 2nd ed. Oxford: Oxford University Press.

Lakoff, George / Johnson, Mark 1980. *Metaphors We Live By.* Chicago: University of Chicago Press.

Lakoff, George / Turner, Mark 1989. *More than Cool Reason: A Field Guide to Poetic Metaphor.* Chicago: University of Chicago Press.

Leech, Clifford (ed.) 1969. *The Two Gentlemen of Verona.* London: Methuen.

Prandi, Michele 2004. *The Building Blocks of Meaning: Ideas for a Philosophical Grammar.* Amsterdam: Benjamins.

Prandi, Michele 2012. A Plea for Living Metaphors: Conflictual and Metaphorical Swarms. *Metaphor and Symbol* 27/2, 148–170.

Prandi, Michele 2013. Le metafore nella creazione di terminologia: una tipologia ragionata. In Prandi, Michele / Giaufret, Anna / Rossi, Micaela (eds) *Il ruolo della metafora nella creazione di terminologie.* Genova: Genova University Press, 25–39.

Prandi, Michele 2015. Translating Metaphors. In Miola, Emanuele / Ramat, Paolo (eds) *Language Across Languages: New Perspectives on Translation*. Newcastle upon Tyne: Cambridge Scholars Publishing, 83–104.

Prandi, Michele 2016. Selection Restrictions as Ultimate Presuppositions of Natural Ontology. *Topoi: An International Review of Philosophy* 35/1, 73–81.

Prandi, Michele 2017. *Conceptual Conflicts in Metaphors and Figurative Language*. New York: Routledge.

Shakespeare, William 1990. I due gentiluomini di Verona. In Melchiori, Giorgio (ed.) *Teatro completo*, vol. I, *Le commedie eufuistiche*. Milano: Mondadori.

Shakespeare, William 2005. *The Two Gentlemen of Verona*. In Wells, Stanley / Taylor, Gary / Jowett, John / Montgomery, William (eds) *William Shakespeare. The Complete Works* 2nd ed. Oxford: Oxford University Press.

Shakespeare, William 2015. I due gentiluomini di Verona. In Marenco, Franco (ed.) *Tutte le opere di William Shakespeare*, vol. II, *Commedie*. Milano: Bompiani.

Steen, Gerard 2008. The Paradox of Metaphor: Why We Need a Three-Dimensional Model of Metaphor". *Metaphor and Symbol* 23/4, 213–241.

Steen, Gerard 2011. The Contemporary Theory of Metaphor – Now New and Improved! *Review of Cognitive Linguistics* 9/1, 26–64.

Steen, Gerard 2014. Translating Metaphor: What's the Problem? In Miller, Donna R. / Monti, Enrico (eds) *Tradurre Figure / Translating Figurative Language*. Bologna: CeSLiC, 11–24.

Tillyard, Eustace M.W. 1965. *Shakespeare's Early Comedies*. London: Athlone Press.

Traversi, Derek A. 1960. *Shakespeare: The Early Comedies*. London: Longmans, Green & Co.

Wells, Stanley 1963. The Failure of the Two Gentlemen of Verona. *Shakespeare Jahrbuch* 99, 161–173.

# Notes on Contributors / Profils bio-bibliographiques

Docteur d'État-ès-Lettres, MARC BONHOMME est professeur émérite de linguistique française à l'Université de Berne. Il est notamment l'auteur des *Figures clefs du discours* (Paris : Le Seuil 1998), du *Discours métonymique* (Berne : Peter Lang 2006), de *L'Argumentation publicitaire* – avec J.-M. Adam (Paris : Armand Colin 2012) et de *Pragmatique des figures du discours* (Paris : Champion 2014). Il a récemment codirigé *Métaphore et argumentation* – avec A.-M. Paillet et Ph. Wahl (Louvain-la-Neuve : Academia 2017), ainsi que *La Présupposition entre théorisation et mise en discours* – avec A. Biglari (Paris : Classiques Garnier 2018). Il a aussi publié de nombreux articles dans les domaines de la rhétorique et de l'analyse du discours. Il prépare actuellement une édition critique des *Observations sur la langue françoise* (1675–1676) de Gilles Ménage pour les Classiques Garnier.

JONATHAN CHARTERIS-BLACK is Professor of Linguistics at the University of the West of England, Bristol, UK. His research interests include metaphor, rhetoric, political discourse and he designed an approach known as Critical Metaphor Analysis. He has published a number of monographs including: *Metaphors of Brexit: No Cherries on the Cake?* (Palgrave 2019); *Analysing Political Speeches: Rhetoric, Discourse and Metaphor* (Palgrave, 1st ed. 2014, 2nd ed. 2018); *Fire Metaphors: Discourses of Awe and Authority* (Bloomsbury 2017); *Politicians and Rhetoric: The Persuasive Power of Metaphor* (Palgrave 1st ed. 2005, 2nd ed. 2011); *Gender and the Language of Illness* (Palgrave 2010); *The Communication of Leadership: The Design of Leadership Style* (Routledge 2007); *Corpus Approaches to Critical Metaphor Analysis* (Palgrave 2004) as well as numerous other articles and book chapters.

MICHELANGELO CONOSCENTI is Professor of English Language and Linguistics at the University of Turin. His main research interests include the Analysis of Political and Military Discourse. He designed an approach known as Critical Reverse Language Engineering to investigate military discourse. He has published a number of monographs including: *Language Engineering and Media Management Strategies in Recent Wars* (2004) and *The Reframer: An Analysis of Barack Obama's Political Discourse (2004–2010)* (2011). Recently he has published: Audience Architecture and Reverse Language Engineering: Problems and opportunities for SoMeInt and Digital Media Management Units (2020), Europe at the Centre of Military *Inform and Influence* Activities: Implications for the European Public Debate" (2019), NATO's Social Media Strategic Communication in the Making (2018), Big Data, Small Data, Broken Windows and Fear Discourse: Brexit, the EU and the Majority Illusion (2018).

RUGGERO DRUETTA est professeur de linguistique française à l'Université de Turin. Ses recherches portent sur la syntaxe, et notamment la syntaxe de l'oral, sujet auquel il a consacré une monographie sur les outils morphosyntaxiques de la modalité de phrase interrogative (2009). Il s'occupe également de diathèses verbales, de l'interface prosodie-syntaxe et de l'analyse multimodale du discours politique, appliquée à l'étude de l'action rhétorique lors de la réalisation de figures telles que la métaphore, l'euphémisme, la litote et l'hyperbole. Il a dirigé un volume sur *Claire-Blanche Benveniste : la linguistique à l'école de l'oral* (Gerflint 2012) et un numéro de revue sur *La Répétition en langue* (*Repères Dorif* 13, 2017). Avec Paola Paissa, il a codirigé le volume *La Répétition en Discours* (Academia-L'Harmattan 2019).

SILVIA MODENA est chercheuse auprès de l'université de Modène et Reggio d'Emilie. Elle est titulaire d'un doctorat en linguistique française et mène des activités de recherche dans le domaine de l'argumentation, de l'analyse du discours et de la socioterminologie. Ses études portent notamment sur le discours politique et les stratégies de divulgation du discours économique. Elle est membre du Centre de recherche CEDITEC (Centre d'Etude des Discours, Images, Textes, Ecrits et Communication, Université Paris-Est Créteil) ainsi que du groupe de recherche AD-Do.Ri.F. (groupe Analyse du discours du

Do.Ri.F. – Documentation et Recherche pour l'Enseignement du Français). Son ouvrage *Pour et contre l'euro. Méthode pour l'analyse argumentative d'un débat public* fournit une méthode d'analyse discursive du débat qui s'est développé en France, entre 1998 et 2002, lors du lancement de l'euro.

ANDREAS MUSOLFF is Professor of Intercultural Communication at the University of East Anglia (Norwich, UK). His research interests focus on Public Discourse Analysis, Metaphor Studies, Intercultural and Multicultural Communication. He has published widely on figurative language use in the media and in the public sphere in general, e.g. the monographs: *Political Metaphor Analysis: Discourse and Scenarios* (2016); *Metaphor, Nation and the Holocaust* (2010); *Metaphor and Political Discourse* and the co-edited volumes (2004); *Language Aggression in Public Debates on Immigration* (2019); *Migration and Media* (2019); *Metaphor and Intercultural Communication* (2014); *Contesting Europe's Eastern Rim: Cultural Identities in Public Discourse* (2010) and *Metaphor and Discourse* (2009).

PAOLA PAISSA est professeure de linguistique française à l'Université de Turin. Elle s'occupe de rhétorique figurale, ainsi que d'analyse du discours littéraire, médiatique et politique. Une partie importante de sa production scientifique est consacrée aux figures exprimant les perceptions sensorielles (synesthésies, métaphores, etc.) analysées dans les comptes rendus d'expériences acoustiques, ainsi que dans la prose de la seconde moitié du XIX^e siècle. D'autres travaux (articles, ouvrages ou numéros de revue co-dirigés) portent sur les discours de la presse et notamment sur la fonction argumentative de certaines figures et procédés rhétoriques (euphémisme, litote, hyperbole, antithèse, exemple historique, répétition, etc.). Elle est coordinatrice du groupe de recherche *Analyse du discours – AD-Do.Ri.F* et directrice de la revue de presse *Carnets de lecture – Publif@rum*.

CHRISTIAN PLANTIN is Honorary Research Director at the French National Centre for Scientific Research (section 34, Linguistics). His research focuses on interactions, discourse and pragmatics; more specifically on argumentation, language and discourse, and the expression-communication of emotions. He is the author of the recent *Dictionary of Argumentation* (London: College Publications 2018). His publications in French include: *L'argumentation : Histoire, théories, perspectives* (Paris : PUF (Que sais-je ?) 2005); *L'argumentation en classe de sciences : du débat à l'apprentissage*, edited with Christian Buty (Lyon : ENS/CNDP éditions 2009); *Les bonnes raisons des émotions : Principes et méthodes pour l'étude du discours émotionné* (Bern : Peter Lang 2011); *Dictionnaire de l'argumentation* (Lyon : ENS Éditions 2016). For more information see: <http://icar.univ-lyon2.fr/Membres/cplantin/Index>

MICHELE PRANDI a été professeur de Linguistique aux Universités de Genève, Pavie, Bologne et Gênes. Il est Docteur *honoris causa* de l'Université d'Uppsala. Sa recherche porte sur la grammaire et la sémantique des expressions complexes et sur l'analyse linguistique du discours figuré. Parmi ses publications *Sémantique du contresens* (Paris : Minuit 1987) ; *Grammaire philosophique des tropes* (Paris : Minuit, 1992) ; *Gramática filosófica de los tropos* (Madrid : Visor 1995) ; *The Building Blocks of Meaning* (Amsterdam : Benjamins 2004) ; *La finalité : fondements conceptuels et genèse linguistique*, avec Gaston Gross (Bruxelles : De Boeck 2004) ; *Le regole e le scelte. Introduzione alla grammatica italiana* (Turin : UTET 2006) ; *L'analisi del periodo* (Rome : Carocci 2013) ; *Conceptual Conflicts in Metaphor and Figurative Language* (New York/London : Routledge 2017).

MARTIN SOLLY is Associate Professor of English Language and Linguistics at the University of Turin. His main research interests include language learning in higher education and specialized discourse in academic and professional settings. Author of *The Stylistics of Professional Discourse* (Edinburgh University Press 2016), he is particularly concerned with the relationship between language and context (institutional, disciplinary, intercultural, community), as well as with how language choice impacts on the construction and representation of identity. His current research focuses on the discourse strategies and language choice, including metaphorical conceptualisations, used in the disclosure and nondisclosure of information, as well as the related ethical and legal issues.

ILARIA RIZZATO is Lecturer in English Language and Translation at the Department of Modern Languages and Cultures at the University of Genoa (Italy). She participates in a nationally-funded project on New

Perspectives on Metaphor Research and is part of the steering committee of the Inter-University Centre for Metaphor Research (CIRM). She translated and edited *The Two Gentlemen of Verona* for the latest and largest Complete Works of Shakespeare edition in Italian (Bompiani 2015). Her research interests lie primarily in Metaphor Studies and Translation Studies, with a special focus on the translation of figurative language and the expression of point of view in text. She has published extensively on point of view analysis and its applications to intercultural communication and on metaphors in Shakespeare's comedies and their Italian translation.

ELISABETTA ZURRU is Lecturer in English Language and Translation at the University of Genoa (Italy), a Committee Member of the Poetics and Linguistics Association (PALA), and a member of the Inter-University Centre for Metaphor Research (CIRM) based at the University of Genoa. Her main research interests lie in stylistics, pragmatics, media studies, and metaphor studies, which she has explored in a number of national and international publications. She is currently researching ecostylistics and multimodal and visual metaphors.

# Linguistic Insights

Studies in Language and Communication

· · · · · · · · · · · · · · · · · · · · · · · · · · · · · · · · · · · · · · · ·

This series aims to promote specialist language studies in the fields of linguistic theory and applied linguistics, by publishing volumes that focus on specific aspects of language use in one or several languages and provide valuable insights into language and communication research. A cross-disciplinary approach is favoured and most European languages are accepted.

The series includes two types of books:

- Monographs – featuring in-depth studies on special aspects of language theory, language analysis or language teaching.
- Collected papers – assembling papers from workshops, conferences or symposia.

Each volume of the series is subjected to a double peer-reviewing process.

Vol.  1    Maurizio Gotti & Marina Dossena (eds)
           Modality in Specialized Texts. Selected Papers of the 1st CERLIS Conference.
           421 pages. 2001. ISBN 3-906767-10-8 · US-ISBN 0-8204-5340-4

Vol.  2    Giuseppina Cortese & Philip Riley (eds)
           Domain-specific English. Textual Practices across Communities
           and Classrooms.
           420 pages. 2002. ISBN 3-906768-98-8 · US-ISBN 0-8204-5884-8

Vol.  3    Maurizio Gotti, Dorothee Heller & Marina Dossena (eds)
           Conflict and Negotiation in Specialized Texts. Selected Papers
           of the 2nd CERLIS Conference.
           470 pages. 2002. ISBN 3-906769-12-7 · US-ISBN 0-8204-5887-2

Vol.  4    Maurizio Gotti, Marina Dossena, Richard Dury, Roberta Facchinetti & Maria Lima
           Variation in Central Modals. A Repertoire of Forms and Types of Usage
           in Middle English and Early Modern English.
           364 pages. 2002. ISBN 3-906769-84-4 · US-ISBN 0-8204-5898-8

· · · · · · · · · · · · · · · · · · · · · · · · · · · · · · · · · · · · · · · · · · · · · · · · · · · · ·

*Editorial address:*

Prof. Maurizio Gotti   Università di Bergamo, Dipartimento di Lingue, Letterature e Culture
                       Straniere Piazza Rosate 2, 24129 Bergamo, Italy
                       Fax: +39 035 2052789, E-Mail: m.gotti@unibg.it

· · · · · · · · · · · · · · · · · · · · · · · · · · · · · · · · · · · · · · · · · · · · · · · · · · · · ·

Zeitfracht Medien GmbH
Ferdinand-Jühlke-Straße 7
99095 Erfurt, Deutschland
produktsicherheit@kolibri360.de

Druck:
CPI Druckdienstleistungen GmbH
im Auftrag der
Zeitfracht Medien GmbH
Ein Unternehmen der Zeitfracht - Gruppe
Ferdinand-Jühlke-Str. 7
99095 Erfurt